Dieter
Chenaux-Repond

**ABSCHIED
VON
DER ZUKUNFT?**

Dieter
Chenaux-Repond

ABSCHIED VON DER ZUKUNFT?

Ein Blick aus Deutschland vor der Jahrhundertwende

Die Deutsche Bibliothek - CIP-Einheitsaufnahme

Chenaux-Repond, Dieter:
Abschied von der Zukunft? : ein Blick aus Deutschland vor der Jahrhundertwende / Dieter Chenaux-Repond. - München : Aktuell, 1998
ISBN 3-87959-551-8

ISBN 3-87959-551-8

© 1998 AKTUELL im Olzog Verlag, München

Alle Rechte, insbesondere das Recht der Vervielfältigung und Verbreitung sowie der Übersetzung, vorbehalten. Kein Teil des Werkes darf in irgendeiner Form (durch Fotokopie, Mikrofilm oder ein anderes Verfahren) ohne schriftliche Genehmigung des Verlages reproduziert oder unter Verwendung elektronischer Systeme gespeichert, verarbeitet, vervielfältigt oder verbreitet werden.

Umschlagentwurf: Gruber&König, Augsburg
Druck- und Bindearbeiten: Himmer, Augsburg

Printed in Germany

Inhalt

Zum Geleit 7
Vorwort - Zwischen Jubel und Blues 9

EUROPA ZWISCHEN ENTWURF UND ERINNERUNG 11

Deutschlands Gratwanderung als Daueraufgabe

Deutschland im Jahre V. 12
Deutschland, die Zentralmacht Europas? 17
Ein 8. Mai in Berlin 21
Diesseits von Eden - Dresden, Schwaben, Frankfurter Buchmesse 24
Wächst die Geschichte nach? - Betrachtungen zu Deutschland 29
Deutschland an der Jahreswende 1996/97 34
Parlamentarische Ausschüsse und ihre Berufung - Wahrnehmungen
eines Nichtberufenen 39
Erwartungen an die deutsche Aussenpolitik - die Sicht eines Schweizers 43
„J'adore ce qui me brûle" 51
Sprach der Olympier? - Zu Richard von Weizsäckers Erinnerungen 57
Von deutschem Geist und Gemüt 59

Die Schweiz vor dem Ende einer Ewigkeit

Kein Koffer mehr in Berlin 67
Die Schweiz und Europa 69
Deutschland in der Welt und in Europa - Folgerungen für die Schweiz 77
Wohin mit 75 Jahren? - Zum Jubiläum der Schweizer Monatshefte 80
Markus Kutter: Die Schweizer und die Deutschen - Ein Lehrstück 85
Welche Schweiz für Europa? 87
Vermächtnis und Gestaltungsauftrag - Gedanken zur Bundesverfassung 94
Not kennt kein Gebot? - Die Schweiz und das „Nazigold" 102
Death Valley 107

AUF DER SUCHE NACH DEM SICHEREN HORT 109

Auf lichten Höhn 110
Thomas Mann und Europa - ein deutsches Schicksal 111
Ein Abendessen in Lübeck 117
Golo Mann zum 80. Geburtstag 119
Funeral Blues 125
Sprache und Macht 126
Zwei österreichische Romane von hohem Rang 130
In Aachen bei der Verleihung des Karlspreises 132
Die Alamannenausstellung in Stuttgart 135
Die Welt als unheimliches Dorf - Chancen und Grenzen der Globalisierung 137
Winterreise 147
An Nahtstellen Mitteleuropas 148
Sonett Nr. 109 von William Shakespeare 154

ABSCHIED VON DER ZUKUNFT? 155

Register 169

Zum Geleit

„Abschied von der Zukunft?" – Mit dieser nicht nur rhetorisch gemeinten Frage überrascht uns der Autor: in rund 30 Aufsätzen, Essays und Gedichten gibt er mit der Präzision, die seine Sensibilität zulässt, Eindrücke wieder, die er als Botschafter der Schweiz in Deutschland während der vergangenen sechs Jahre gesammelt hat. Seine Beobachtungen beleuchten schlaglichtartig die aktuelle Situation Europas am Ende dieses Jahrhunderts, sie erscheinen distanziert und sind doch getragen von dem Bemühen, Orientierung zu geben in unübersichtlicher Zeit; seine Analysen gründen auf einem tiefen Verständnis der politischen, kulturellen und historischen Entwicklungen in Europa und auf den Erfahrungen, die er als Diplomat in Amerika, Asien und Europa gewonnen hat. Seine Schlussfolgerungen überraschen durch Originalität und logische Stringenz; sie werden kompakt und ohne Umschweife formuliert, auf Opportunität und Konformität mit landläufigen Vorurteilen legt er keinen Wert.

Die Lektüre dieser Aufsätze ist eine intellektuelle Freude: der Mutterwitz des Autors, seine alemannische Bedächtigkeit und Sorgfalt, sein diplomatisches Können und seine weltweiten Erfahrungen geben diesen Texten eine Faszination, die bereits sein früheres Buch „Vom Kalten Krieg bis zum Fall der Mauer" auszeichnet. Sein Stil beeindruckt: mit wenigen Strichen versteht er den Unterschied zwischen Fakten und Vermutungen zu verdeutlichen. Die dem Gegenstand innewohnenden Ungewissheiten werden deutlich angesprochen. Mit einer Wertung hält er sich, empfänglich für Ungewohntes, zurück – doch ist aus dem Zusammenhang sein leidenschaftliches Plädoyer für die verantwortliche Wahrung der Möglichkeiten unserer Zeit deutlich zu erkennen.

Diese Aufzeichnungen verdienen die konzentrierte Aufmerksamkeit des Lesers: Sie heben sich in ihrer Unmittelbarkeit wohltuend von dem Formelhaften ab, von den nichtssagenden Floskeln, mit denen wir ständig überflutet werden; für Jubeltöne hat der Autor keine Zeit und für Nörgeleien keinen Sinn. Seine Aufsätze sind „Anstösse" zum Nachdenken; dabei wendet sich der Autor an alle, die in unserer Zeit tiefgreifender Entwicklungen nicht nur Gefahren, sondern auch Chancen sehen.

Chenaux-Repond ist ein überzeugter Europäer: in Indien geboren, in Basel aufgewachsen, erweist sich der Autor als von der Weltläufigkeit und der humanistischen Tradition seiner Vaterstadt ebenso geprägt wie von den vielseitigen Erfahrungen als diplomatischer Beobachter in Tokio und Berlin, in New York und Ankara, in Paris und in Bonn. Seine Identität als Schweizer verleugnet er nie: darum auch sieht er mit besonderer Klarheit die Aufgabe seines Landes im Herzen eines gewachsenen Europas; seine Erfahrungen mit der kulturellen Vielfalt der Schweiz und mit ihrer vielschichtigen Identität lassen ihn auch die Chancen, den Reichtum und den Nutzen eines geordneten und geeinten Europas deutlicher erkennen. Diese Verwurzelung in seiner nationalen Identität erlaubt ihm auch, trennscharf und zutreffend die Gefahren zu erkennen, die sich aus falsch verstandenem Nationalismus ebenso wie aus unreflektiertem Aktionismus ergeben können.

Sein Gastland, dem er über familiäre, berufliche und kulturelle Beziehungen seit langem verbunden ist, sieht er mit wohlwollend-kritischen Augen von aussen: ihm fallen Widersprüchlichkeiten, Eigenheiten und oft unbewusste Entwicklungen mit besonderer Klarheit auf; er erkennt manches in unserem Land, was unter dem Mantel der Konvention, des Alltags und der Gewohnheit kaschiert bleibt. Aus der Entfernung sieht er aber auch seine eigene Heimat deutlicher und aus ungewohnter Perspektive. Seine teils warnenden, teils ermutigenden, gelegentlich auch augenzwinkernden Hinweise auf mögliche bzw. wahrscheinliche Konsequenzen aktueller Entwicklungen sind nicht zu übersehen.

Seine Prosa erinnert in ihrer Sprachgewalt an den Quarzit seiner Tessiner (Wahl-) Heimat: vielschichtig, beständig und faszinierend in einer Schönheit, die sich bereits dem ersten Blick offenbart, die sich jedoch dem aufmerksamen Beobachter in ihrer vollen Pracht erst beim wiederholten Studium entfaltet. Und Aufmerksamkeit wird dem Leser empfohlen: an vielen Stellen findet er wesentliche und originelle Querverweise auf historische, kulturelle und gesellschaftliche Wurzeln. Dennoch: die aktuelle Beobachtung, die unmittelbaren Erfahrungen des Autors stehen im Vordergrund. „Hinter der Erscheinungen Flucht zu blicken", ist sein Ziel, darin gleicht er Jakob Burckhardt, seinem Basler Vorbild, mit dem ihn vieles verbindet.

Bei allem Bemühen des diplomatischen Beobachters um eine unvoreingenommene Analyse des Zeitgeschehens kann er doch seine Sorge um eine gedeihliche Weiterentwicklung unseres alten Kontinents nicht verbergen. Wie sonst hätte er dieses Werk beginnen können? Für wen, wenn nicht für die, die wie er um die sinnvolle Entwicklung in Europa besorgt sind, hätte er seine Beobachtungen analysiert? Das Buch ist darum all denen zu empfehlen, die befürchten, wir hätten uns schon von der Zukunft verabschiedet; es wendet sich an alle die, die glauben, wir müssten nachfolgenden Generationen mehr hinterlassen als ein zerstrittenes, kleinliches Europa, einen Kontinent, der mit sich selbst mehr beschäftigt ist als mit den Herausforderungen, die sich aus seiner derzeitigen Stellung in der Welt ergeben. Sollten wir vor dieser Aufgabe versagen, dann hätten wird die Zukunft verspielt.

Chenaux-Repond hat eine Anzahl von Merkwürdigkeiten unseres Jahrhunderts sorgfältig analysiert und dessen zweite Hälfte bewusst, und auf vielen Feldern pflügend begleitet. Mit „Abschied von der Zukunft?" schliesst er an sein erstes Buch an und wendet sich, mit Erfahrungen gut gerüstet, dem Zukünftigen zu. Als Weggenosse, nicht aber als Freund der Mythen regt er zum Nachdenken an; mit der Treffsicherheit der Beobachtungen, der Unbestechlichkeit der Analyse und seiner entgegenkommenden Aufrichtigkeit ermutigt er den Leser, den Weg in die Zukunft sensibel, nachdenklich und gleichwohl entschieden zu gehen. Dieser Band ist Wegweiser auf unübersichtlichem Terrain und zugleich Kompass in stürmischer Zeit.

Prof. Dr. Max G. Huber
Rektor 1992-1998
der Rheinischen Friedrich-Wilhelm-Universität, Bonn

Vorwort

Zwischen Jubel und Blues

Ein Jahrhundert nähert sich seinem Ende, *unser* Jahrhundert für die, welche um diese Zeit aus dem Berufsleben ausscheiden. Wer diese Feststellung, die doch nichts weiter veranschaulicht als das Dezimalsystem, mit Ruhe, Sicherheit und befriedigter Rückschau in Verbindung setzt, hat den Augenblick wohl schlecht gewählt. Denn eher fühlt der Alternde sich entlassen in eine Zukunft, deren verbale, lärmige Selbstbestätigung die Besinnung auf Wesentliches verdeckt, die wechselseitige Schuldzuweisungen an die Stelle des Bekenntnisses zur Last der Mitverantwortung setzt und die glaubt, wirtschaftliche Effizienzoptimierung sei Voraussetzung des Glücks.

Der Verfasser steht seit 1961 im Dienste der schweizerischen Diplomatie, die er im kommenden Jahr verlässt, am Morgen gewissermassen nach der 150-Jahrfeier unseres Bundesstaates. An dessen Wiege stand – gleichgültig, ob diese Tatsache uns angenehm scheint oder nicht – der Zusammenbruch der Alten Eidgenossenschaft fünfzig Jahre davor. Das Beste, was man zu dem Vorgang sagen kann, ist vielleicht, im Humus des Gestürzten hätten sich genügend gesunde Keime entwickelt, die der Schweiz eine erfolgreiche Zukunft bescherten, bis auch sie von den Nachkommenden wiederum in Frage gestellt wird. Den Deutschen ward solches Erwachen im Wechsel weit extremerer Forderungen nach Neuorientierung schon früher beschert.

So folgt jeder Fülle unweigerlich Überwinterung. Liegt hier nicht die Botschaft der ersten Strophe aus einem der „Sonette an Orpheus" von Rainer Maria Rilke?

> Sei allem Abschied voran, als wäre es hinter
> dir, wie der Winter, der eben geht.
> Denn unter Wintern ist einer so endlos Winter,
> dass, überwinternd, dein Herz überhaupt übersteht.

Stehen wir vielleicht im Begriffe, zu spät Abschied zu nehmen, Abschied aus Überdruss? Oder befinden wir uns einmal mehr vor einem jener imaginären Brüche, die sich aus späterer Rückschau lediglich als Bodenwelle erweisen?

Diese Aufzeichnungen verfolgen nicht das ambitiöse Ziel, auf solche Fragen analytisch fundierte Antworten zu finden. Ähnlich den 1994 vom Autor vorgestellten Aufzeichnungen „Vom Kalten Krieg bis zum Fall der Mauer – Notizen eines Schweizer Diplomaten"* handelt es sich um eine Sammlung von Beobachtungen und Eindrücken, welche die Lebenserfahrung ausmachen. Es sind Zeugnisse skeptischer Zuversicht.

---

* Verlag „Bonn aktuell", München/Landsberg 1994

Ich habe, von New York und davor von Tokio kommend, bis heute über sechs Jahre in Bonn verbracht, der Stadt, der ein Abschied ebenfalls bevorsteht. Als „Traumeinsatz" ist dieser diplomatische Posten ungeachtet der eminenten Bedeutung der deutschen Entwicklungen in Europa, also auch und besonders für die Schweiz, bei Schweizern nicht über die Massen begehrt. Vielleicht weil er nicht exotisch genug ist, genauer: weil manche deutsche Vorgänge die Schweiz so stark betreffen, dass man davon auch als Botschafter mehr als einem lieb ist „in Trab gehalten wird". Dabei bieten die Nähe der Verwandtschaft *und* die von Herkunft und Geschichte geprägten, oftmals nur Sensiblen wahrnehmbaren Unterschiede demjenigen eine wertvolle Hilfe an, der sein Land *orten* möchte zwischen echter Eigenart und zuweilen krampfhaften Abgrenzungsbemühungen.

So hat denn diese Sammlung von Aufsätzen, Essays und Gedichten, die zum Teil weiter zurückgreifen auf der Suche nach dem verlässlichen Fixstern in der Erscheinungen Flucht, überwiegend Deutschland und die Schweiz in Europa zum Gegenstand. Die beschränkte Ausdehnung des vertrauten Raumes verbietet eine strenge Abgrenzung zwischen den einzelnen Titeln. Überall liegt ein Stück rätselhafte europäische Heimat, gerade auch in der Diversität. Ganz sicher ist man ihrer nirgendwo. Deshalb ist der Verfasser immerzu „auf der Suche nach dem sicheren Hort". Ein abschliessendes Urteil möge man nicht hineinlesen – dafür ist manches zu sehr im Fluss, und auch das Gewesene ist oft „arrangiert". Aber Innehalten und Umschau seien dem vom Berufsleben Abtretenden gestattet, sie und auch einige behutsame Projektionen des Erfahrens.

Die Schlussbetrachtung, ein bruchstückhaftes Fazit, nimmt den Buchtitel wieder auf, der sich in eine Frage kleidet. Unser Subkontinent vermag uneingeschränkte Affirmation schwerlich mehr hervorzubringen. Das ist der Preis für das fein Abgetönte. Angesichts einer gewissen Ratlosigkeit, die Europa und gewiss erst recht die Schweiz am Ende dieses Jahrhunderts beschleicht, muss man immerhin die Frage stellen, ob meine Generation das ihr reichlich zugemessene Pfund klug verwaltet und im Vertrauen auf die Zukunft eingesetzt hat. Ob Ja oder Nein, den Nachkommen bleibt viel zu tun, damit das Morgen nicht gewissermassen wegen Mangel an Beteiligung abgesagt wird und nach anderen Gebieten des Globus weiterzieht.

Rückblick und Ausblick zugleich also, ohne Beschönigung. Solches ist ohne Pessimismus nur demjenigen möglich, dessen berufliches wie privates Dasein von menschlichen Vorbildern geprägt worden ist. Ihnen sind die folgenden Bekenntnisse dankbar gewidmet.

Dieter Chenaux-Repond

Europa zwischen Entwurf und Erinnerung

Dass Deutschland und die Schweiz nicht einfach stellvertretend für Europa darzustellen sind, bedarf keiner Erläuterung. Von „Europa vom Atlantik bis zum Ural" zu sprechen, ist allerdings am ehesten ein Indiz dafür, dass man über das (noch) Europäische wohl weniger nachgedacht hat als über das Herausragende seines eigenen Vaterlandes. Für den Verfasser sind die wesentlichen europäischen Ingredienzen die Teilhabe am klassischen griechischen Gedankengut, an der Klarheit des römischen, später des romanischen Reichsgedankens wie an dessen germanischer Herausforderung, am römisch-katholischen und evangelischen christlichen Glaubensschatz und an der Dialektik der Aufklärung. Dieses Europa erstreckt sich im Westen von Portugal und den britischen Inseln bis nach dem östlichen Zentraleuropa römisch-katholischer Prägung und von Island und Norwegen bis Sizilien.

Unter anderem bedeutet dies, dass viele europäische Staaten sich in einer Mittellage befinden. Für Deutschland und die Schweiz gilt darüberhinaus, dass sie Nachbarn und zugleich eine Art von Dachfirst sind – Deutschland zwischen westlichem Rationalismus und slawischem Emotionalismus, mit der verbindenden deutschen Sprache als lingua franca, die Schweiz gar als Nahtstelle zwischen der gallo-römischen und der germano-alemannischen Welt. Durch beide Länder verlaufen kulturelle Scharniere ersten Ranges.

Insofern sind Deutschland und die Schweiz Europa-typisch im Sinne der Diversität in der Gemeinsamkeit. Deshalb überlagern sich die unter diesem Titel getrennten Betrachtungen häufig. Und doch: Deutsche Politik ist stets Gratwanderung, gefordert und gefürchtet in ihrer Berufung zur Tat eines grossen Landes, während der schweizerische Kleinstaat aufgrund seines multikulturellen Charakters geneigt ist, aus der Not des Zögerns die Tugend des Beispielhaften zu machen. In Augenblicken tiefgreifender politischer Veränderungen, unter denen das Gras geschichtlicher Kontinuität immer wieder nachwächst, ist Deutschlands Aufgabe, richtig verstanden, stets dieselbe, die schweizerische dagegen, die von der Integration des Widersprüchlichen lebt, in ihrer Permanenz von Zeit zu Zeit in Frage gestellt, zumindest herausgefordert. „Die Schweiz vor dem Ende einer Ewigkeit" ist daher keineswegs misszuverstehen als „Die Schweiz vor ihrem Ende" im Sinne jenes „700 Jahre sind genug", das in einigen Köpfen das passende Motto für die 700-Jahrfeier der Eidgenossenschaft 1991 hätte abgeben sollen. Was sich vielmehr stellt, ist die Frage nach einem neuen, soliden Aggregatzustand anstelle der Illusion ewig gleichbleibender Unversehrtheit.

1998 begeht Deutschland den 150. Jahrestag der ersten, vorerst missglückten Bundesstaatsgründung, die Schweiz mit der Inkraftsetzung der ersten, im gleichen Jahr 1848 gelegenen Bundesverfassung. Dadurch wurde aus der „Eidgenossenschaft", deren Wesen darin bestand, zum Eide nur eine beschränkte Anzahl von Einwohnern zuzulassen, „die Schweiz". Das war ein Durchbruch, der uns viel zu wenig bewusst ist. Ihm sollte das 21. Jahrhundert gehören, wenn wir die Gefahren der Zersplitterung bannen wollen, welche die ohnehin beschränkten Kräfte eines Kleinstaates schwächt bis hin zur Gefährdung der eigenen Existenz.

DEUTSCHLANDS GRATWANDERUNG ALS DAUERAUFGABE

Deutschland im Jahre V.

Die Zeit
Gemeint ist das fünfte Jahr nach dem Fall der Mauer, dem Anschein nach ein durchaus ruhiges, auch ein beruhigendes Jahr. Im Sommer wurde ein neuer Bundespräsident gewählt. Auf den Olympier Richard v. Weizsäcker folgte der Präsident des Bundesverfassungsgerichts Roman Herzog, ein Franke, eher wertkonservativ, zugleich gesellschaftspolitisch aufgeschlossen, volksnäher als sein hochangesehener Amtsvorgänger, aber besonnen, auf ruhigen Ausgleich bedacht auch er. Die schweizerische Öffentlichkeit wird ihn bald näher kennenlernen und wird ihn schätzen als eine Persönlichkeit, die, im günstigsten Fall, auch in uns angelegt ist.

Im Oktober wurde der Bundestag neu bestellt. Wie vom Unterzeichneten beharrlich angesagt, siegte die seit zwölf Jahren amtierende Koalition erneut. Ihre Mehrheit ist auf zehn Stimmen zusammengeschrumpft. Hauptgrund sind die Folgen der Vereinigung Deutschlands. Sie wirklich zu vollziehen, erfordert einen beträchtlichen Ruck in West und Ost, was den Deutschen so recht erst in dem zu Ende gehenden Jahr bewusst geworden ist, ein wenig spät, aber nicht zu spät.

Die extreme Rechte vermochte keine 3% auf sich zu vereinigen. Sie ist in der Bundesrepublik wohl schwächer ausgebildet als irgendwo sonst. Die PDS, die Erben der Kommunisten, hat dagegen in den neuen Bundesländern hohe Stimmenzahlen erreicht – ein allgemein erwartetes, wohl vorübergehendes Nachglühen, das groteskerweise bis nach Westberlin hineinwirkt. Der Fall der Mauer hat aus dem „freien Berlin" gewissermassen nun doch noch, kurzfristig, einen Teil der „Zone" gemacht.

Der Wahlsieger, zum vierten Mal, war Bundeskanzler Helmut Kohl persönlich. Er gehört, wie sein Idol, der erste Bundeskanzler Konrad Adenauer, zu den seltenen Staatsmännern, die Instinkt für das Mögliche mit einer Vision für das Notwendige dauerhaft zu verbinden wissen. Darin liegt Grösse, auch wenn sie zuweilen im Tenue der Strickjacke daherkommt.

Kohl ist ein ebenso offensichtlicher wie wahrhaftiger Freund der Schweiz – einer Schweiz auf dem Wege hinein in die Europäische Union, nicht einer auf festgeschriebene sektoriell-bilaterale Ausgrenzung bedachten Schweiz. Dies sei festzuhalten, für alle Fälle.

Deutschland nahm im zweiten Halbjahr 1994 den EU-Vorsitz wahr, vorsichtig und zielbewusst. Vorsichtig, weil es Bonn daran gelegen war, alles zu unterlassen, was den Beitritt Österreichs, Finnlands, Schwedens und Norwegens hätte gefährden können.

Deutschland im Jahre V.

Die Rechnung ist fast aufgegangen. Norwegen hat sich am 27./28. November dem EU-Beitritt zum zweiten Mal knapp verweigert. Allzu unglücklich ist man darüber in Bonn nicht. Eine mittlerweile aus 15 Staaten bestehende Europäische Union mit ungewisser institutioneller Zukunft ist gut beraten, sich nicht mit Mitgliedern zu belasten, deren Bevölkerung etwa zur Hälfte gegen das Mitmachen überhaupt ist. Norwegen gehört immerhin der NATO und dem EWR an.

Zielbewusst ist die zu Ende gehende deutsche EU-Präsidentschaft insofern, als man wohl in keiner anderen europäischen Hauptstadt zweier hochbedeutender europapolitischer Zusammenhänge so klar bewusst ist wie in Bonn: Erstens: Die Osterweiterung der EU ist eine einzigartige Chance, Osteuropa für den Westen zu gewinnen, ohne dass ein Schuss abgefeuert wird. Sie ist gleichzeitig ein derart „dicker Brocken", dass er ohne gleichzeitige Vertiefung der „kerneuropäischen Union" nicht verdaut werden kann. Andernfalls zerrinnt alles in einem Gewirr kündbarer Abmachungen. Dabei lässt sich die Zeitachse nicht beliebig strecken. Das ist die – genau richtige – zentrale Aussage des von Bundeskanzler Kohl inspirierten „Schäuble-Papiers" vom vergangenen September. Das bleibt auf dem Tisch.

Zweitens: Vertiefung heisst mehr Supranationalität und mehr Subsidiarität, nicht lediglich mehr intergouvernementale Zusammenarbeit. Mehr unkündbare Schicksalsgemeinschaft als kündbare Verträge. Auf den Punkt gebracht: Mehr Europa. Andernfalls wird es in Europa einfach mehr Deutschland geben, denn „der Stärkste ist am mächtigsten allein".

Diese fundamentalen Zusammenhänge werden von Bonn, den Beneluxstaaten, wohl auch von Österreich vertreten, von Italien und den Iberern so lange als es sich in klingender Münze auszahlt. Griechenland ist wie eh und je Held und Gefangener seiner Leidenschaftlichkeit. Frankreich, hierin noch immer gaullistisch, will intensive Zusammenarbeit, keine Vertiefung durch Integration, sieht sich zur Hinnahme letzterer eher gezwungen als berufen. Grossbritannien will ein wenig mehr Zusammenarbeit, auf keinen Fall Integration. Die schweizerische Öffentlichkeit steht England am nächsten – unsere Freundschaft gilt von jeher den Entfernteren –, obwohl der Weg zum schweizerischen Bundesstaat von 1830 bis 1848 vor 150 Jahren eine entschlossene Vorwegnahme der Konstruktion Europas von der EWG zur integrierten Union war.

Die Zeit danach
Ein ruhiges Jahr also. Aber was mag kommen? Das deutsche Staatsschiff wird wohl zunehmend unbeweglicher werden. Ähnlich der Schweiz, aber für Europa schicksalsträchtiger, wird der Bundesstaat zurückbuchstabiert. Jedesmal, wenn ein europäischer Integrationsschritt erfolgt, wollen die Bundesländer für sich „retten, was zu retten ist", egal ob damit der Sache Deutschlands und Europas gedient ist.

Hinzu tritt, dass der Generation nach Kohl die oben skizzierte Ausgangslage und die Zielsetzung der europäischen Verdichtung, die in den schrecklichen Erfahrungen zweier Weltkriege wurzelt, allmählich abhanden kommt: die Erkenntnis, dass nur feste Einbindung in eine dem Föderalismus verpflichtete Gemeinschaft die Grossen den Kleinen geheuer macht. (Auf das Beispiel der Schweiz 1848 sei erneut verwiesen.) Die Leute denken an ihr Portemonnaie. Zumal die Deutschen, die sich ja im Grunde, wie wir, der Notwendigkeit der Leistung als Voraussetzung für den Rentenbezug noch bewusst sind, dürften es über kurz oder lang satt bekommen, Milliarden an ein Europa abzuführen, das seine Potenzen nicht zu bündeln bereit ist und sich mehr und mehr als Feilsch-Basar, letztlich als Fass ohne Boden präsentiert.

Ferner: Die Bedrohung durch den Totalitarismus scheint dahin, Visumsfreiheit und „Eurailpass" sind gewährt. Die Europäer glauben sich wieder ihren Schrebergärten hingeben zu dürfen. Und dann dies noch: In Deutschland, auch in Deutschland geht das Zeitalter der grossen politischen Persönlichkeiten zur Neige, vorläufig zumindest. Die Machtverteilung wird auch aus Gründen des Generationswechsels diffuser, anonymer werden. Der Bundeskanzler sieht dies kommen. Es ist durchaus möglich, dass es, sollte die FDP verschwinden, gegen Ende des Jahrzehnts vorübergehend zu einer grossen Koalition kommt, es sei denn, es gelingt Kohl, sich die „Grünen" zu verpflichten, deren Exponenten vorwiegend „gutbürgerliche" Eltern haben. Sollte die gegenwärtige Mehrheit zerbröckeln, so wird Kohl es nicht darauf ankommen lassen, wegen einer Banalität in die Minderheit versetzt zu werden. Er wird einen grossen Abgang provozieren, wie Konrad Adenauer, wie Helmut Schmidt, und er wird so in die Geschichte eingehen. Was folgt, werden Geschichten sein.

Bei all dem bleiben doch eben unabweisbar nur zwei Alternativen: Mehr Europa oder mehr Deutschland. Denn Deutschland wird „mehr" werden. In den neuen Bundesländern ist die Saat für die „blühenden Felder" ausgestreut. Die Attraktivität Deutschlands gegenüber Osteuropa wird immer übergewichtiger – nur Tschechien verfügt über ein gerade noch vergleichbares pro-rata-Potential. Und damit gewinnt auch das Gebot der Einbindung immer mehr an Gewicht. Die gesamte deutsche Nachkriegspolitik war dieser Erkenntnis verpflichtet, ganz besonders diejenige der Bundeskanzler Adenauer und Kohl. Der eine erhoffte sich damit – und erreichte – Respektabilität Deutschlands, der andere verspricht sich davon Verlässlichkeit. Denn Deutschland ist in seiner geographischen, politischen, wirtschaftlichen und emotionalen Lage und der daraus erwachsenden Mission zu gross, um alleingelassen werden zu dürfen.

Ein Präsident Mitterrand ist sich dessen bewusst, ebenso Delors, Chirac und Balladur. Aber Mitterrand tritt ab, Balladur und erst recht Chirac, beide Epigonen de Gaulles ohne dessen Einsichtfähigkeit, ist der Integrationsgedanke noch immer nicht ganz geheuer.

Deshalb setzt die deutsche Regierung auf Delors, der den meisten Deutschschweizern aus unzureichender Kenntnis ein Schreckengespenst ist. Aber deutsches Hoffen ist den Franzosen nicht notwendigerweise verbindliche Empfehlung.

Ein Blick zurück
Das Jahr fünf nach der „Wende" ist auch das Jahr fünfzig seit dem Zusammenbruch des Nationalsozialismus. Seither hat Westeuropa manche mutigen Anläufe unternommen, zur Gemeinschaft heranzureifen. Die Bundesrepublik war als Erbin der Nazizeit jahre-

lang demütige Bittstellerin; heute handelt sie in verantwortlicher Selbstbeschränkung. Wird die institutionelle Grossreform, die 1996 ansteht, zu einem Kesselflickertreff verkommen?

Wohl doch nicht. Westeuropa hat wenigstens dieses eine, auch heute noch in der ganzen Welt Einzigartige erreicht und wahrgenommen: den zivilisierten Dialog zwischen Regierenden, zwischen Parlamentariern, zwischen Massenmedien, zwischen Völkern. Die Glasglocke sozialistischer Verbrüderung ist uns erspart geblieben. Der kleinbürgerliche US-Präsident Harry S. Truman hat frühzeitig „geschaltet". Dies ist, vor der Erfahrungswelt der vor dem Zweiten Weltkrieg Geborenen, eine „Traumleistung". Verglichen mit den erbrachten Opfern der Generation unserer Eltern ist das von uns Lebenden Geforderte ein geringer Rest.

Im übrigen ist an Paul Valéry zu erinnern, der nach dem ersten Weltkrieg bemerkte, der Zustand Europas sei „seit der Renaissance bestimmt durch Pascal und Leonardo da Vinci, durch den Melancholiker, der vor der Schwärze des Himmels zurückschreckt, und durch den Erfinder, der jedem Abgrund eine Brücke hinzudenkt".

In wenigen Monaten jährt sich zum 50. Mal das Ende des Zweiten Weltkriegs. Wenige Tage vor dessen Ende fielen der schweizerische Honorarkonsul in Hamburg, Adolf Zehnder, und dessen Ehefrau einem englischen Tieffflieger- und Bombenangriff in dem östlich von Hamburg gelegenen Notquartier des Konsulats zum Opfer. Das war ausgerechnet das Gut Friedrichsruh, welches das deutsche Volk dem Fürsten v. Bismarck 1891 als Ruhesitz für seine alten Tage geschenkt hatte. Die Engländer hatten darin irrtümlicherweise den Stab des Reichsführers SS, Heinrich Himmler, vermutet. Mitglieder der Schweizer Kolonie legten Ende April 1945 die zweimal 25km zu Fuss zurück, um von den Zehnders Abschied zu nehmen. Ihr Grab ist mangels Nachkommen verschwunden. Ende April 1995 wird an der Türe unseres Generalkonsulats in Hamburg eine Gedenktafel enthüllt werden, letzter Tribut einer verwöhnten Generation.

Ich möchte diesen Bericht nicht beschliessen, ohne eines anderen Landsmannes und ehemaligen Kollegen, Franz-Rudolph von Weiss, zu gedenken, der während voller 30 Jahre am schweizerischen Konsulat in Köln tätig war und dieses von 1943 bis zu seinem Abgang in den Ruhestand 1950 leitete. Von Weiss stammte aus Lausanne, war Sohn des langjährigen Kanzlers am Bundesgericht und verband lateinische Weitläufigkeit mit genauer Kenntnis des Rheinlandes, zu dessen führenden Schichten er enge Beziehungen unterhielt. Er gehörte zu den engsten Freunden Konrad Adenauers, wurde von dessen Frau und Kindern „Onkel Toni" genannt und hat, von der Berliner Gesandtschaft und der Berner Zentrale lange Zeit gleichermassen abgeschnitten, in den letzten Kriegsmonaten und in den beiden sehr schwierigen Jahren danach als Helfer, Parlamentär, Vermittler, vor allem aber als mutiger Mensch und Philanthrop für unser Land Ehre eingelegt. Da ihm das aussenpolitische Departement – beinahe möchte man sagen, glücklicherweise – in der Schlussphase des Zweiten Weltkriegs kaum mehr Direktiven erteilen konnte, war von Weiss ganz auf sich selbst angewiesen. Als Folge der Zerstörung des Kölner Konsulats durch Luftangriffe hatte er sich mit seiner kleinen Mannschaft in Rhöndorf auf der rechten Rheinseite eingerichtet, in nächster Nähe des Hauses von

Adenauer. Die sichere Aussicht, infolge der Zerstörung der Rheinbrücken von dem linksrheinischen Köln abgeschnitten zu werden, veranlasste ihn, kurz vor der Ankunft der amerikanischen Truppen eine Aussenstelle des Konsulats im linksrheinischen Bad Godesberg zu etablieren – in Richtung Front also. Von dort aus gelang es ihm, in engem Kontakt zwischen den Stadtverwaltungen und den deutschen Militärkommandanten einerseits, den heranrückenden Amerikanern andererseits, Anfang März 1945 Godesberg wie das rechtsrheinische, unmittelbar neben Rhöndorf gelegene Königswinter vor Beschuss und Zerstörung zu bewahren. Er und sein erster Mitarbeiter benutzten dabei zur Rheinüberquerung einmal zwei Paddelboote!

Es ist einigermassen pikant zu erfahren, dass von Weiss noch im Kriege von der Zentrale angehalten wurde, „moderater bei den deutschen Verwaltungsstellen aufzutreten", was den Generalkonsul im Juni 1945 veranlasst, in einem Bericht nach Bern darauf hinzuweisen, seine „Einstellung (sei) niemals gegen Deutschland gerichtet" gewesen. Aber er habe sich halt in der Schlussphase des Krieges nicht immer mit der Berliner Gesandtschaft absprechen können (sic!).[1]

Im September 1945 wurde das Schweizer Konsulat in Bad Godesberg aus nichtigen Gründen von der britischen Militärpolizei durchsucht. Von Weiss berichtete darüber sofort nach Bern, was ihm den Verdacht eintrug, „sich politisch exponiert zu haben".[2]

Betagte und angesehene Kölner und Bonner gedenken des Wirkens von Weiss' auch fünfzig Jahre danach noch immer mit Hochachtung. Dies gilt insbesondere für Max Adenauer, den Sohn des ersten Bundeskanzlers, der schon mehrfach Gast meines Hauses an der Goethestrasse in Köln war, wo von Weiss nach dem Krieg einzog.[3]

In wenigen Jahren wird mit der Rückkehr der Botschaft nach Berlin und dem Streben nach neuem Glanz auch diese Episode den Staub der Geschichte mehren.

Bonn, den 1. Dezember 1994

---

[1] vgl. „Kriegswende und Neuanfang am Rhein – Konrad Adenauer in den Berichten des Schweizer Generalkonsuls Franz-Rudolph von Weiss 1944-1945" – R. Oldenbourg Verlag, München 1986, S.14/15
[2] op. cit. S.19
[3] Am 21. Juni 1998, 53 Jahre nach Kriegsende, wurde im Stadthaus von Bad Godesberg des Schweizer Konsuls im Rahmen einer Gedenkfeier gedacht. Dabei ehrte der Verfasser Weiss als „einen Schweizer, der sich in der Stunde der Gefahr nicht hinter mitleidlosen politischen Maximen verbarg, vielmehr persönlich und ohne Instruktionen das Rechte tat, mutig in Geist und Herz."

Deutschland, die Zentralmacht Europas?

Referat vor der Deutschen Gesellschaft für Auswärtige Politik,
Berlin, 16. Mai 1995

Ich will es gleich zugeben: Titel und Gegenstand meines kleinen Referats sind angelehnt an das jüngste, faszinierende Werk Ihres eigenen Präsidiumsmitglieds, Prof. Hans-Peter Schwarz. Meine Anerkennung für ihn, herkunftsmässig übrigens mein Nachbar, geht so weit, dass sie sich nur durch gelegentliche Abgrenzung vor dem Vorwurf des Überbordens schützen kann.

Wenn davon im folgenden die Rede ist – unter der Gefahr aller übermässigen Vereinfachungen, die ein Referat von weniger als einer halben Stunde nun einmal in sich trägt –, so bitte ich Sie, der Anerkennung für den Autor im grossen und ganzen eingedenk zu bleiben.

Begriffliches vorweg: Zentral sind auf dem Globus sämtliche Staaten. Der zeitgeschichtlich bekannte Ausdruck „Zentralmächte" entstammt dem 19. und dem frühen 20. Jahrhundert, als die „Welt" sich von Spanien bis Russland und von Skandinavien bis zum Balkan erstreckte. Aber selbst damals enthielt er eine Prise Leichtfertigkeit: denn zwischen dem tiefkatholischen Spanien und dem preussisch-protestantischen Deutschland war das laizistische Frankreich zentral; dasselbe galt für das römisch-katholische Polen zwischen dem orthodoxen Russland und dem protestantischen Preussen. Dem habsburgerischen Österreich war die Zentrallage Schicksal, die Beneluxstaaten lagen zentral zwischen zwei Grossmächten. Die multikulturelle Schweiz schliesslich, das Dach Europas, ist per definitionem zentral und empfindet diese Lage noch immer als Verpflichtung zu Neutralität, unbeirrt von den gründlich veränderten Aggregatzuständen der globalen Machtverhältnisse.

Damit ist das zweite Stichwort gegeben. Über Macht unter realistischen Gesichtspunkten globaler Verantwortung und Handlungsfähigkeit verfügt kein europäischer Staat mehr, insbesondere Deutschland nicht. Es genügt, seine „Rückkehr auf die Weltbühne" – so der Untertitel des Werks von Hans-Peter Schwarz – genauer zu betrachten: Die Weltbühne – das sind doch die Vereinten Nationen – wird bestimmt von den Vereinigten Staaten, von Russland und China sowie – das war eine der Erkenntnisse, die ich in fünfjähriger Tätigkeit als Botschafter bei den Vereinten Nationen gewonnen habe – von Grossbritannien und sogar Frankreich. Dies gilt *nicht primär*, weil diese fünf Staaten, die mit dem Vetorecht ausgestatteten, ständigen Mitglieder des Sicherheitsrates sind, des einzigen ernst zu nehmenden Gremiums der Weltorganisation. Vielmehr, weil die Vereinigten Staaten *wirklich Weltmacht* sind, weil mit Russland und China von ihrer schieren Grösse her unabhängig vom konjunkturellen Auf und Ab ihrer gegenwärtigen militärpolitischen Einflussnahme gerechnet werden muss, und weil Frankreich und weit mehr Grossbritannien wegen ihres nach wie vor erstaunlichen Einflusses auf ihre Klientel als ehemalige Kolonialmächte kräftig nachglühen.

Wer Deutschland in die Nähe des Einflusses dieser Weltmächte rücken möchte, müsste darin auch Länder wie Indien, Japan, Brasilien, Argentinien, wohl auch Indonesien einbeziehen. Man versteht angesichts dieser Perspektive, dass die fünf ständigen Mitglieder des UNO-Sicherheitsrates es vorziehen, vorderhand unter sich zu bleiben...

Deutschland ist also unter den Bedingungen des ausgehenden zwanzigsten Jahrhunderts weder zentral, noch Macht, noch herausragender Mitwirker auf der Weltbühne.

Und doch ist Deutschland in *Europa* von zentraler Bedeutung und zwar einerseits auf eine handfest-positive Art: ein grosses, tüchtiges, ungeachtet allen Parteiengezänks konsensfähiges Volk, das seine Vergangenheit – ob notgedrungen oder nicht ist in diesem Zusammenhang gleichgültig – besser bewältigt hat, als die meisten übrigen Europäer. In Osteuropa ist Deutschland die erste – um nicht zu sagen: die einzige Adresse.

Nun bezieht Ihr Land seine zentrale Bedeutung aber auch von einer anderen Befindlichkeit her – und diese ist weniger kalkulierbar: Deutschland ist in Europa zentral – im Sinne des Dachreiters – als geschichtlich-emotional zugehörig teils einer bürgerlich-parlamentarischen, rationalen, westlichen, teils einer gemütsheftigen, undialektischen, unkritisch vertrauensseligen östlichen Tradition. Ihr Land verfügt über reiche Erfahrungen mit der westlichen wie mit der östlich-slawischen Welt. Hier nur ein einziges, aber aussagekräftiges Beispiel zur Erläuterung: Die französische und die deutsche Einbürgerungsgesetzgebung gehen von zwei grundverschiedenen Auffassungen aus: dort das ius soli, gegründet auf der Überzeugung, dass, wer in Frankreich geboren oder aufgewachsen und französischer Zivilisation teilhaftig, des französischen Passes würdig ist; hier das ius sanguinis, dem völkische, erst durch einen langen Prozess Gleichsinn begründender Gemeinschaftlichkeit zugrundeliegende Vorstellungen zu eigen sind.[1]

Die mit dieser deutschen Spagatstellung gemachten Erfahrungen haben die Väter der europäischen Integration zu der Überzeugung geführt, dass deutsche Exponiertheit in Europa nur durch Einbindung in eine unkündbare Gemeinschaft sowohl fruchtbar gemacht als auch gezähmt werden kann. Sämtliche deutsche Regierungen der Nachkriegszeit haben sich in diese Überzeugung beispielhaft eingeordnet. Man kann Deutschland dafür gar nicht genug Anerkennung zollen.

Auch andere europäische Länder, die Beneluxstaaten zum Beispiel, haben dies begriffen, ein Verständnis, welches den Begriff „Macht" in seinem klassischen, das heisst uneingebundenen Sinn aus seinem Vokabular gestrichen hat. Dass andere, aus Europa nicht wegzudenkende Staaten, das Grossbritannien der Margaret Thatcher, das gaullistische Frankreich, und auch mein eigenes Land, eher den Umkehrschluss ziehen, d.h. in der Gemeinschaft ihr eigenes Absinken in relative Bedeutungslosigkeit erblicken und es vorziehen, unter Vertiefung europäischer Gesinnung lediglich engere, jederzeit

---

[1] vgl. hierzu wie zum Gegensatz Staat – Volk die scharfsinnige Analyse von Helmuth Plessner, in: „Die verspätete Nation", Kohlhammer GmbH, Stuttgart 1959, 3. Kapitel: „Nicht Staat, sondern Volk – der römische Komplex"

aufkündbare Zusammenarbeit zu verstehen, läuft auf eine Entlassung des Dachreiters Deutschland in die Handlungsfreiheit hinaus, auf altes europäisches Balance- und Allianzdenken, dessen verheerende Folgen uns allen eigentlich noch gegenwärtig sein sollten.

Dass der Nationalstaat noch lange die emotionale Heimat des Europäers sein wird, ist dabei nur zu begrüssen, ist Ausdruck eines konsolidierten Pluralismus, kein Widerspruch zur Begründung einer auf das Wesentliche konzentrierten Gemeinschaft auf höherer Ebene. Dass solche Begründung einer langen Latenzzeit bedürfe, ist richtig insofern, als Bundesstaaten aus dem Nichts heraus nicht geschaffen werden können. Der amerikanische entstand immerhin schon wenige Jahre nach der Unabhängigkeitserklärung. Der deutsche und der schweizerische aber – beides Beispiele alter Nationen – waren die Folgen eines unter geschichtlichen Gesichtspunkten kurzen, fruchtbaren Augenblicks.

Ob wir Europäer diesen fruchtbaren Augenblick spätestens mit den Ereignissen seit 1989 nicht bereits versäumt haben – das ist in der Tat eine ernste, womöglich eine schicksalsträchtige Frage.

„Einstellungen ändern sich nicht so schnell wie die Realitäten", bemerkt W. R. Smyer von der Hilton Foundation in der Aprilnummer Ihrer Zeitschrift „Internationale Politik" – eine illusionslose, aber keine banale Erkenntnis. Sie kann zweierlei zur Folge haben: Entweder den Erfolg, Einstellungen im Erkennen neuer Wirklichkeiten rechtzeitig zu verändern, oder aber – und dann wirklich tragisch –, neue Realitäten immer wieder verformt in alte Einstellungen hineinzupressen. Europa, geschichtlich beladen, ein wenig müde, deshalb noch lange nicht weise, neigt zur zweiten Interpretation. Bleibt alles wie immer?"

Meine Damen und Herren, der Sprechende wäre der letzte, der den Suggestionen derjenigen auf den Leim kröche, wir seien aus unserer Geschichte entlassen. Aber dass geschichtliche Erfahrung Lernfähigkeit überflüssig macht, das möchte ich denn doch auch nicht konzedieren. Nichts lernen zu müssen, ist nach Karl Deutsch ein Privileg der Politiker; denn die sind ja doch Inhaber der Macht. Wenn dies zutrifft, so waren die deutschen Bundespräsidenten und Bundeskanzler der Nachkriegszeit allesamt Staatsmänner, nicht bloss Politiker.

Ein Wort noch: Der Zufall hat es so eingerichtet, dass sich zwischen meiner freudigen Annahme Ihrer Einladung, vor Ihnen zu sprechen, und dem heutigen Tag das Aprilheft von „Internationale Politik" geschoben hat, zu dessen Neugestaltung ich Ihnen gratuliere. Es ist dem Generalthema „Vor einer neuen deutschen Aussenpolitik" gewidmet. Wer die verschiedenen, durchwegs hochkarätigen Beiträge genauer studiert, begegnet einerseits – was könnte zuversichtlicher stimmen? – einem durchaus unaggressiven Pluralismus der Anschauung, die dem verständnisfreudigen ausländischen Beobachter – und natürlich auch Teilhaber an – deutscher Politik den Aufenthalt in Ihrem Lande so angenehm herausfordernd-anspruchsvoll macht. Anderseits ist das Heft, obwohl dem Generalthema „*neue* deutsche Aussenpolitik" gewidmet, ebenso fern illusionärer Kühnheit wie spiessbürgerlicher Selbstbescheidung.

Das stimmt hoffnungsvoll. Lassen Sie mich exemplarisch noch zwei Zitate wiedergeben. Das eine stammt von Professor Arnulf Baring, der dafür plädiert, wir sollten uns in erster Linie „um die Region kümmern, in der wir vom lieben Gott angesiedelt worden sind". Diese Aussage relativiert den Anspruch des Agierens auf der „Weltbühne". Das andere hat Bundespräsident Herzog ausgesprochen, nämlich, zur Aussenpolitik gehöre die Einsicht, wonach es „manchmal wirksamer ist, Recht zu geben als Recht zu behalten".

In seinem grossen Roman „Der achte Schöpfungstag" lässt Thornton Wilder die lebensweise Grossmutter Lansing, die ihren zum dritten Mal davongelaufenen Enkel Johnny, als sie ihn wiedergefunden hat, ohne ihn anzurühren auf den Knien hält, aussprechen: „Wir haben nur, was wir nicht halten." Recht geben, anstatt sich an es zu klammern: Wenn wir, wenn zumal Deutschland, dieser Einsicht ein wenig näher kommen, dann schaffen wir jenen Respekt, der uns gestattet, auch wieder vermehrt ganz gewöhnliche Macht zu entfalten.

Ein 8. Mai in Berlin

Welcher? Der in diesen Tagen vielbeschworene, fünfzig Jahre zurückliegende, ist noch überall präsent. Die Zeitungen bringen Bilder, aufgenommen kaum 200 Meter von der damaligen Schweizer Gesandtschaft entfernt: Am Nordende der Moltkebrücke über die Spree ein Dutzend kreuz und quer herumliegende Sowjetpanzer, Opfer von „Panzerfäusten", abgefeuert vom allerletzten Aufgebot, den 15-jährigen Hitlerjungen, den 60-jährigen Volkssturmleuten.

Präsent ist der 8. Mai 1945 paradoxerweise vor allem durch das, was nicht mehr, was noch nicht wieder ist: die endlosen, seit dem Fall der Berliner Mauer noch einmal gedehnten Freiflächen in Berlin Mitte, eine entschuttete Mondlandschaft, aus der das Brandenburger Tor und unsere alte Gesandtschaft herausragen wie Zahnstummel. Baumaschinen, die des nachts wie die reglosen Hälse versteinerter Dinosaurier wirken, arbeiten von morgens bis abends. Noch monatelang wird über dem Erdboden nichts geschehen. Zuerst gilt es, den unter Hitler begonnen, nie fertiggestellten U-Bahntunnel zu zermalmen und wieder zuzuschütten. In einigen Wochen verschwindet der kleine Bunker neben unserer Botschaft: Er wurde im Kriege auf einem rund 30m tief in den Grund gebohrten Pfeiler errichtet, der die nie in Angriff genommene, von dem Naziarchitekten Speer geplante „Halle des Volkes" zu tragen bestimmt war. – Alles versunken, geborsten.

8. Mai 1995: Nach einem ökumenischen Gottesdienst in der Marienkirche, einmal mehr kurz gestört durch rasch beseitigte Randalierer, der Staatsakt in dem schönen, von Schinkel errichteten Schauspielhaus. Hier, in der Nähe des berühmten Boulevards „Unter den Linden", ist die alte Pracht des vortotalitären Berlins wieder erstanden. Was Rang und Namen hat, ist in Versöhnung versammelt, freilich wie um einen Gral, denn das Publikumsinteresse ist minim, es sei denn vor den Fernsehbildschirmen. Nach Beethovens „Coriolan"-Ouvertüre spricht Bundespräsident Herzog, volksnäher, aber ebenso besonnen wie sein olympischer Amtsvorgänger. Er bricht der typisch deutschen Diskussion, ob das Ende des Zweiten Weltkrieges für Deutschland Befreiung bedeutet habe, die Spitze, indem er den Gedanken Bundeskanzler Kohls, der Tag sei zumindest notwendig gewesen, nach vorn projiziert: „Der Tag, an dem ein Tor in die Zukunft aufgestossen wurde."

Und in der Tat sprechen die Staatsgäste vor allem von der Zukunft: der russische Ministerpräsident ein wenig gedrückt und larmoyant: denn er darf, muss sich wohl drängender als alle anderen die bittere Frage stellen, ob in der Rückschau die Millionen getöteter Russen das ungeheure Opfer wert waren. John Major, farblos wie ein Lehrer, irgendwie gefühllos für die Schicksale des Kontinents. Der amerikanische Vizepräsident Al Gore, bei dem alle Körpermasse stimmen, ist der einzige nach dem Krieg geborene. In bester, frischer und fester amerikanischer Manier zitiert er General Eisenhower von 1945, den er als Oberkommandierenden der Westalliierten nicht erlebt hat: Wenn Deutschland in 50 Jahren eine stabile Demokratie sei, dürfe der militärische Auftrag als erfüllt betrachtet werden. Gore schliesst: „Wäre Eisenhower noch am Leben, so könnte ich ihm heute von Berlin aus berichten: Mission accomplished".

Und dann, zum Schluss, François Mitterrand. Seine Worte, fast ganz extemporiert, von sparsam-wirkungsvoller Gestik gezügelt, sind ein Abgesang. Er spreche, einmal noch, als französischer Staatspräsident. In Wahrheit spricht ein alter, vom Tode gezeichneter, aber noch immer präsenter Mann, der einzige, der den Krieg als Erwachsener erlebt hat. Natürlich bleibt seine deutsche Kriegsgefangenschaft nicht unerwähnt, aber in der Rückschau empfindet er keine Bitternis. Er sehe die Gesichter seiner jungen Bewacher noch vor sich. „Auch sie haben ihr Vaterland geliebt". Und: „Mit dem Ende des Zweiten Weltkrieges hat Europa Europa bezwungen."

Man glaubt den Bewunderer des 100-jährigen Ernst Jünger zu hören, der den meisten Deutschen nicht viel bedeutet, für manche Franzosen aber offenbar als so etwas wie der Inbegriff erscheint sowohl ihres Stilbewusstseins wie dessen, was ihnen fehlt: das Soldatische. Mitterrand erhält eine stehende Ovation. Wer am Vorabend von Deutschland aus am Fernsehen die französischen Massen auf den Champs Elysées „Chirac, Chirac" skandieren hörte und sah, dies und die Begeisterung mancher Jugendlicher über „le retour de la droite", den befielen schon ein paar beunruhigende Gefühle. Jedenfalls traf dies auch auf manche meiner am Berliner Staatsakt anwesenden europäischen Kollegen zu. Oder ist das alles viel harmloser, nämlich einfach die Clownerie eines Volkes, das alle sieben Jahre einen neuen Halbgott erküren und sich, wie 1789, einen Augenblick lang der Utopie hingeben darf, Freiheit, Gleichheit, Brüderlichkeit seien nun endlich und für alle Zeiten gesichert?

Am Ende des Staatsaktes die deutsche Nationalhymne nach der ergreifenden Melodie aus Haydns „Kaiserquartett".

Mit dem 8. Mai in Paris und Berlin, dem 9. Mai in Moskau ist der Zweite Weltkrieg wohl endlich zu Grabe getragen. Noch mehr offizielles Gedenken müsste zum Totentanz werden.

Die Staatsgäste schreiten die Freitreppe hinab. Allein schlendere ich über den Gendarmenmarkt, vorbei am Französischen und am Deutschen Dom, als der Abend sich herabsenkt. Noch einmal kommen die Schreckensbilder der letzten Kriegstage hoch, die Unbefangenheit eines Al Gore, des unschuldigen Nachgeborenen, die Worte Mitterrands, der wohl schon sphärische Musik hört, die Unerschütterlichkeit eines Helmut Kohl, beständig, noch immer ungefährdet, der den Applaus anführte, als der Bundespräsident an unsere Dankesschuld gegenüber den Vätern und Müttern gemahnte.

Derweil vergnügt das junge Berlin sich in den Kneipen. Das letzte Gedicht der grossen Ricarda Huch fällt mir ein, dieser Streiterin für Gerechtigkeit und Toleranz, geboren 1864, noch vor „Sedan", als es mit Deutschland immer aufwärts zu gehen schien, gestorben 1947, als niemand mehr zu hoffen wagte:

Ein 8. Mai in Berlin

Tief in den Himmel verklingt
Traurig der letzte Stern
Noch eine Nachtigall singt
Fern, fern.
Geh schlafen mein Herz, es ist Zeit,
Kühl weht die Ewigkeit.

Matt im Schoss liegt die Hand,
Einst so tapfer am Schwert.
War, wofür du entbrannt,
Kampfes wert?
Geh schlafen, mein Herz, es ist Zeit.
Kühl weht die Ewigkeit.

Berlin, den 9. Mai 1995

Diesseits von Eden –
Dresden, Schwaben, Frankfurter Buchmesse

I

Die kleine, zweimotorige SAAB-Maschine durchstösst, am ganzen Leibe zitternd, die Wolkendecke über Sachsen. Dresden wird angesagt; aber wir überfliegen zuerst ein westlich davon gelegenes Flugfeld, auf dem ehemals sowjetische Iljuschin- und Tupolev-Maschinen in unterschiedlichen Stadien der Ausweidung aufgereiht ihr Ende erwarten. Bald danach unser Ziel, der Hauptflugplatz Sachsens. Sein Terminal, wie beinahe alle Gebäude auf der Fahrt zum Zentrum, in jenem tristen Graubraun, das Erbrochenem gleicht. Erst recht das ehemalige sowjetische Kasernenquartier, wo beinahe fünfzig Jahre lang Panzer mit Benzin gereinigt wurden, so dass auch die verbleibenden Bäume verkommen. Liquidationsphase: Armeelastwagen schaffen das noch Verwertbare weg, halten sich strikte an die deutschen Verkehrsregeln. Die Zukunft der grossen Areale? Einebnen, sanieren zuerst, Bereitstellung moderner Infrastruktur, Voraussetzung des Aufschwungs. In der Tat wird mit westdeutschen Geldern Tag und Nacht gearbeitet an Autobahnen, Strassen, Bahnlinien, an der Telekommunikation.

Abends, beim Empfang aus Anlass der offiziellen Eröffnung unseres Generalkonsulats, zu Hauf die westlichen Architekten einer goldenen Zukunft, die auf sich warten lässt. Es ist wahr: die neuen Bundesländer werden vorerst von „Wessis" verwaltet. Baden-Württemberg allein hat gegen 800 hohe Beamte auf seine Kosten nach Sachsen „abgestellt". Es sind die „Dimido"-Bürger, die Westdeutschen, die ihr Können von Dienstag bis Donnerstag anbieten bzw. aufoktroyieren. Daneben gibt es hunderte von Patenschaften zwischen west- und ostdeutschen Gemeindeverwaltungen: westliche Verwaltungsbeamte – Gemeindepräsidenten und „Kämmerer" (für die Finanzen Verantwortliche) verbringen jeden Monat einige Tage „im Osten", beraten, helfen auf eigene Kosten. Für den auswärtigen Betrachter ist es befremdlich, dem gegenwärtigen Zustand der Kolonisierung zu begegnen. Aber es gibt keine Alternative; und der allgemeine Wille geht dahin, ihn so rasch als möglich abzustreifen. Schweizer Investoren sind diskret, aber wirksam am Werke, werden bemerkt und geschätzt. „Die Zukunft hat schon begonnen", bekennt mir einer. Aber die Morgendämmerung dauert länger als erwartet. Die Westdeutschen haben das Ausmass des kollektivistischen Bankrotts erst allmählich erkannt (aber nicht nur sie; auch in der Schweiz war man manchenorts geneigt, den Leistungen des Kommunismus das Ohr zu leihen, wofern jene nur von Deutschen getragen würden). Die Ostdeutschen meinten, mit der Freiheit komme der Wohlstand gewissermassen von selbst. Der brandenburgische Ministerpräsident Stolpe schreibt, aus reichlicher Erfahrung schöpfend: Wer aufs Maul habe sitzen können, habe das Leben im Kommunismus als relativ „gemütlich" empfinden dürfen: Wohnung, Kindergarten, Arbeitsplatz – alle gesichert. Nun muss man auch „das Kleingedruckte" lesen.

Ungeachtet verbreiteter Morosität aufersteht hinter den „Brühl'schen Terrassen" das in einer einzigen Bombennacht total zerstörte Dresden, das einzigartige Juwel des

17. und 18. Jahrhunderts. Es entreisst sich dem Orcus, kehrt zurück in das Diesseits von Eden. Dass wir gerade hier unser erstes Generalkonsulat im ehemaligen Ostdeutschland eingerichtet haben, erscheint als glückliche Wahl im Sinne des Goethewortes, welches das Neue zu wagen empfiehlt, um das Alte zu bewahren.

II

Während Sachsen und seine Hauptstadt ganz allmählich zu ihrer dynastisch eingefärbten Identität zurückfinden, erwartet einen in Stuttgart so etwas wie ein Stück spätsommerliche Heimat. Der Deutschschweizer fühlt sich dort sogleich zu Haus in den Haufendörfern mit ihren Riegelbauten, den blühenden Städten wie Tübingen, Rottweil, dem tief in den Jurakalk eingeschnittenen, malerischen Donautal zwischen Sigmaringen und Tuttlingen oder auf den lichten Höhen der Schwäbischen Alb, von wo man heute den Säntis klar erkennen kann. Und selbst das stolze Stuttgart, 600.000 Seelen starke Hauptstadt des 10 Millionen-Bundeslandes, mit seiner ehemaligen Königs-Residenz und den sie umlagernden Zutaten – Theater, Museen, Bibliotheken –, wirkt durch und durch solid-bürgerlich, ein wenig aufgeschlossener wohl als unser Zürich, im übrigen aber wie die Schweiz in ihrer besten Form. Die grosse Koalition zwischen CDU und SPD erscheint hier als weit mehr denn eine blosse Sachwaltung. Die Exponenten der beiden grossen Parteien, Ministerpräsident Teufel etwa und sein Stellvertreter, Wirtschaftsminister Spöri, verkehren in freundlicher demokratischer Achtung miteinander, und der Landtagspräsident, ein Speis und Trank herzlich zugetaner schwäbischer CDU-Advokat reinsten Wassers, ironisiert seine Partei nicht weniger als die SPD. Der Plenarsaal des Landtags wirkt nüchtern-bescheiden. Man präsentiert ihn mir ohne Komplexe. Man steckt nichts weg, aber man zeigt weniger vor, als man hat. Welch ein Kontrast zum Rheinland!

Und in der Tat sprechen alle meine Gesprächspartner, der Ministerpräsident, der Wirtschafts-, der Innenminister, der Stuttgarter Oberbürgermeister Rommel, Journalisten und Industrielle mit einer beinahe beschämend herzlichen Zuneigung von unserem Land und legen dabei eine oftmals erstaunliche Kenntnis an den Tag – Folge der irgendwie (Gottseidank) ergatterten C-Permits. Zu dem von Generalkonsul Felix veranstalteten Mittagessen bemühen sich Journalisten aus Konstanz, Freiburg und Mannheim; der Süddeutsche Rundfunk bittet um ein langes Interview und zeigt sich dabei professionell und versiert. Der CDU nahestehende Industrielle begegnen am Abendtisch dem sozialdemokratischen Innenminister trotz Meinungsunterschieden in Sachfragen in einer Stimmung persönlichen Einvernehmens und wünschen, den ausländischen Gast in allerlei Interna mit einzubeziehen. Es herrscht eine grosse Liberalität des Ausdrucks. Man spricht Hochdeutsch, bringt indessen selbstverständlich seine eigene Färbung ein. Zuweilen klingen Unverständnis gegenüber und Zweifel an der helvetischen Dialektkrampfhaftigkeit an. Der Gast kann derlei leider nur bestätigen.

Wirtschaftlich gleichen sich die Strukturen Baden-Württembergs und der Schweiz bis in die Details, was u.a. den schweizerischen Identitätsverlustdebatten für den Fall eines EG-Beitritts etwas Unwirkliches verleiht. Es gibt Mercedes und Bosch als Grossfirmen; aber wer dem fast achtzigjährigen Hünen und ehemaligen Aufsichtsratsvorsitzenden von Bosch, Merkle, gegenübersitzt mit seinem Ledergesicht, der spricht wie zum Chef eines riesigen Familienbetriebs. Der Firmengründer hatte schon 1906 aus eigenem Antrieb den Achtstundentag eingeführt. Typischer sind die zahllosen „mittelständischen" Betriebe mit Umsätzen von Hunderten von Millionen DM. Die blitzsaubere Firma „Trumpf", die in Grüsch bei Landquart die zweitgrösste Fabrik Graubündens betreibt (und damit zufrieden ist wegen Fähigkeit und Disziplin der Arbeitnehmer, der sehr bescheidenen Firmengewinnsteuer – nur die militärdienstbedingten Abwesenheiten der Jungen fallen negativ ins Gewicht), stellte vor zwanzig Jahren elektrische Blechschneideschere her. Heute baut sie dem Laien genial anmutende Maschinen zur Blechbearbeitung per Laserstrahl. Und immer wieder die engen Beziehungen zur Schweiz: 1991 Importe und Exporte je rund 10 Milliarden DM herüber und hinüber. Das sind, was unsere Ausfuhren in das benachbarte Bundesland betrifft, die Hälfte unserer Exporte nach ganz Deutschland (80 Millionen Einwohner), mehr als nach Frankreich, mehr als nach Italien, mehr als in alle EFTA-Staaten zusammen, mehr als nach den USA... Und die Struktur des Warenaustauschs ist sehr ähnlich – Folge einer hochspezialisierten Wirtschaft.

Mein Besuch fand zu einem günstigen Augenblick statt, unmittelbar nach der NEAT-Abstimmung, zu deren Ausgang man hundertfach beglückwünscht wird. Ministerpräsident Teufel will sogleich die baden-württembergischen Zufahrtslinien ausbauen lassen. Ich muss ihn darauf hinweisen, dass wir zwar abgestimmt, aber noch nicht gebaut haben. (Steht es um die vor vier Jahren beschlossene „Bahn 2000" so viel anders?) Die EWR-Abstimmung vom 6. Dezember wird in Stuttgart mit grosser Aufmerksamkeit verfolgt. Man versteht aus ähnlicher Veranlagung heraus das Zögern, aber ein Abseitsbleiben der Schweiz will man sich gar nicht erst vorstellen wollen. Ja, „Maastricht" ist eine andere Frage. Aber an dem bis hierhin von der Europäischen Gemeinschaft Geschaffenen zweifelt niemand – ja, man kann sich eine Wirtschaft ohne EG nicht mehr vorstellen. Auch um seine Eigenart bangt das Land nicht.

Was ihn bange macht, ist die Flüchtlingsfrage. Sie ist in jedermanns Munde. Alle erkundigen sich nach dem „Schweizer Modell" wie nach einer Heilslehre, seit der saarländische Ministerpräsident und prominente SPD-Politiker Lafontaine der Bundesrepublik dieses empfohlen hat. Der Hinweis, das „Schweizer Modell" habe uns pro rata nicht weniger Asylanten beschert als der Bundesrepublik ihre eigenen gesetzlichen Regeln, lässt das Interesse erlahmen. Die Politiker befinden sich zwischen moralischer Pflicht und dem Unmut der „Basis" im Notstand. Noch sieht niemand einen gangbaren Mittelweg. Man darf wohl die Frage stellen, ob hier nicht eine echte Gemeinschaftsaufgabe für die EG vorliegt, dringender als Richtlinien über den Bau von doppelstöckigen Autobussen...

Ein Besuch in Baden-Württemberg entlässt einen mit starken Eindrücken, gerade auch hinsichtlich des Potentials regionaler Zusammenarbeit, auch im Politischen. Bleibt zu hoffen, die vielseitigen Angebote aus dem angrenzenden Bundesland fänden unsererseits eine adäquate, also positive Antwort. Man vernimmt, aus Anlass der Vierzigjahrfeier Baden-Württembergs im vergangenen Frühling seien Schweizer Politiker scharenweise nach Stuttgart geströmt. Vermischt hätten sie sich mit den Gastgebern kaum.

Letzte Woche, an einem Empfang in der Landeshauptstadt, an dem hohe Vertreter aus Politik, Wirtschaft und Kultur der Landeshauptstadt teilnahmen, standen die Vertreter der Schweizer Vereine, der SWISSAIR, der Verkehrszentrale, einträchtig um denselben Tisch herum und liessen sich's gut gehen, als wären sie ausgeliehen. Sind die Kassen so voll? Und selbst wenn es so wäre – liegt ein wenig mehr Zutrauen nicht drin?

III

Auf der Rückreise Besuch der 44. Frankfurter Buchmesse. Der Tag ist den Professionellen reserviert. Man spricht von Rezession, aber der Andrang ist gewaltig, gerade auch bei der Belletristik. Allein aus der Schweiz sind über 300 Verlage vertreten. Beinahe unglaublich, jedenfalls aber begeisternd, was allein in deutscher Sprache gedacht, ersonnen, gedruckt, verlegt, vertrieben und gelesen wird – mit all den damit verbundenen Mühen und Risiken für Autoren, Verleger und Händler. Auch Zeugnisse leicht skurriler Unterscheidungsbedürfnisse sind darunter, etwa das im Entstehen begriffene neue „Schweizer Lexikon".

Nun gut. Um so bemerkenswerter, was eine Unzahl von kleinen und kleinsten Verlagen wagt. Manche beklagen übrigens kommerziell den Hinschied der DDR – in Leipzig wurde tadellos und wohlfeil gedruckt. Aber man gibt nicht auf. Am Stand eines ganz kleinen zentralschweizer Verlags, der sich auf die Wiedergabe von Handschriften von vor der Erfindung des Buchdrucks konzentriert, legt man die „Armenbibel" vor. Der Herausgeber hatte lange Kunstbücher herausgegeben. Vor rund zehn Jahren wollte er einen grossen Qualitätsschritt versuchen, umgab sich mit den Besten. Er hat eine winzige Marktnische gefunden, alles „swiss made" und von höchster Qualität.

Zwischen den bewundernden Betrachter und die Reproduktion der mittelalterlichen Handschrift schiebt sich ein Bild der letzten Tage: ein junger Ingenieur erklärt das Prinzip dreidimensionalen Blechfräsens mit Hilfe von Laserstrahlen. Er hat zwei Brüder; einer ist Kaufmann, der andere Gräzist. Der Grossvater war mit Hermann Hesse befreundet.

Wer Jahre in Japan, in den USA verbracht hat, findet sich unvermittelt in der herrlichen Vielfalt des „homo ludens". Nichts ist ihm unerreichbar, alles probiert er, ist ernsthaft, aber immer bei vielerlei Sachen, die er aufnimmt, umdreht und wieder liegen lässt. Derweil schreiten die Japaner, mittlerweile auch andere Asiaten, blindlings immer nur einem einzigen Ziel zustrebend, durch unsere Fabrikhallen und Ausstellungsräume, photographieren, kaufen, zerlegen, ergänzen, optimieren, zielen, schlagen zu, räumen ab. Westliches Leben und Lebenlassen gegen fernöstliches Leben und Sterbenlassen („targeting") – ein „feiner" Unterschied, der den Sinn des Freihandels denaturiert. Alles in uns sträubt sich, derlei durch Protektionismus zu begegnen. Meine baden-württembergischen Gesprächspartner gaben sich, ohne naiv zu sein, zuversichtlich. „Die Krise wird unser ganzes Potential freisetzen, und wir werden bestehen".

Wenn dies zutrifft, ist es eine Gunst des Schicksals, Europäer zu sein. Und wenn nicht, nun, dann erst recht. Jemand hat bekannt: „Kultur ist, was bleibt, wenn alles vergessen ist". Es muss ein Europäer gewesen sein. Denn wo anders ist es geschehen, dass mit dem Untergang eines Reichs, nämlich des römischen im 5. Jahrhundert, „alles vergessen" schien und doch die ins Christliche verwandelte Idee im Jahre 800 mit der Krönung Karls des Grossen prägend in die Geschichte zurückkehrte? Im Aachener Dom steht noch immer sein Thron aus unverzierten Marmorplatten. Die rechte Seite zeigt die beinahe verwischten Inzisionen eines römischen Mühlebretts, wohl von den Soldaten des castrum benutzt. Draussen, auf einem Treppenabsatz, spielen zwei Buben, etwa Jahrgang 1980, dasselbe Spiel...

Bonn, den 5. Oktober 1992

Wächst die Geschichte nach?
Betrachtungen zu Deutschland

Die Geschichte als Schlüssel
Dass dem deutschen Gemüt weniger leicht beizukommen ist als dem von vergleichsweiser Klarheit gekennzeichneten lateinischen ist schon daran erkennbar, dass es für dieses mehrschichtige deutsche Wort in der mediterranen Welt und selbst in Frankreich keinen entsprechenden Begriff gibt. Allein, so verlockend es ist, der im Sinne des „sowohl als auch" geprägten Mittelage des deutschen Charakters nachzugehen, angesiedelt wie er nun einmal ist zwischen westlichem Rationalismus und östlicher Gefühlsmacht – dafür ist dies nicht der Ort. Es genüge hier die Feststellung, dass Deutschland die Aufklärung nie ganz vollzogen hat, indem der Deutsche pure Rationalität als zu platt empfindet. Was den Diplomaten indessen interessieren sollte, ist die Deutung der Geschichte, die nun einmal dauerhafte Klangfarben hervorbringt. Hierzu die folgenden Bemerkungen. Sie erfordern übrigens den Rückgriff auf das Phänomen der Aufklärung.

Der Dreissigjährige Krieg als prägendes Erlebnis
Der Dreissigjährige Krieg schuf in Kontinentaleuropa einen neuen Aggregatzustand. Frankreich, Schweden, Holland waren die Gewinner, Grossbritannien der Nutzniesser, und Nutzniesser auch Habsburg, das seine Macht nun Südosteuropa zuwandte. Kaum 40 Jahre nach dem Westfälischen Frieden begann das Ende der Türkenherrschaft unter den Mauern Wiens, feierte die Barockarchitektur Triumphe. Die Konsolidierung der westeuropäischen Mächte förderte Wissenschaften und Künste – eben im Sinne der Toleranz, mithin der Aufklärung.

Weite Teile Deutschlands dagegen, aus vielen Wunden blutend, gingen aus dem grossen Ringen verwüstet hervor. Nutzniesser gab es zwar auch dort, aber sie bildeten nichts weiter al einen buntscheckigen Teppich, gewoben aus etwa 300 mehr oder weniger impotenten Fürstentümern. Das Reich versank in Provinzialismus. Noch lange nicht geboren war der grosse Immanuel Kant aus Königsberg. Übrigens ist die Frage erlaubt, worin eigentlich die Entwicklung der Alten Eidgenossenschaft bestand – Nutzniesserin auch sie des Westfälischen Friedens – in den anderthalb Jahrhunderten vor ihrem jähen Ende. In mehr als einer Sicht widerfuhr ihr damals paradoxerweise das Schicksal des Reichs, aus dem sie gerade entlassen worden war, mit dem weitreichenden Unterschied freilich, dass bei uns anstelle von Fürsten in der Regel Zünftler oder mehr oder weniger demokratische Oligarchen das Szepter führten.

Dabei fanden neue Ideen bei den Fürsten zumindest im 18. Jahrhundert stärkere Förderung. Die Zerstückelung Deutschlands schuf aber auch den Nährboden für eine nur mit der Schweiz vergleichbare kulturelle Vielfalt, deren Dasein Sicherheit fand im Grundsatz des „cuius regio, eius religio". Erst 100 Jahre später als im Westen brach sich in Deutschland die Aufklärung Raum – Kant, Goethe –, und ihre Wirkung war in

Europa gewaltig. Allein, sie kam zu spät: Am Vorabend der französischen Revolution war man schon taub geworden für Friedrich Schillers Mahnung: „Freunde, nicht diese Töne".

Ein Staat, spät entstanden
Die Idee der deutschen Staatsfindung ist durch die französische Revolution und deren Nacherscheinungen 1830 und 1848 vorgelebt worden. Ihre Apologeten, vor allem diejenigen aus dem starken Lager der Romantiker, bedienten sich oftmals desselben Jargons wie ihre französischen Vorläufer, so dass man den Eindruck gewinnen konnte, die Deutschen wünschten sich einen deutschen Napoleon, nachdem sie vor kurzem erst den französischen unter grossen Mühen besiegt hatten. Doch vermochten sich die Rufe nach dem starken Mann schliesslich doch nicht durchzusetzen. Dies hatte mehrere Gründe, deren zwei hier erwähnt seien: Zum einen gab es in Deutschland im Gegensatz zu Frankreich, auch zu England, kein Proletariat. In ihrer grossen Mehrzahl waren die Deutschen Handwerker, nicht mittellose Arbeiter. Erst hinter jenen figurierten an Zahl die Bauern. Daraus wuchs im 19. Jahrhundert jene Behäbigkeit hervor, die ungern Blut fliessen sieht. Die Revolution 1848/49 hat sich im deutschsprachigen Europa in einem ganzen Jahr weit weniger Todesopfer zuschulden kommen lassen als ihre französische Schwester in wenigen Tagen. Mehr als ein halbes Jahrhundert später hat Lenin solche deutsche Bürgerlichkeit mit der verächtlichen Bemerkung abgetan, in Deutschland sei die Revolution unmöglich, weil dabei der Rasen zertreten werden könnte. Daran ist richtig die Achtung vor der Freiheit des Nächsten wie die Neigung zur Willfährigkeit.

Zum anderen war das Revolutionsziel in Deutschland neben der Sicherung von Verfassungsmässigkeit vor allem die Zusammenfassung der Deutschsprachigen in *einem* Staate. Dazu fehlte die kritische Masse, denn Habsburg, ultrakonservativ noch immer Metternich verpflichtet und bereits am Beginn seines Dahinserbelns, wollte von Liberalismus nichts wissen. Preussen eine Zeitlang wohl, aber dort war selbst die Freiheit oktroyiert und deshalb revozierbar. Und Lörrach, in der äussersten Südwestecke Badens gelegen und deshalb von den Vorgängen in der Schweiz stark beeinflusst, taugte als Hebelarm für die Schaffung eines liberaldemokratischen Deutschland indessen doch nicht.

Der entscheidende Punkt war wohl, dass das Deutschtum als kolonisatorische Kraft sich über weite Lande Ost-, Nordost- und Südeuropas erstreckte und dort, über Jahrhunderte hinweg eingefärbt in regionale Gegebenheiten, in recht unterschiedlichen Gewandungen daherschritt. Gemeinsam war den deutschen Minderheiten – gerade auch sie oftmals die Frucht der Verarmung des Reichs im Gefolge des Dreissigjährigen Krieges –, dass sie überall zivilisatorischen Fortschritt verkörperten und somit jene Mischung von Bewunderung und Argwohn hervorbrachten, die auch uns Heutige noch beschäftigt.

Die hier skizzierten Faktoren liessen die Märzrevolution 1848 und die anschliessenden Frankfurter Paulskirche-Bemühungen scheitern. Der schon todkranke, grosse, ebenso scharfsinnige wie versöhnende Heinrich Heine schrieb 1849:

> Gelegt hat sich der starke Wind
> Und wieder stille wird's daheime,
> Germania, das grosse Kind,
> Erfreut sich wieder seiner Weihnachtsbäume.
> ......
> Gemütlich ruhen Wald und Fluss,
> Von sanftem Mondlicht übergossen;
> Nur manchmal knallt's – ist das ein Schuss? –
> Es ist vielleicht ein Freund, den man erschossen.

Zur staatlichen Einheit fand Deutschland dann bekanntlich erst 1871 unter preussischer und des skeptischen Bismarck konservativen Führung. Und das war die „kleindeutsche" Lösung ohne, ja längerfristig *gegen* das Habsburger Reich. Man sagt, diese Einigung sei zu spät gekommen. Das ist richtig unter den längst überholten Prämissen des 18. und 19. Jahrhunderts, das im November 1918 an sein Ende kam. Zu spät, wenn man die Kolonisierung des Globus als ein Privileg der Europäer betrachtet und kühl konstatiert, dass es zwischen 1870 und dem Ausbruch des Ersten Weltkrieges eben so gut wie keine Kolonien mehr zu verteilen gab.

Auch in Deutschland war man von dieser Erkenntnis beherrscht. Gewissermassen resigniert begann es, seine durch die Staatsgründung gebündelten, enormen Energien auf Osteuropa zu richten.

Die Diaspora als Ferment

Die politische Staatswerdung Deutschlands, vollzogen auf der zwangsläufig nicht dauerhaften Grundlage des raschen Sieges über das Frankreich Napoleons III., war eine räumlich beschränkte. Habsburg mit seinen starken deutschen Minderheiten ausserhalb Österreichs in seinen heutigen Grenzen – in Böhmen, Ungarn, Rumänien, Kroatien – blieb vor der Tür, ebenso natürlich Polen, wo das deutsche Element kräftig und Jahrhunderte alt war. Ausgeschlossen von deutscher staatlicher Einheit, wirkte die deutsche Diaspora ausserhalb der Reichsgrenzen nur um so stärker, als sie der deutschen staatlichen Ordnung entzogen war. Während das Habsburger Reich gegen Ende des 19. Jahrhunderts bereits in allen Fugen ächzte, blieben Berlin und Wien als Treuhänder des osteuropäischen Deutschtums doch aufeinander angewiesen. Dabei war Österreich-Ungarn als Klammer eines Vielvölkerstaates längst zu gross geworden, während Deutschland gewissermassen noch unsaturiert war und zugleich der zaristische Dinosaurier sich eine Niederlage nicht mehr leisten konnte, ohne unterzugehen.

Es war diese Situation, die direkt zum Ersten Weltkrieg hinführte: Nicht, weil die deutsche Staatsgründung angesichts der britisch-französischen Weltherrschaft wirklich „zu spät" geschah, sondern weil ihre östliche Begrenzung offen blieb und infolge der zahlenmässigen Stärke und der Energie der deutschen Diaspora zu schicksalhaften Verstrickungen führte. Diese sind, denkt man nur an Tschechien und Ex-Jugoslawien, bis heute nicht zuverlässig bereinigt. Je feierlicher und endgültiger seit den Siebzigerjahren dieses Jahrhunderts die „Ostverträge" beschworen wurden, desto klarer tritt daraus nicht nur das Streben nach dauerhafter Friedenssicherung, sondern eben auch die Sorge um dessen nie auszuschliessende Vergeblichkeit hervor. Ist es nicht bezeichnend, dass dieses Gefühl auch Jahrzehnte nach der ethnischen „Entflechtung" in Osteuropa (Austreibung von Millionen) nicht ganz ausgelöscht ist? Der Bevölkerungsteppich dieser Gebiete hatte eben in Jahrhunderten lebhafte Farben angenommen, so dass nach deren Verblassung das Grundmuster, das Typische noch durchscheint. Die fermentierende Unruhe, das Gefälle, das seit der Konstituierung des Reichs an dessen Ostgrenzen besteht, war direkt kausal für das unendliche Leid, das den Grenzbevölkerungen jederlei Herkunft seit dem Zusammenbruch des Habsburger Reichs widerfahren ist, von Kroatien und Serbien bis hinauf nach Ostpreussen und dem Memelgebiet, und kein chirurgischer Eingriff hat dort die Erinnerung an uraltes kulturelles Neben- und Miteinander auszulöschen vermocht.

Wächst die Geschichte nach?
Vielleicht sollte man die Frage so nicht stellen, weil sie beim Leser in der Regel lediglich Erinnerungen an die letzten hundert Jahre weckt. Was man nicht verneinen kann, ist die Tatsache, dass es gewisse geschichtliche Gegebenheiten gibt, die Charakter und Verhalten der Völker weit über alle politische Konjunktur hinweg bestimmen. Die kollektive politische Genetik verändert sich langsamer als die Konjunktur des Zeitgeschehens. Deshalb erscheint der Befund zumindest voreilig, dieses oder jenes Volk, zumal die Deutschen, seien „anders geworden". Was sich ändert, sind die Handlungsmöglichkeiten als Folge gewandelter Voraussetzungen.

Wenn es zutrifft, dass für Deutschland weit stärker als für andere Länder und Gesellschaften ein erhebliches Auseinanderklaffen zwischen dem greifbaren Ist-Zustand und dem von den Nachbarn zugetrauten Potential (Erwartungshaltung) gilt, so liefert die Geschichte dafür also wohl eine brauchbare Erklärung. Die Deutschen haben seit achthundert Jahren mit ihrer auswanderungsbedingten Diaspora nach Osteuropa hineingewirkt, ohne dem Staat Deutschland anzugehören. Die Unschärfe der deutschen Ostgrenze im kulturellen Sinn erschwert die Definition des Volkscharakters. Unschärfe kann je nachdem Argwohn erzeugen oder Zuversicht, „dass sie's schon schaffen werden". Hinzu tritt, dass auch die Topographie dem gliederungsgewohnten West- und Zentraleuropäer das sichere Urteil erschwert: Wer nicht jahrelang Gelegenheit findet, genauer hinzusehen, steht einigermassen ratlos vor dem gleichförmigen Übergang vom ostelbischen Mecklenburg-Vorpommern über Brandenburg, Niederschlesien bis nach Ostpreussen, die polnischen Kernlande und weiter darüber hinaus. Nicht nur die Berge, auch die weiten Ebenen färben auf das Gemüt der Bewohner ab.

Mehr auszusagen sei hier nicht gewagt. Wenn es ein Fazit zu ziehen gälte, wäre wohl zu beherzigen, was David Calleo in seinem Buch „Legende und Wirklichkeit der deutschen Gefahr" vor einigen Jahren schrieb: Deutschland, in der Mitte Europas gelegen, sei „zu schwach für die Hegemonie, aber zu stark für das Gleichgewicht".

Woraus sich die Notwendigkeit und die Chance der *Integration* Deutschlands ergibt. Das „bringt" viel, wenn auch nicht sofort und in klingender Münze.

Golo Mann, ein Freund geschichtlicher Betrachtungsweise, bemerkt in seinem ebenso vielschichtigen wie wortreichen Essay „Deutsche Geschichte des 19. und 20. Jahrhunderts" unter Bezugnahme auf den französischen Geschichtsphilosophen Edgar Quinet: „Wer in der Geschichte etwas richtig voraussagt, der sieht, was schon ist, was aber die meisten noch nicht sehen, weil es erst im Keim da ist und von anderen Wirklichkeiten verdeckt wird." Das ist wohl ein ausgewogenes Urteil.

Vielleicht haben wir in dieser Skizze daher bloss ein paar Runen, Chiffren blossgelegt. Ein japanischer Freund verhalf mir vor zwölf Jahren im fernen Tokio zu einer Einsicht:

> Denn wer entziffert, zerstört,
> Oh, dass er dies nicht begehre,
> Sondern die Stimme erhört.
> (Sind Phänomene nicht genug der Lehre?)

Bonn, den 8. Mai 1996

Deutschland an der Jahreswende 1996/97

An den Grenzen des Machbaren?
Kein anderes europäisches Land hat seit Ende der Vierzigerjahre eine mit der Bundesrepublik Deutschland vergleichbare, aufwärts weisende, derart dynamische Entwicklung erlebt. Dem damals 15-jährigen Verfasser ist das Pressefoto aus dem Jahre 1949 stets lebendig geblieben, das Bundeskanzler Adenauer auf dem Petersberg bei Bonn zeigt, wie er den drei westlichen Siegermächten anlässlich seines Antrittsbesuches sein erstes Kabinett vorstellte. Nach dem Protokoll sollten die Deutschen den Teppich nicht betreten (!). Doch Adenauer stellte sich auf dessen Ecke und riskierte unbeanstandet den ersten, kleinen Schritt auf dem Weg der Bundesrepublik in die Souveränität.

In den folgenden 40 Jahren ist nichts Wesentliches schief gegangen, jedenfalls nicht aus deutscher Veranlassung: Eine ganz auf Einfügung bedachte Politik der Vertrauensmehrung im Westen – noch heute äussert sich Kohl nicht zum deutschen Anspruch auf einen ständigen Sitz für Deutschland im UN-Sicherheitsrat; der Siegeszug der sozialen Marktwirtschaft und die entsprechende Rückkehr der deutschen Währung zu beispielhafter Stabilität; NATO-Beitritt und Führungsrolle im Prozess der europäischen Integration; die schmerzliche Anerkennung der damaligen Realitäten in der DDR und Polen durch die „Ostverträge" von 1972/73; die Beschwichtigung der Sowjetunion. Gerade indem die Bundesregierung, ohne im Grundsätzlichen nachzugeben, dem Verdacht des „Revanchismus" keine Angriffsflächen geboten hat, leitete sie das Scheitern der DDR und der Sowjetunion ein und erntete schliesslich die Wiedervereinigung Deutschlands, ohne dass ein Schuss fiel und ohne dass aus dem 19. Jahrhundert fortwirkendes französisch-britisches Misstrauen die westliche Allianz länger als während einiger Wochen gestört hätte.

Der November 1989 war der von Bonn ausgehenden westdeutschen Nachkriegsaussenpolitik grösste Stunde. Sie wurde am Rande der damaligen UNO-Generalversammlung in New York mit eingeläutet, nicht durch die Vereinten Nationen, vielmehr in deren Nebenzimmern und in den Büros und Residenzen einiger Mitgliedstaaten, wo die entscheidenden Akteure sich trafen und die erforderlichen Synergien aktivierten. Jener Augenblick wäre einer wenigstens beiläufigen nachträglichen Ausleuchtung wert.

Die Aufbruchstimmung von 1989/90 ist beinahe lähmender Ernüchterung gewichen. Im postbolschewistischen Russland herrschen soviel Morosität, Schwäche und zugleich Zorn über beides, dass die Voraussetzungen der Verlässlichkeit im Aufbau eines von stabiler Partnerschaft geprägten Verhältnisses vorläufig nicht gegeben sind. Die zumindest auf mittlere Sicht dahingefallene militärische Bedrohung stellt die Daseinsberechtigung der NATO in Frage. Die Europäische Union steht ihrerseits vorerst nicht mehr unter der Wirkung jener unmittelbar spürbaren Bedrängnis, welche die enormen Energien freizusetzen in der Lage ist, die zur Vertiefung der Gemeinschaft erforderlich sind. Die endlich wieder souverän gewordenen Staaten Ost-Mitteleuropas drängen zu NATO und EU, aber weit überwiegend als *Empfänger* kostspieliger Dienstleistungen, die von den westeuropäischen Steuerzahlern zu berappen sind. Die Staaten des ehemaligen Glacis Russlands gehen unausgesprochen davon aus, dass im Notfall Deutsche, Franzosen, Spanier und Italiener die Ostgrenzen decken, wo doch weniger und weniger Westdeutsche bereit sind, auch nur ihre eigene Heimat notfalls militärisch zu verteidigen. Das einzige Land, das im Zentrum Europas liegt und darin in jeder Hinsicht manches einzubringen hätte – die Schweiz – versteht ihre EU-Mitgliedschaft allenfalls als „strategisches Fernziel". Ihre offiziellen Freunde werden rarer.

Vor allem fehlt es in sämtlichen öffentlichen Haushalten an Geld zur Befriedigung der unmittelbarsten *nationalen* Begehren. Für Deutschland gilt dies Ende 1996 in besonderem Masse. Wie überall hat man auch hier jahrzehntelang von der Annahme unablässigen Wachstums aus gehandelt und hat deshalb als Geschenke verteilt, was allenfalls hätte ausgeliehen werden dürfen. Die Leistungsempfänger fühlen sich vor diesem Hintergrund heute denn auch eher als geprellt als an eine noch so beschränkte Rückgabepflicht erinnert. Für Deutschland tritt hinzu, dass die Vereinigung gigantische Investitionsschübe zwecks eigentlicher Neuschaffung der Infrastruktur in der ehemaligen DDR generiert hat, ohne dass bereits kurzfristig gehörige „Returns" in Aussicht stünden. Die osteuropäischen Staaten, ja selbst die weniger begüterten „Stammlande" der EU – letztere über die gemeinschaftsinternen Automatismen der Ausgleichszahlungen – halten Bonn unentwegt ihre hohle Hand entgegen. Der tiefgreifende Strukturwandel verheisst auf Jahre hinaus eine hohe Arbeitslosenquote, worauf eine von übertriebener Schwerfälligkeit gekennzeichnete Gesellschaft nur sehr zögernd reagiert.

Aus all dem resultiert eine drückende, aus politischen Gründen und wegen der kaum einzudämmenden Neuverschuldung nur sehr schwer reduzierbare Steuerlast, die jede zusätzliche Opferbereitschaft erstickt. Bei Betrachtung der westdeutschen Gesellschaft wird man an ein Bild Schlafgestörter erinnert, die sich bei jedem Ertönen der Kassenglocke das immer dünner werdende Kissen über die Ohren ziehen.

Ein Ergebnis ist, dass ausgerechnet in Deutschland, dem Motor der Europäischen Währungsunion, die Kriterien zu deren Ingangsetzung innerhalb der verbleibenden Jahresfrist in Frage gestellt sind. Sind die Grenzen des Machbaren erreicht?

Zerstrittene Parteien und unerschütterter Bundeskanzler auf halbem Weg zu den nächsten Bundestagswahlen

Dass die rot-grüne Opposition, deren sozialdemokratischer Anführer in den Bundestagswahlen im Herbst 1994 schlecht abschnitt, die Regierungsmehrheit bei jeder Gelegenheit für jede Unzulänglichkeit unter Aufbietung ihrer vollen Lautstärke für schuldig erklärt, ist Teil der demokratischen Spielregeln, die auch diesbezüglich in Deutschland geradezu ausgeschlachtet werden. Dabei agieren die Sozialdemokraten indessen so ungeschickt als möglich unter dem Banner einer abgenutzten Führerschaft im Verein mit geschwächten Gewerkschaften, den Gralshütern längst überwundener Klassengegensätze. Davon gehen für die Bundesregierung keine schweren Gefahren aus. Die westdeutsche Arbeitnehmerschaft hat insgesamt weit besser als ihre politischen Anführer begriffen, was es geschlagen hat. Fänden morgen Bundestagwahlen statt, so würde sich der Rückstand der SPD gegenüber der CDU/CSU eher weiter vergrössern.

Gefahren erwachsen der Regierung vielmehr aus ihrem eigenen Lager. Die CDU und ihre bayerische Schwesterpartei sind als Volksparteien Sammelbecken vor allem der älteren Stimmbürger, insbesondere die CDU. Die Wählermassen erheben Anspruch auf die Zinsen des von ihnen geschaffenen Wohlstandes. In der Tat gilt für die deutsche Gesellschaft nicht weniger als für die schweizerische, dass dem verbreiteten Gejammer über die altersbedingt wachsenden Soziallasten manches von seiner Berechtigung genommen wird, wenn man bedenkt, dass wohl noch niemals zuvor eine abtretende Generation ihren Nachkommen ein derart mächtiges Sparvermögen hinterlassen hat.

Wie dem auch sei – dem Reformeifer auch der CDU sind recht enge Grenzen gesetzt. Und die Freien Demokraten, der in seinem Fortbestand nach wie vor gefährdete, zugleich unersetzliche Koalitionspartner der CDU/CSU?

Die FDP ist am ehesten das Sprachrohr einer sich an der wirtschaftlichen Wirklichkeit orientierenden, mehrheitlich jüngeren, gut ausgebildeten Bürgerschaft. Sie tritt ein für „konsequente Abspeckung" der öffentlichen Haushalte, für massive Steuererleichterungen, Lohnnebenkostensenkungen im Dienste der Wettbewerbsfähigkeit, kurz für alles, was strikt rentabilitätsbezogene Ökonomen an Hochschulen und in angesehenen Zeitungen verbreiten. Nun ist aber die Grenze hauchdünn zwischen einem sozial bewussten Liberalismus und jenem schieren Kapitalismus, der sich, allzu forsch angespornt von den unsrigen doch recht verschiedenen amerikanischen Verhältnissen, einer kurzfristig angelegten „shareholder value" Philosophie verschreibt. Gemeint ist der leicht und rasch verdiente „quick buck", der zudem nicht „daheim", sondern in einer noch rascheren Gewinn versprechenden, oftmals fernen Welt reinvestiert wird und den Eigentümern derweil ein Leben in der Welt der Jachten Bermudas verspricht.

Dabei ist es doch seit eh und je das auf *Langfristigkeit* angelegte Gewinnstreben mit seiner starken Komponente sozialer Verantwortung gewesen, die den Gesellschaften zwischen Schweden und Norditalien, dem Elsass und Böhmen zu solidem, d.h. breitem Wohlstand mit entsprechender Anziehungskraft verholfen hat. Ein älterer, für seine soziale Verantwortung bekannter deutscher Bankier, der sich zu dem eben skizzierten Credo bekennt, erklärte mir kürzlich: „Deshalb wähle ich die CDU".

Dem Bundeskanzler sind die Ermahnungen und Warnungen der FDP durchaus willkommen, gerade weil *er* sie in vergleichbarer Schärfe nicht ausdrücken kann und auch nicht ausdrücken will. Die Frage bleibt, ob er und seine Partei sich solche Rollenverteilung auf die Dauer werden leisten können. Das Stimmvolk reagiert nirgendwo nach Massgabe langfristiger Zielsetzungen. Als relative, 1998 aber koalitionsbestimmende Sieger aus den Bundestagswahlen könnten die „Grünen" hervorgehen. Diese nehmen für sich in Anspruch, die Quadratur des Kreises entdeckt zu haben. Die Sehnsucht nach dieser Erfindung ist verbreitet, die um so tiefere Enttäuschung also programmiert, wenn auch erst für eine mittlere Zukunft. Gewählt aber wird in knapp zwei Jahren.

Bundeskanzler Kohl erscheint von konjunkturellen Stimmungsschwankungen wenig erschüttert. Mit unbeirrbarem Instinkt verfolgt er seine sich aus den furchtbaren Erfahrungen der Vergangenheit wie von den Erfordernissen der Zukunft gestellten Ziele: die Bündelung der europäischen Potenzen, die unkündbare Einbindung Deutschlands, beides unter Wahrung europäischer Vielfalt. Seine Entschlossenheit, die Europäische Währungsunion rechtzeitig herbeizuführen, ist schon deshalb kein „deutsches Diktat", weil sie auch deutscherseits die rasche, schwer zu bewerkstelligende Rückkehr zu strenger Haushaltsdisziplin abfordert. Und sie ist es auch deshalb nicht, weil mittlerweile Länder von ganz andersgearteter monetärer Tradition, etwa Frankreich und Italien, sich dem deutschen Rezept, das ja auch ein (vernachlässigtes) schweizerisches ist, beizugesellen bemüht sind. Dabei darf man es schon als Ironie bezeichnen, dass dieselben Wirtschafts-, vor allem Bankkreise, die noch vor drei Jahren den „EURO" als eine den Märkten zuwiderlaufende Illusion betrachteten, inzwischen eine solche Kehrtwendung vollzogen haben, dass nun die weitsichtigen Politiker zur Vorsicht mahnen... Es ist, als drückten die „Märkte" Zustände und kurzfristige Erwartungen aus. Die Ziele setzen die Staatsmänner. Auch diese freilich sind mittlerweile vermehrt nationalem Erfolgszwang kurzfristiger Zielsetzung ausgesetzt.

Was Bundeskanzler Kohl auf seinen zahlreichen Auslandsreisen – zuletzt wieder in Ost- und Südostasien – zugutekommt, sind Instinkt und Beständigkeit. Er ist seit 14 Jahren deutscher Regierungschef – länger als sein Mentor und geistiger Vater Konrad Adenauer und heute noch jünger als jener bei dessen Amtsantritt 1949 –, wo doch andere, ebenfalls bedeutende Staaten in einer solchen Zeitspanne ein Dutzend Regierungschefs verbraucht haben. Der Kanzler ist einem Gletscher vergleichbar, der das seine Bahn behindernde Geröll lautlos beiseiteschiebt. Zu dem Geröll gehören in Deutschland wie anderswo die Intellektuellen, auch die Diplomaten. Der Politiker Kohl, wie manche seiner Artgenossen, neigt dazu, seine Mitarbeiter als verrückbare Grössen in seinen Diensten zu instrumentalisieren. Dennoch bleiben die Chefbeamten namentlich im Auswärtigen Amt der Sache hingegeben, illusionslos-ernsthaft und darüber hinaus seren. Ein hohes Vergnügen, mit solchen Kollegen dauerhafte Beziehungen zu pflegen.

Anstelle eines Ausblicks

Deutschland befindet sich Ende 1996 weder stimmungsmässig noch wenn man sich auf das Bezifferbare beschränkt in beispielhafter Verfassung. Es gibt hier manche Menschen, die, durchaus nicht berufs- oder veranlagungsbedingt, besorgt sind. Dagegen zeichnet der überwiegende Teil der seriösen Weltpresse, zeigt auch die unerschütterlich starke D-Mark ein ganz anderes Bild, ein Bild des beinahe blinden Vertrauens in deutsche Tüchtigkeit, deutsches Organisationstalent, kurz in deutsche Stärke, die dann auch gleich wieder unterschwellige Ängste generiert. Offenbar ist das europäische Ausland schlimmer dran, was manche nachdenkliche Deutsche sich kaum mehr vorstellen können und sie zu sarkastischen Selbstbetrachtungen einlädt.

Vielleicht liegt gerade in dieser oft enttäuschten Gewissenhaftigkeit der Schlüssel zur Erklärung der weit überwiegend positiven Leistungsbilanz, die das Ausland bei allem, was deutsch ist, als Erwartung voraussetzt. Wir sind nun einmal die, als die wir erscheinen. Damit müssen auch wir Schweizer fertig werden. „Erst Solides errichten, das der Normalbürger versteht, dann vorzeigen, nicht umgekehrt", bemerkte vor kurzem ein Chefbeamter des Auswärtigen Amtes im Blick auf die latent vorherrschende, entgegengesetzte französische Anschauung.

In Würdigung aller dieser Umstände wird sich Bundeskanzler Kohl 1998 noch einmal zur Wiederwahl stellen, es sei denn, die deutschen Querelen veranlassten ihn schon davor zum Rückzug.

Zuweilen verleiten die traditionellen deutschen Merkmale zu übertriebener Apologetik, dann wieder zu hartnäckigem Misstrauen. Vielleicht, dass hinter all dem zutage getragenen Griesgram und der wechselseitigen Anschwärzerei eine Grundhaltung praktischer Solidarität fortbesteht, die ihre Wirkung auf den Betrachter nicht verfehlt. Ist dies bei uns so ganz anders?

Wenn einem Volk das „Panthéon" fehlt, unter dessen mächtiger Kuppel seit kurzem ein André Malraux neben Victor Hugo und Emile Zola ruht, so entgeht es den Gefahren intellektueller wie sittlicher Überstilisierung, deren gesellschaftliche Verbindlichkeit leicht dahinbröckelt. Nichts derartiges in Deutschland. Im thüringischen Jena steht ein einfaches Haus. Eine schlichte Tafel verkündet: „Hier hat Goethe gelebt." Von dort schrieb er einem Freund: „Die Kunst hilft uns, die Wirklichkeit zu ertragen."

Darin liegt ein Stück lautloser, unverschnörkelter, fortdauernder Wahrheit.

Bonn, den 6. Dezember 1996

Parlamentarische Ausschüsse und ihre Berufung – Wahrnehmungen eines Nichtberufenen

Was ist ein parlamentarischer Ausschuss?
Der Gebildete wird unwillkürlich an dessen Vater denken, das Parlament.

Was aber ist ein Parlament? Wer, Talleyrands Rat befolgend, seinen ersten, spontanen Eindrücken misstraut, weil sie fast immer zutreffen, wird unbefangen den DUDEN öffnen und dort, zwecks genauer Fokussierung, nach den alphabetisch geordneten Vor- und Nachläufern Ausschau halten. Und richtig: Vor dem Stichwort „Parlament" steht der jüngsten Ausgabe zufolge die „Parkkralle". Das ist die „Vorrichtung zum Blockieren der Räder eines Autos". Danach steht „parlieren" („in einer fremden Sprache reden"). Der „Primat", das höchstentwickelte Säugetier, folgt erst viel später. Mit vollendeter Schärfe sieht's das umfangreiche Deutsche Universalwörterbuch, ebenfalls aus dem angesehenen Hause DUDEN. „Parlamentieren", steht dort, bedeute „hin und her reden", ursprünglich vor allem in Frankreich, heute allgemein verbreitet.

Damit sind wir dem Gegenstand nähergerückt. Doch bleiben wir cool: Der parlamentarische Ausschuss ist, obwohl aus dem Schosse des Parlaments geboren, keineswegs Ausschuss im wirtschaftlich vertrauten Wortsinne, nichts Unbrauchbares also. Das Gegenteil gilt: Es handelt sich der Zusammensetzung nach um Goldkörner im Sand. Dies wird schon aus ihrer ordentlichen Reihenfolge in der offiziellen Aufstellung des Deutschen Bundestages ersichtlich. Die Liste von nicht weniger als 22 Ausschüssen wird nämlich angeführt vom *Ausschuss für Wahlprüfung, Immunität und Geschäftsordnung*. Dabei kann es sich nur um Parlamentarier handeln, die von ihrer Funktion her offensichtlich aus altgedienten Mitgliedern des Bundestages bestehen, weil sie durch langdauernde, hartnäckige Einsitznahme im Lesen, Schreiben und Kontrollieren besondere Fertigkeiten erworben haben. Es folgt der *Petitionsausschuss*. Ihm gehören die vom Volke gewählten Parlamentarier an, die kaum gewählt, sich die noble Bereitschaft bewahrt haben, Bittschriften ihrer Wähler entgegenzunehmen, ja in manchen Fällen gar zu lesen.

Erst um einiges weiter unten auf der Liste figurieren etwa der Ausschuss für *Finanzen*, wesentlich später gefolgt vom *Verteidigungsausschuss*, dies vermutlich, weil beide mit körperlichen Anstrengungen sowie mit Ausgaben zu tun haben, Themen, an welche die Bürger (= die Verfasser von Petitionen) ungern erinnert werden.

Eine angesehene Besonderheit ist der allen Demokratien bekannte *Ausschuss für Auswärtige Angelegenheiten*. Er verkörpert gewissermassen das parlamentarische Kontrastprogramm zu den identischen Aufgaben der von sachkundigen Beamten besetzten Aussenministerien. Gerade das überlegene „Know-how" der Verwaltung, das oft aus nichts mehr als aus einem Augenzwinkern besteht, muss das Misstrauen jedes gesunden Bürgers erwecken. Und da man sich ein Volk nicht recht vorstellen kann, das sich als

Ganzes zum Auswärtigen Ausschuss konstituiert (die Schweiz einmal mehr ausgenommen), ergibt sich die Notwendigkeit dieses parlamentarischen Ausschussprodukts aufs natürlichste. Seine Mitglieder sind zudem mit dem Parlamentieren, also des mit fremder Zunge Redens, besonders vertraut, weshalb Ausschüsse für Auswärtige Angelegenheiten in aller Regel ein einvernehmliches, auf brüderliche Verständigung mit den Schwesterausschüssen befreundeter Staaten gerichtetes Dasein führen. Mehrsprachigkeit ist dabei erfahrungsgemäss nicht vorausgesetzt.

Man komme mir nicht mit dem billigen Vorwurf ineffizienter Doppelspurigkeit: Denn während die Beamtenschaft der Aussenministerien die eingehenden Depeschen anderer Aussenministerien, die oft den entgegengesetzten Standpunkt für sich in Anspruch nehmen, nach einigem telefonischen Hin und Her zu widerspruchslosen Vereinbarungen umbiegen, lassen sich die einschlägigen parlamentarischen Ausschüsse auf solch raffinierte Spielchen gar nicht erst ein. Sie versammeln sich in aller Regel in den Transithallen interkontinentaler Flughäfen, von wo sie Arm in Arm in extra bequemen Flugzeugsitzen in Entwicklungsländer fliegen, um dort vermittels kursorischer Überwachung der Auszählung von Wahlergebnissen deren demokratisches Zustandekommen festzustellen. Erfolgsvoraussetzung solcher Anstrengungen, denen die Beamtenschaft der Aussenministerien in ihrer intellektuellen Doppelbödigkeit viel zu wenig Beachtung schenkt, ist allerdings ein vor Ort in künstlich gekühlten Residenzen verpasstes „Briefing" durch den Botschafter, also den Abgesandten derselben Aussenministerien. Ihm folgt nach abgeschlossener parlamentarischer Auszählmission in aller Regel am selbigen Ort ein „Debriefing" und sodann ein opulentes Diner. In dessen Verlauf singt der gastgebende Botschafter das Hohelied parlamentarischer Kontrollfunktion, beantwortet von Dankesworten des entbrieften Delegationsleiters, der dem Abgesandten der eigenen Regierung sowie dessen Team überdurchschnittliche Kennerschaft hinsichtlich des auszuzählenden Entwicklungslandes attestiert.

Der avisierte Leser hat die naturgesetzlich harmonische Verzahnung zwischen Auswärtigem Amt und Auswärtigen Ausschüssen bereits durchschaut: Jede Seite bringt ihre erhebliche Mitgift in die Ehe: Die Diplomatie ihre Zurückhaltung gebietendes „Know-how" sowie Champagner, der Aussenpolitische Ausschuss dagegen eine frische, volksverbundene Unbestechlichkeit, die sich übrigens meistens mit den Erwartungen der Regierungen der heimgesuchten Länder deckt.

Nach der Verabschiedung gehen die Diplomaten ruhig schlafen. Die übermüdeten Ausschussmitglieder aber treten den langen Rückflug an, schlaflos sie, sei es wegen der Enge des Jumbo Jet, sei es wegen der erfolgreich durchgeführten Kontrollmission, die dem Ruhm des eigenen Vaterlandes, also dem ihren, zugute kommen wird. Insgesamt ein erhebendes Erlebnis von Brüderlichkeit, das frühestens dann endet, wenn die Ausschussmitglieder daheim wieder festen Boden unter den Füssen verspüren.

Anders, schwieriger liegen die Verhältnisse bei den *Finanzausschüssen*. Das einzige, das sie mit ausländischen Schwestern gemeinsam haben, ist der Zorn der Bürger. Der nämlich richtet sich überall gegen jene mit besonderem Scharfsinn ausgerüsteten Parlamentarier, welche die Steuergesetzesentwürfe aushecken, bevor diese die Zustimmung des Bundestages als Ganzes suchen und in der Regel auch erhalten. Deshalb stehen internationale Finanzausschusstreffen auch nicht unter dem Stern gemeinsamen Hochgefühls. Eher handelt es sich dabei um Begegnungen unter Tatverdächtigen. Natürlich gibt sich jede Partei alle erdenkliche Mühe, der nachbarstaatlichen nachzuweisen, sie habe ihre Hausaufgaben besser gemacht. Sie berichtet etwa von Steuerreformen, die den Höchststeuersatz merklich herabdrücken, ohne dass dies den lästigen Nebeneffekt von Einsparungen hervorbrächte. Das Geheimnis ist in dem Begriff „Umlagefinanzierung" aufbewahrt. Für einfache Geister: Man braucht bloss die Mehrwertsteuer regelmässig anzuheben, und schon bleibt dem Staat und den Volksvertretern das gewohnte Steueraufkommen gesichert, ohne dass es gleichzeitig zu einer Reduktion, d.h. Neuverteilung jener schwarzen Dienstlimousinen käme, die uns wie freundliche Sterne umsausen und uns daran erinnern, dass auch unser eigenes, ungleich bescheideneres Dasein noch Steigerungen verträgt.

Und doch werden die nationalen Finanzausschüsse ihrer Findigkeit so recht nicht froh, denn der ausländische Bruderausschuss ist seit längerem auf exakt dieselbe Idee verfallen. Das einzige, was die verschiedenen nationalen Ausschüsse dieser spezifischen Berufung voneinander unterscheidet, sind stark unterschiedliche Erfolgsraten im Rennen um höhere Mehrwertsteuern. Renommierte, moderne Staaten haben die Marke von 20% bereits überschritten. Deutschland schickt sich gerade erst an, wie ein mittelmässiger Hochspringer die Kennziffer 16 zu schaffen, ein Indiz für die vielberufene Verschweizerung, denn dem schweizerischen Parlament will die Übersteigerung der 6,5% Hürde nicht gelingen. Man führt diese mässige Leistung allgemein auf das störrische Volk, also auf die bereits erwähnten Petenten zurück. Doch ist hierfür, wie bereits oben dargelegt, ein anderer Ausschuss zuständig.

Es versteht sich, dass die Botschaften, welche die Besuche von Finanzausschüssen vorbereiten, in der Wahrnehmung ihrer Betreuungsaufgaben gesprächsweise mehr Zurückhaltung beweisen als gegenüber Auswärtigen Ausschüssen. Sparen ist Ehrensache, erst recht die Sparpflicht der Mitbürger – Grund für die regelmässige Anhebung der Mehrwertsteuer.

Schon wegen ihrer enormen Vielzahl verdienen zum Schluss *nichtparlamentarische Fachausschüsse* gebührende Erwähnung. (Merke: Ein Ausschuss kommt selten allein.) Solche Ausschüsse treffen sich in der Regel einmal pro Jahr wechselseitig im einen oder anderen Land, und dies stets an ausgesucht angenehmen Orten und während der lieblichsten Jahreszeiten. Sie wirbeln nicht viel Staub auf, denn ihre Hauptaufgabe besteht darin, festzustellen, was bereits ist. Vorhandenes und Bekanntes wird also gewissermassen homologisiert – z.B. die Gleichwertigkeit von Hochschuldiplomen, akademischer Titel, von Fahrradsätteln – kurz beinahe alles, was brauchbar ist. Die entsprechenden – selbstverständlich stets einstimmig gefassten – Beschlüsse bleiben indessen nicht einfach im parlamentsleeren Raum hängen. Vielmehr treten sie bald danach den Marsch durch die einschlägigen Ausschüsse an, bevor auch sie im Meer des Parlamentsplenums untergehen.

Diplomaten sind gegenüber solchen Fachausschüssen in ihrem ureigenen Element; denn bei aus gegebenem Anlass arrangierten Festessen ist Gelegenheit zu Reden und Gegenreden unter Kulturträgern geboten. Einen Extremfall dieser Gipfeltouren verkörpern Übersetzungskonferenzen. Dabei werden bereits deutschsprachig vorliegende internationale Vertragstexte gewissermassen noch einmal ins Deutsche übersetzt – eine viele Tage dauernde Sisyphusarbeit unter blühenden Linden, die deutsche, österreichische und schweizerische Sprachkundige zusammenführt. Die Lehrerzunft im Parlamentariergewande – keine Seltenheit – ist dabei stark vertreten. Die bei solchen Treffen bewiesene sprachliche Akribie macht in Wörterbüchern im Interesse der Unlesbarkeit zahlreiche Abkürzungen nötig, wie „fam." für „familiär", „ugs." für „umgangssprachlich", „idg." für „indogermanisch", ja selbst „chin." für „chinesisch". Am Ende bleibt kein Wunsch mehr offen. Beim Auseinandergehen wird dann gern auf den bewährten Wilhelm Busch zurückgegriffen, genauer: auf die letzten Verse aus „Maler Klecksel":

> Sie alle trinken unbeirrt
> ihr Abendbier beim Schimmelwirt. –
>
> Oft sprach dann Bötel mit Behagen:
> „Herr Schimmelwirt! Ich kann wohl sagen:
> Wär' nicht die rechte Bildung da,
> Wo wären wir? Jajajaja!"

Es geschieht ohne alle Absicht, dass wir am Ende unserer wahrheitsgetreuen Abhandlung wieder den DUDEN in Anspruch nehmen. Es gibt eben nichts, wofür er nicht den zutreffenden Begriff bereit hielte. Wie definiert *er* denn nun den „Ausschuss"? Hier haben wir's: Ausschuss ist „Austrittsstelle eines Geschosses". Welcher Natur das Geschoss ist, ob scharf oder blind z.B. – darüber schweigt sich unser Sprachvademecum aus. Offenbar liegt das eine wie das andere drin.

Bonn, den 28. Januar 1997

Erwartungen an die deutsche Aussenpolitik – die Sicht eines Schweizers

Vortrag gehalten am 31. Oktober 1996
vor Mitgliedern des Seminars für wissenschaftliche Politik
der Albert-Ludwigs-Universität Freiburg i. Br.

Lassen Sie mich eines gleich vorwegnehmen: Bald 50 Jahre nachdem sich Deutschland in Gestalt der Bundesrepublik aus seiner Asche erhoben hat, besteht für die nach Kriegsende geborenen Nichtdeutschen, also für die grosse Mehrzahl der Menschen schlechthin kein Anlass, an der Zukunft Deutschlands im allgemeinen, deutscher Aussenpolitik im besonderen, zu zweifeln. Die Bundesrepublik hat wohl sämtliche legitimen in sie gesetzten Erwartungen erfüllt – legitim nach Massgabe der Geschichte, insbesondere der Zeitgeschichte, der zugefügten wie der erlittenen Leiden und, soweit eben möglich, deren Wiedergutmachung, so dass alle darüber hinausgehenden Erwartungen in die Nähe von Anmassung rücken müssten.

Dass sich Deutsche jeden Alters strengere Massstäbe anlegen sollen, die Vertreter geistiger Eliten insbesondere, sollte ebenfalls selbstverständlich sein. Nur handelt es sich um eine Disziplin, der Angehörige aller Völker nachkommen sollten und damit *nicht* um einen Gegenstand, der sich zur Erteilung von Ratschlägen an Ausländer eignet. Auch wir Schweizer entgehen diesem Schicksal nicht.

Nun kann man die Menschen auch anders stratifizieren – nicht nur vertikal, d.h. nach Völkern, vielmehr auch horizontal, d.h. nach Generationen. Ich glaube nicht, dass diese Methode artifiziell ist, dass sie weniger aussagt, vor allem weniger lehrreich ist als die Abrechnung unter Völkern. Denn es sind doch die Angehörigen von jeweils einer oder anderthalb Generationen, die miteinander in Fehde liegen oder in Frieden leben, mit allen den bitteren wie heilsamen, den wahrgenommenen wie den leichtfertig verspielten Folgen, an denen unsere europäische Geschichte, auch die allerjüngste, reich ist.

Wenn sie solcher Stratifizierung für die Zwecke unseres Gegenstandes zustimmen können, dann erhält die mir gebotene Möglichkeit, unter Ihnen zu sein, vom schieren Vergnügen abgesehen, einen Sinn; denn bei dieser Betrachtungsweise stehen unsere jeweiligen *Pässe* einander nicht entgegen, sondern allenfalls unser Lebensalter.

Das meinige, um weniges jünger als dasjenige Ihres Bundeskanzlers, ist bei der Beratschlagung über die in den nächsten zehn Jahren wahrzunehmenden Pflichten unserer jeweiligen Regierungen in besonderem Masse in die Pflicht genommen: Ich war am Ende des Zweiten Weltkrieges elf Jahre alt, hatte also das Vorangegangene nicht mitzuverantworten. Ich kann mich aber auch nicht in die allzu muntere sog. Unbefangenheit, d.h. in die Freiheit von jeder Selbstkritik flüchten, die sich grosse Teile jener Generation herausnehmen, die etwa zehn Jahre nach dem Krieg und später geboren wurden. Und gerade diese beiden Generationen, die der meinen vorangehende wie die nachfolgende, sind in mancher Hinsicht zerstritten. Dass die ältere allmählich dahinstirbt, entledigt uns bloss wichtiger Zeitzeugen, erhöht also die Gefahren unseres eigenen, einseitigen Urteils. Den nach uns Kommenden ist damit nicht gedient, denn wir hinterlassen ihnen durch unausgewogenes Urteilen wiederum Hypotheken, die sie eines Tages uns zur Last legen werden.

Lassen Sie mich mein eigenes Unbehagen an zwei Beispielen erläutern: Das erste betrifft mein eigenes Land, das, wie wir wissen, in jüngster Zeit unter dem Titel „Raubgold" auf der Anklagebank sitzt. Vor kurzem wurde ich zufällig Zeuge einer Fernsehdiskussion, die diesem Thema gewidmet war. Unter den Teilnehmern befanden sich u.a. Ignaz Bubis sowie ein Direktor einer Schweizer Grossbank. Auf eine Kritik bemerkte dieser, schliesslich hätten ja die Deutschen Hitler gewählt; die Schweiz sei in mehrfacher Hinsicht Opfer des Naziregimes gewesen. Obwohl diese Selbstrechtfertigung nicht vollkommen verkehrt ist, wirkte sie in dem gegebenen Zusammenhang wie plakatierte Unfähigkeit zu Unrechtbewusstsein.

Zweites Beispiel: In der „Neuen Zürcher Zeitung" vom 1. Oktober 1996 widmete der Schweizer Thomas Maissen, der in Potsdam neueste Geschichte lehrt, der eben erschienenen Abhandlung von Norbert Frei: „Vergangenheitspolitik – die Anfänge der Bundesrepublik und die NS-Vergangenheit" eine für die sonst so nüchterne NZZ geradezu begeisterte Rezension. Der Autor behandelt in m.E. wissenschaftlich durchaus seriöser Weise die verdächtige Eile und Intensität, mit der unter der ersten Regierung Adenauer die sogenannte Entnazifizierung mit aus heutiger Sicht und insbesondere nach der „Wende" von 1989 sehr befremdlichen Oberflächlichkeit „erledigt" wurde. Freis Untersuchung sowie die Solidarität seines ungefähren Altersgenossen – Frei wurde 1955 geboren – legen indessen nicht nur die Schwächen im Urteilsvermögen der unter dem Hitlerregime bereits reifen Generation zutage – gleichgültig, ob es sich um Täter, Mitläufer oder keine von beiden handelte, sondern auch die eigene Schwäche der Unbetroffenen, die es dem Autor nahelegt, die Mehrzahl der Bundestagsabgeordneten einschliesslich Bundeskanzler Adenauer unentschuldbarer Nachsicht zu bezichtigen. Man gewinnt den Eindruck, dem Autor habe an der aseptischen Reinheit seines chirurgischen Besteckes mehr gelegen als an eigentlicher Durchdringung des Gegenstandes. In der Schweiz hält man es übrigens – mutatis mutandis – nicht besser, d.h. man urteilte scharf über die Anpasser der Kriegszeit, allerdings erst seitdem die deutsche Niederlage unumstösslich feststand, also nichts mehr zu befürchten war.

Ich möchte die beiden Beispiele hier moralisch nicht bewerten, will damit lediglich belegen – und dies scheint mir denn auch schon gefahrenreich genug –, dass jede Generation sich berechtigt glaubt, ihr eigenes, vorläufig ungefährdetes Urteil den Vorangegangenen überzustülpen. Die Zeit ist unter dem Gesichtspunkt der Generationenfolge nicht mehr fern, wo den Heutigen dasselbe widerfahren könnte.

Gestatten Sie mir deshalb, die mir vorgelegte Frage abzuwandeln in: Was kann meine *Generation* von deutscher Aussenpolitik der kommenden zehn bis 15 Jahre erhoffen? Und was kann sie zur Erfüllung ihrer Hoffnungen beitragen? Ergeben sich daraus Empfehlungen an *jede* Generation im Umgang mit ihrer eigenen Geschichte?

Erstens: Es ist bisher unbewiesen, dass es bedeutende Unterschiede hinsichtlich der Luzidität einzelner Generationen gibt. Alle stehen sie, stehen *wir*, im Spannungsfeld zwischen Beharren und Aufbruch, zwischen Risikobereitschaft und Vorsicht, Entwurf und Bewahrung, Hingabe und Selbstachtung. All dies ergibt ein als Produkt so ziemlich immer gleichbleibendes Kräfteparallelogramm, innerhalb dessen wir versucht sind, die Einzelkräfte unterschiedlich zu gewichten. Um wieder auf den weit zurückliegenden Studiengegenstand von Norbert Frei zurückzugreifen: Für ein- und dieselbe Generation ist es einfach zu viel, sich mit Kopf und Seele einer in die NATO integrierte Bundeswehr zu verschreiben *und gleichzeitig* ohne Rücksicht auf klar individuali-sierbare persönliche Schuld ganze Kategorien von Wehrmachtsoffizieren zu ächten. Indem man ein entsprechendes Versagen der Generation der Politiker von 1950 ankreidet, übersieht man, dass die Heutigen – und damit meine ich mich selbst wie Sie – solch doppelter Belastung eben *nicht* ausgesetzt waren und es auch nicht sind. Im Kräfteparallelogramm der unvergleichlich harmloseren Zielkonflikte von heute würde dies etwa bedeuten, sich gleichzeitig mit Haut und Haar wirtschaftlichem Wachstum um jeden Preis *und* bedingungslosem Umweltschutz zu verschreiben. Wer über diesen Vergleich lächelt oder sich gar empört, könnte, noch bevor er seine Altersrent in Anspruch nimmt, seine blauen Wunder erleben.

Daraus folgt, zweitens, dass Befassung mit Geschichte *niemals Abrechnung* sein darf, vielmehr allenfalls *vorsichtige Aufrechnung*, Aufrechnung nach Massgabe unserer eigenen Belastbarkeit.

Wenn Ihnen dies als selbstverständlich erscheint – und welchem Intellektuellen erscheint nicht beinahe alles als selbstverständlich, solange er von den persönlich zu ziehenden Konsequenzen verschont bleibt! – sollten in unseren öffentlichen Debatten mikrofonisch verstärkte Abhalfterungen wie „unerhört", „mit demokratischem Selbstverständnis unvereinbar", „bar jeder Vernunft", usw. usw. in den allermeisten Fällen unterbleiben. Und diese Ermahnung, wenn ich mir ausnahmsweise doch eine vertikale Stratifizierung erlauben darf – haben Sie als Deutsche nötiger als meine Landsleute.

Drittens nun ist diese einfache Erkenntnis aussenpolitisch von erhöhter Bedeutung aus zwei Gründen: Zum einen darf sie nicht über den Rand des der eigenen Öffentlichkeit Zumutbaren hinausgeraten. Zum anderen hat sie *trotz* solcher Beschränkung den Erwartungen anderer Völker – nicht allein der unmittelbaren Nachbarn – engegenzukommen, um Glaubwürdigkeit als Voraussetzung von Vertrauen zu generieren. Wenn Aussenpolitik einem berühmten Dictum nach die Kunst des Möglichen ist, so bedeutet Kunst genau diese Fähigkeit zur Gratwanderung.

Verzweifeln Sie darob nicht; denn die für mich wie für die meisten anderen Beobachter, die wohlgesinnten und, erst recht, die übelgesinnten, steht fest, dass „Deutschland ohnehin nicht aufzuhalten ist". Bietet sich von daher nicht eine Chance der Zurückhaltung, ja der Ritterlichkeit Ihrerseits an, die mit Gönnerhaftigkeit gar nichts zu tun hat?

Wenn wir nun, viertens, einige praktische Anwendungsgebiete für eine so verstandene Aussenpolitik suchen, so wäre etwa für die *Europapolitik* Deutschlands zu beachten, dass als argumentum e contrario des Schiller'schen Satzes, wonach der Starke am mächtigsten allein ist, für Deutschland, und damit natürlich auch für seine Partner unbedingt das Gebot der Einbindung in die Europäische Union zu gelten hat. Das bedeutet zielbewusstes, aber nicht überstürztes Fortschreiten auf dem Pfad der unkündbaren „Vergemeinschaftung". Sie ist das Gegenteil vertraglicher Vereinbarungen, denen sich gerade der Starke immer wieder entziehen kann. Der Pfad muss allmählich hinführen zum supranationalen Bundesstaat, und wenn ich betone: Bundesstaat, so deshalb, weil diesem das Subsidiaritätsprinzip per se innewohnt. Ihre eigene Geschichte wie diejenige der Schweiz darf Ihnen hierbei durchaus Vorbild sein. Wenn die Föderalisten diesseits und jenseits des Rheins endlich begriffen, dass zur Wahrung der Eigenständigkeit praktizierbare Autonomie weit nützlicher ist als fiktive Souveränität, so wäre sehr viel gewonnen. Leider sind wir in der Schweiz so weit noch nicht. Bei drohender Gefahr meldet sich noch immer der Einigelungsreflex. Wieviel lebenskräftiger ist da doch die amerikanische Devise: „If you can't beat them, join them!"

Der hier skizzierte Grundsatz gilt selbstverständlich auch für die Sicherheits- und Verteidigungspolitik, sei es im Rahmen der NATO, sei es in demjenigen der Europäischen Union, die diesbezüglich noch schwachbrüstig ist. Auf jeden Fall dürfen weder NATO noch EU zur Wassersuppe verkommen, der die kritische Masse zu fortwährender Generierung der Eigenstrahlung abgeht. Vor diesem „caveat" müssen auch EU- bzw. NATO-Erweiterungspläne Halt machen. Dass hierbei legitime ebenso wie für Europa nicht mehr akzeptable osteuropäische Interessen, zumal russische, berührt werden, ist offensichtlich und erfordert von der deutschen Aussenpolitik erhebliches Fingerspitzengefühl. Dies gilt um so mehr, als man es ruhig als politisches Naturgesetz bezeichnen darf – eine Ableitung der Tatsache gewissermassen, wonach die Natur die Leere ausfüllt –, dass sich kein Staat, und wäre es auch nur in einem einzigen bedeutenden Sektor, dauerhaft dem Engagement entziehen kann, das seinem Gesamtpotential entspricht. Deutschland ist als Folge dieses Grundsatzes mehr und mehr in die ihm zukommende Rolle im Konflikt um Ex-Jugoslawien „hineingewachsen". Dass dies ohne übertriebenen innenpolitischen Wellengang geschehen konnte, stellt Ihrem politischen System im allgemeinen, Ihrer Regierung im besonderen, aber auch der Opposition ein gutes Zeugnis aus.

Umgekehrt gilt, dass die Aussenpolitik eines Landes etwa als Folge ihres kontinentalen Potentials sich global nicht unbedingt gleichviel zutrauen sollte. Das wilhelminische Zeitalter ist diesbezüglich ziemlich rasch an fatale Grenzen gestossen. Heute begegnet man demselben Reflex, zum Glück in sehr viel harmloserer Form, bei dem Bestehen gewisser Kreise – nicht Ihres Bundeskanzlers – auf einem permanenten Sitz für Deutschland im UN-Sicherheitsrat. Wer wie der Sprechende selbst jahrelang als Diplomat in New York tätig war, wird sich sehr rasch bewusst, dass alles, was mit dem Begriff „deutsch" zusammenhängt, dort fast nur materielle Begehrlichkeiten erweckt, denen politische Konzessionsbereitschaft nicht gegenübersteht. Das lässt sich leicht testen etwa an den Reaktionen auf den Vorschlag, die beiden europäischen Sitze im Weltsicherheitsrat unter den grossen EU-Staaten rotieren zu lassen. Dies würde uns Europäer nämlich vor der wenig verheissungsvollen Aussicht bewahren, dass inskünftig nicht mehr bloss fünf vetoberechtigte Mitglieder des Sicherheitsrates, sondern darüberhinaus neben Deutschland auch Länder wie Japan, Indien, Indonesien, Brasilien und/oder Argentinien über schicksalhafte Fragen entscheiden müssten bzw. dürften.

Der Ableitungen der oben skizzierten Wegmarken sind unzählige. Eine einzige sei in diesem Zusammenhang noch erwähnt: Kein anderer Begriff erfreut sich – gerade auch im Hinweis auf die UNO – heute vergleichbarer Popularität wie die sogenannte Globalisierung. Zuweilen ist mir, als sei er deshalb so beliebt, weil er auf die Weltkugel verweist, auf deren Oberfläche das Zentrum überall ist, was einem die Qual der Wahl des Ansatzpunktes eigenen, vordringlichen Strebens erspart. Gewiss wäre es hoch erfreulich, wenn alle sich des globalen Charakters bestimmter Menschheitsgefahren stärker bewusst *und* bereit wären, entsprechende Handlungsvollmacht irgendwo anzusiedeln. Allein, davon kann nun einmal keine Rede sein. Man denke nur etwa an das ebenso reale wie lächerliche Bild, dass sich China und Japan, Griechenland und die Türkei um winzige, unfruchtbare Inseln streiten, südamerikanische Staaten ihrerseits um eisige Hochgebirgszüge.

Das enorme Auseinanderklaffen zwischen den Niveaus der Problemstellung und der politischen Handlungsbereitschaft ist nun aber, wie mir scheint, direkt mitverantwortlich für die auch in Europa wieder aufkommende Tendenz zur „Verschreberung", d. h. zu Nationalismus bis hinab zur Wahrnehmung von Autonomie, ja von eingebildeter Souveränität in kleinsten Zellen. Folge: Neben dem Kreditkarten- und dem Telekommunikationswesen hat sich eigentlich nur ausgerechnet der Nationalismus globalisiert!

Kurz, wir sollten wieder vermehrt bei unserem Leisten bleiben, in konzentrischen Kreisen denken und handeln, dann aber umso energischer. Ob etwa das universelle humanitäre Völkerrecht, gehandhabt wie es wird durch das dafür geprügelte Internationale Rote Kreuz, sich nicht selbst ad absurdum führt, ist eine durchaus berechtigte Frage. Verrechtlichung setzt ein gewisses Niveau der Zivilsicherheit, also der Unterordnungsbereitschaft voraus. Dafür bestehen keine globalen Voraussetzungen.

All dies zu Ihrer, zu unserer Anregung. Wenn ich zum Schluss noch einmal gewissermassen von Volk zu Volk reden soll im Sinne jener Schweizer Sicht, die nun einmal im Titel meines Referats figuriert, so würde ich Ihnen, bereit wie ich bin, Ihren eigenen Ermahnungen zuzuhören, vielleicht noch dies empfehlen, eingedenk dessen, was mir auch bei vorsichtiger Beurteilung zuweilen als spezifisch deutsche Geistesverfassung erscheint:

Achten Sie darauf, gesunden Menschenverstand, der sich definitionsgemäss nicht alles auf einmal vornehmen kann, nicht allzu rasch jener juristischen Einklagbarkeit zu opfern, deren Ziel es ist, ein für allemal jenen „sauberen Tisch" zu schaffen, auf den über die Beendigung einer Mahlzeit hinaus bekanntlich kein Verlass ist. Wieder zwei Beispiele: Pochen Sie gegenüber Russland nicht unentwegt vermittels Rückgriffs auf „heiligste Rechtsgüter" auf der Rückgabe sogenannten geraubten Kulturguts. Wie manche Kulturgüter haben nicht im Lauf der Geschichte durch mehr oder weniger heimliche Wegschaffung den sogenannten Eigentümer – genauer wäre wohl: den Verwalter – gewechselt. Zum Beispiel der Schatz des Prianos... Ausserdem: Auch der ehemaligen Sowjetunion sind ja in dem von Hitler entfesselten Weltkrieg Kunstschätze von allergrösstem Wert nicht nur abhanden gekommen, sondern zerstört worden. Gegenüber einem Russland, das seine Westgrenzen unter Beweinung von Millionen von Toten unter recht demütigenden Umständen so weit hat zurücknehmen müssen, verlieren rein juristische Titel unvermeidlich an Wirksamkeit, ja vielleicht an Legitimität. Da kann nur behutsame Politik weiterhelfen. Andererseits kann ich keine behutsame Politik ausmachen, wenn der Europarat Russland zu Erziehungszwecken seine Tore öffnet. Ein Stall voller Hasen ist schlecht beraten, einem Bären Gastrecht zu gewähren, und fröre und hungerte er noch so sehr. Ist ihm nämlich einmal wieder wohl, so könnte den Hasen Hören und Sehen vergehen.

Das andere Beispiel verweist – ungern sprech ich's aus – auf den Gleichheitsbegriff Ihres Grundgesetzes, jedenfalls in der Art und Weise, wie er in Deutschland verstanden wird, nämlich wiederum in seiner in unendliche Fernen weisenden Projektion. In Einzelgesprächen und Seminaren mit im übrigen kenntnisreichen deutschen Eurowährungsskeptikern verwundert mich immer wieder, mit welch selbstverständlicher ökonomischer Logik aus der Schaffung einer europäischen Währungsunion Folgerungen gezogen werden, die angeblich unverzüglich die Gesamtwirtschaft aller angeschlossenen Ökonomien erfassen. Ich denke an die Steuer- und Sozialgesetzgebung im weitesten Sinne. Also: Einheitliche Währung gleich einheitliche Steuerstruktur, Arbeitszeiten, Lohnsystem, Ferien und so weiter und so weiter. Wer als Deutscher so argumentiert, wird zum Gefangenen eines Jakobinismus, der sonst gar nicht zu Ihnen passt, der den deutschen Föderalismus, dem ja ohnehin ein entscheidendes Ingredienz, nämlich ein nennenswertes eigenes Steuersubstrat, fehlt, vollends aus den Angeln hebt. Derlei eignet sich herzlich schlecht als Mittel, die Schweiz, den dem Föderalismus verpflichteten Verbündeten, als Mitglied der Europäischen Gemeinschaft zu gewinnen. Darüberhinaus ist diese Sehweise ebenso unrealistisch wie die aus demselben formalen Gleichheitsfimmel geborenen, flächendeckenden deutschen Gesamtarbeitsverträge. Gewiss ruft jede Anhebung eines gemeinsamen Dachs nach einer gewissen Folgerichtigkeit der – vergrösserten – Raumgestaltung. Und meine eigenen Landsleute seien daran erinnert, dass die kaum zwanzig Jahre, die zwischen dem Anheben der ersten kontinentalen Industrialisierungswelle und dem Zustandekommen des ersten schweizerischen Bundesstaates 1848 lagen, genau diesem Schema gefolgt sind: Absatz von Massenproduktion ruft nach einem und demselben Zoll- und Währungssystem, dieses nach einer wenigstens *minimalen*, zentral gesteuerten Wirtschafts- und Finanzpolitik. Und alles zusammen setzt eine, mit noch so bescheidenen, aber wirksamen Kompetenzen ausgestattete Zentralregierung voraus.

Die entscheidenden Unterschiede zwischen jakobinischer Ideologie und politikowirtschaftlicher Realität liegen indessen nicht in dem niemanden interessierenden, weil

Erwartungen an die deutsche Aussenpolitik – die Sicht eines Schweizers 49

beliebig weit entfernten Fluchtpunkt. Vielmehr sind sie eine *Frage des Masses, also der Masse wie der Zeit*. Die Schweiz ist auch 150 Jahre nach der Bundesstaatsgründung ein fiskalrechtlicher Extremfall des Föderalismus, ohne dass sich bisher die für allzu viele meiner deutschen Gesprächspartner zwingende Folge ergeben hätte, wonach die gesamte Bevölkerung in derjenigen Gemeinde Wohnsitz nimmt, wo die Summe der Bundes-, Kanton- und Gemeindesteuern die geringste ist. Dabei können die Unterschiede ohne weiteres bei 1,5 zu 1, ja bei 2 zu 1 liegen! Wenn ich in zwei bis drei Jahren in Basel, einem Zentrum der geliebten Region, in der ich heute zu Ihnen sprechen darf, Wohnsitz nehme, so werde ich dafür hinsichtlich der geschuldeten direkten Gesamtsteuerlast kräftig gebeutelt. Dafür liegen Symphonieorchester, Oper und Schauspielhaus, Universitätshospital und rund 40 Museen, ein Bahnknotenpunkt von europäischer Bedeutung und nicht zuletzt eine geistig hochgeschätzte Mitbewohnerschaft in Gehweite. Wem dies nichts bedeutet, wird es vorziehen, an irgendeinem Waldrand zu wohnen, wo er sich mit Eichhörnchen unterhalten kann. Jedem Tierchen sein Pläsierchen.

Vielleicht sollten wir, liebe Mitstreiter für den Forschritt, von dem niemand weiss, wie er eigentlich aussehen soll, nördlich der Alpen angesiedelt wie wir nun einmal sind, unser Schicksal nicht so zähnreich beklagen, zumal die Deutschen jenseits von Freiburg. Bewahren – ganz gewiss. Aber wer weiss, was es zu bewahren, was abzustreifen gilt ohne diese doppelte Erfahrung des „dunklen Grundes auf den wir angewiesen" *und* der Gewissheit, dass für die Bewältigung unserer Zukunft ein immer gleichbleibendes seelisches Potential zur Verfügung steht? Wir können an Frische nur gewinnen, wenn wir nicht unablässig gegen jemanden prozessieren, die Zukunft eingeschlossen. Ich möchte Ihnen die Lektüre eines ganz kleinen, vor zwei oder drei Jahren bei Wagenbach in Berlin erschienenen Büchleins empfehlen. Es stammt von Luigi Pintor und heisst „Servabo" – „Ich werde bewahren". Der Autor, Jahrgang 1925, hat vieles, auch viel Bitteres, erlebt. Von 1946 bis 1965 war er Redakteur der „Unità", der Tageszeitung der italienischen Kommunisten, bis die Partei ihn exkommunizierte, als sie merkte, dass Pintor wirklich an der Verbesserung des Loses der Armen gelegen war, nicht an der Konsolidierung der Unfehlbarkeit der Parteibonzen. Die feinsinnige Alice Vollenweider schreibt im Vorwort, der grosse Verkaufserfolg der unscheinbaren Autobiographie erkläre sich aus dem Interesse, „einem Mann zuzuhören, der seine höchst seltsame Lebenskurve gelassen als eine eher fremdbestimmte erzählt." Pintor spricht am Ende von der „unglaublichen Kürze der Zeitspanne", in der wir leben, von der „Beschwernis des Alters", die auch darin bestehe, dass man „die Irrtümer vorhersieht, die von Generation zu Generation mit einer fast natürlich erscheinenden Zwangsläufigkeit immer wieder begangen werden", von den „Generationen der Söhne und Töchter", die ununterbrochen reden „und davon überzeugt sind, auch das zu wissen, wovon sie nicht die geringste Ahnung haben." Dann aber diese Quintessenz: „Es gibt im Leben nichts Wichtigeres, als sich hinabzubeugen, damit ein anderer die Hände um deinen Hals legen und sich wieder aufrichten kann."

Vielleicht habe ich jetzt zu sehr abgehoben. Sie wollen doch erfahren, was ich als über sechzigjähriger Schweizer der deutschen Aussenpolitik empfehle, deren Mitträger Sie sind. Nun, Ihr Bundeskanzler ist heute noch immer jünger als es sein grosser Vorgänger und Mentor war, als jener 1949 seine erste Kanzlerschaft antrat, jung genug, um vom „Spiegel" – ja vom „Spiegel", der ihn jahrelang verrissen und für des Sturzes würdig gehalten hat – im Herbst 1996 „der ewige Kanzler" genannt zu werden, ewig, da konkurrenzlos.

Ein Fall von Selbstüberschätzung als redaktionelles Prinzip. Entscheiden Sie doch gegen puerile Ungeduld wie lähmende Gewöhnung, für Aufbruchbereitschaft wie Rücksicht, kurz: für das Machbare, das auch der Gunst des Schicksals ihren Platz gewährt. Wer in kaum zwei Jahren als der beste Garant solch kluger Balance erscheint, bleibt abzuwarten.

„J'adore ce qui me brûle"

„Was mich brennt, zieht mich an" – die Rede sei von deutscher „Andersartigkeit". Ist es überhaupt erhellend, darüber nachzudenken? Haben nicht alle Völker, am allermeisten übrigens die ethnischen Minderheiten, die seit eh und je den Mehrheiten misstrauen, in die eingebettet sie leben, ihre Nachbarn für „anders" gehalten, für unerfreulicher im allgemeinen? Kann man gerade etwa als Deutschschweizer über Deutschland urteilen, wo uns die Deutschen so merkwürdig nahe verwandt sind? Zur Erläuterung folgender, scheinbarer Widerspruch: Wie auf breiter Basis durchgeführte Rekrutenbefragungen mehrfach ergeben haben, finden zwar nur rund sieben Prozent der jungen Deutschschweizer unter den Nachbarvölkern die Deutschen am sympathischsten; über siebzig Prozent aber erklären spontan, sie hätten mit den Deutschen am meisten gemeinsam. Der mit der deutschen wie mit der französischen Kultur gleichermassen vertraute, humanistisch gebildete deutsche Sozialdemokrat Carlo Schmid schloss daraus scharfsinnig: „Was die Schweizer an den Deutschen am meisten stört, ist das Schweizerische an den Deutschen."

Offenbar sind Gemüt und Intellekt klar zu trennen. Es gibt Menschen, unter denen man sich aufgehoben findet ohne Übereinstimmung im Sachlichen, und andere, unter denen einem bei weitgehender sachlicher Übereinstimmung in wesentlichen Fragen der Gesellschaft ungemütlich ist.

Wenn dies zutrifft, so wird die Behauptung der Andersartigkeit relativiert. Freilich vermag kein Geist das Gemüt ganz zu verbannen. Deshalb ist die Frage nach dem Unterschied nie vom Tisch. Nach Katastrophen wie den Weltkriegen sind die Überlebenden naturgemäss gerne bereit, die in eine bessere Zukunft weisende, gewissermassen schicksalhafte Interessengemeinschaft vor alle Eigenarten zu stellen – „nie wieder Krieg!"[1] Später wird das Andersartige unversehrt wieder ausgegraben. Den Deutschen geht es dabei nicht anders als allen anderen Europäern.

Und doch liegt hier ein Stück deutscher Andersartigkeit begraben. Was anderswo einfach hingenommen wird, will in Deutschland und an den Deutschen erklärt sein.

Vielleicht lohnt es, dieser Eigenart nachzuspüren, indem man die Frage stellt, wie sich die Völker zu den Phänomenen des Zusammenlebens, im Endeffekt zum Schicksal stellen. Dabei ist, was Deutschland betrifft, im Auge zu behalten, dass die deutsche

---

[1] Bundeskanzler Kohl bemerkte in Gegenwart des Autors im September 1996 anschaulich sinngemäss dies: „1935, drei Jahre nach Hitlers Machtübernahme, trafen sich etwa 35.000 französische und deutsche Kriegsteilnehmer in Verdun und versprachen sich im Angesicht der furchtbaren Zeugnisse der dortigen Schlachtfelder von 1916 'nie wieder Krieg'. Gut drei Jahre später entfesselte Hitler den Zweiten Weltkrieg. Die Teilnehmer am Anlass von 1935 und ihre Söhne zogen die Uniform wieder an."

Nation zwar eine ebenso alte Geschichte ihr Eigen nennen darf wie irgend eine andere, dass die staatliche Einheit aber erst 1871 zustande kam, dass sie seither mehrfach amputiert wurde und von 1945 bis 1990 ganz zerrissen war. Sie erscheint daher erst in jüngster Zeit als konsolidiert und hat als Hort des Aufgehobenseins bisher nicht viel hergegeben. In dieser Lage befindet sich Deutschland im Gegensatz zu beinahe ganz Westeuropa, auch zur Schweiz, auch zu dem ebenfalls spät geeinten Italien, das auf eine mehr als zweitausend Jahre alte, verbindliche römische Tradition zurückblickt, während in der Schweiz, ebenfalls erst seit 1848 ausgerüstet mit einer Bundesverfassung, ein wenigstens vertraglich begründeter Staatswille nach Massgabe der von grosser kultureller Diversität geprägten Wirklichkeit schon lange vor der Bundesstaatswerdung bestand.

Hinzu tritt, dass die Einigung Deutschlands nicht nur ein lange ersehnter, formaler Vollzug vorgegebenen Zusammengehörigkeitsgefühls war. Vielmehr hat es auch *nach* der staatlichen Einheit stets zumindest zwei kollektive deutsche „Heimaten" gegeben. Dem ungefähren Lauf der Elbe folgend, war der Nordwesten, Westen, Südwesten und Südosten seit langem mehr der Gedanken- und Gefühlswelt Westeuropas zugeordnet. Dieser Teil wurde früher christianisiert; ein selbstbewusstes Bürgertum entwickelte sich früher und rang den Herrschenden zuerst Respekt, alsdann Privilegien ab. Beinahe unzählbar sind die stolzen Städte dieses Reichsteils. Anders der Osten und Nordosten: Mecklenburg, Pommern, Brandenburg, Schlesien und Ostpreussen, denen der Liberalismus, die Hansestädte an der Ostsee ausgenommen, lange fremd blieb und wo Untertanentum und Gefühlsstärke – ähnlich dem Slaventum – lange vorherrschten. Daher die Affinität mit dem Zarenreich. Östlich der Elbe ist beinahe alles stets verordnet worden.

Somit gab es, von der Sprache abgesehen, „deutsche Art" nicht oder jedenfalls in ungleich geringerem Masse als in Frankreich, Italien, Spanien und Grossbritannien, Schweden nicht zu vergessen. Deshalb existierte auch während der längsten Zeit deutscher Geschichte kein Nationalismus, dieses Ruhekissen unkritischer Gleichgesinntheit, bei dessen Teilhabern das Denken aufhört und der Glaube beginnt wie bei allen Ideologien.

Der europäische Nationalismus ging ja einher mit einer gewissen Satiertheit als Folge von Siegen, zumindest sicherer Hoffnung darauf. Deutschland war bis ins 19. Jahrhundert an Siegen nicht reich. Der Dreissigjährige Krieg hatte das Land ruiniert. Anstelle des Nationalismus entwickelte sich das viel unbedingtere Streben, höherer Wahrheiten teilhaftig zu werden und diese weiter zu vermitteln. Welcher Idee auch immer man sich in Deutschland verschreibt – stets geschieht es mit einer zuweilen geradezu grimmigen Energie, mit dem Anspruch auf Lückenlosigkeit und Allgemeinverbindlichkeit, also mit jener Absolutheit, die sich und anderen keine Ruhe gönnt, ihrem Wesen nach, d.h. unbewusst zu Intoleranz neigt und daher nicht eben aufklärerisch wirkt. Eine solche Haltung ruft nach absoluter Hingabe, ist mithin gleichermassen der Einsamkeit förderlich wie dem gesunden Menschenverstand abträglich. Welch ein Unterschied zur romanischen Welt, wo selbst die heftigste Diskussion nie ganz die Aussicht auf ein angenehmes Abendessen verstellt!

Es wäre bequem und auch unfair, das Grüblerische, Bohrende beim Deutschen einfach mühsam zu nennen. Denn es ist Ausdruck der Disziplin und auch des Willens, unter höheren Gesichtspunkten zueinander zu finden. Auch ist das Bedürfnis nach einer höheren Ordnung im Prinzip der freien Entfaltung des Gemütslebens förderlich, da es idealiter alles Rationale zu Hilfsgerüsten reduziert. Vielleicht, dass die Qualität deutscher und slawischer Musik hier eine Wurzel hat. Dasselbe gilt von zahlreichen Werken der Nachkriegsliteratur, z. B. für dem äusseren Umfange nach so knappe Erzählungen wie Fred Uhlmanns „Reunion" (1960), die dem Schicksal der Freundschaft eines arischen und eines jüdischen Jungen nachgeht oder, jüngstens, „Der Vorleser" von Bernhard Schlink[1], wo die emotionale Verstrickung zweier Menschen, die im Totalitarismus der Kriegszeit angelegt wurde, das Urteil der vom Mangel an existenzieller Bedrohungen privilegierten Nachkriegsrichter einäugig erscheinen lässt.

> „Die Liebe hat einen Triumph
> und der Tod hat einen,
> die Zeit und die Zeit danach.
> Wir haben keinen"

– so die grosse Österreicherin Ingeborg Bachmann. Schlink lässt seinen Helden Michael Berg rückblickend auf seine Lebensgeschichte erkennen: „Nicht, dass ich jetzt dächte, sie sei glücklicher. Aber ich denke, sie stimmt und dass danach die Frage, ob sie traurig oder glücklich ist, keine Bedeutung hat." „Stimmen" – das Wort reicht im Deutschen tiefer hinab als in anderen Sprachen. Es bedeutet nicht lediglich genau, korrekt, sondern verweist auf die Stimme, auf Harmonie, dort, wo alles aufgeht. Das ergreift. Es kommt aus einem anderen Lebensgefühl als dasjenige des grossen Engländers Somerset Maugham, der in seinem 1915 erschienen Meisterroman „Of Human Bondage", zu deutsch „Der Menschen Hörigkeit", Verstrickungen gewissermassen sotto voce in ihrem beliebig wiederholbaren gesellschaftlichen Zusammenhang belässt.

Der Deutsche dagegen neigt dazu, schicksalhafte Singularität anzurufen in dem Bemühen, die Sterne zur Erde zu zwingen. Dabei schleicht sich zuweilen die Gefahr des Abhebens ein. Solch weites Ausgreifen besitzt den gefährlichen Vorzug, den störenden Blick auf das Naheliegende und alle von ihm geforderten Kompromisse gewissermassen entbehrlich zu machen.

Deshalb gewinnt der aussenstehende Betrachter oft den Eindruck, die individuellen wie gesellschaftlichen Auseinandersetzungen in Deutschland bewegten sich aus Abneigung gegen das, was als Wurstelei empfunden wird, auf zu hoher Ebene, was rigorose Stellungsbezüge erlaubt; es fehle ihnen das Augenmass des gesunden Menschenverstandes, der die Unvollkommenheit hinnimmt. Hinzu tritt eine fast blinde Justizgläubigkeit, die älter ist als die längst überwundene nationalsozialistische Willkür. Schon bei vergleichsweise geringfügigen Meinungsverschiedenheiten bezeichnet der eine Parlamentarier des anderen Auffassung als „unerhört", als „jenseits aller demokratischen Gepflo-

---

[1] Diogenes, Zürich 1995

genheit" etc. Wer jemanden dabei ertappt, sich wegen ungenügender Wachsamkeit des Gesetzgebers einen Vorteil zu ergattern, ist geneigt, unverzüglich nach griffigeren Vorschriften zu rufen. Die Anrufung des Richters, ja selbst des Karlsruher Bundesverfassungsgerichts gilt im Interesse der Wahrung des Gemeinwohls mehr denn gütliche, nachbarschaftliche Einigung im Einzelfall. Obwohl dem Normalbürger der Paragraphendschungel auf die Nerven fällt, beunruhigt ihn das Gefühl noch weit mehr, der Nachbar verwende sein fünftüriges Fahrzeug nicht bloss als Lieferwagen, vielmehr auch als Familienvehikel, wofür er eine höhere Steuer zu bezahlen hätte.

Namhafte deutsche Kommentatoren haben deshalb den Begriff der Neidgesellschaft geprägt – und hülle er sich auch in das Mäntelchen des sogenannten Verfassungspatriotismus. Es gibt sie auch anderswo, zumal in der Schweiz. Aber nirgendwo wie in Deutschland bezieht die wuchernde Bürokratie von diesem Phänomen ihre zweifelhafte Legitimation zu immer lückenloserer „Erfassung" des Bürgers. Solche Überwachsamkeit ist einem entspannten Dasein nicht förderlich.

Und weiter: Das noch immer bestehende deutsche Defizit an Welterfahrung in Verbindung mit dem stark ausgeprägten Sinn für kategorische Urteile bringt es mit sich, dass sich Intellektuelle wie Massenmedien die Zielscheiben ihrer Kritik regelmässig dort aussuchen, wo das Risiko eigener Infragestellung gering ist. Vielleicht ist dies eine Erklärung dafür, warum Nazi-Protagonisten in den Vierziger- und Fünfzigerjahren sich allzu leicht damit rechtfertigen konnten, sie hätten sich doch bloss und legitimerweise an geltendes Recht gehalten. Einbindung und positives Recht verdrängen häufig naturrechtliche Instinkte. Das tritt beispielsweise noch immer zutage in der nie endenden, selbstquälerischen Debatte um den Widerstand gegen Hitler, insbesondere um die am Putschversuch vom 20. Juli 1944 beteiligte Handvoll Offiziere. Selbst ein so vorzüglicher Kenner und Urteilender wie Joachim Fest ist nicht immer frei von einer inhärenten Scheu vor dem Tyrannenmord. Eine übertriebene Abneigung gegen Brüche begünstigt eine ästhetisierende Überhöhung von Vorbildern auch angesichts derer krassen Irrtümern.

Dieses Abmühen ist eine deutsche Eigenart. Fest zitiert dazu – zustimmend – die erdnahe Beobachtung eines Korrespondenten des englischen „Observer", der nach einer Reise durch Deutschland im Gefolge der „Wende" 1990 auch nach Fests Meinung zutreffend feststellte, er habe „bei zahlreichen Begegnungen im Osten wie im Westen des Landes keine einfachen Wahrheiten gehört. Dafür vieles, was mit komplizierten Träumen zu tun gehabt habe: mit Dritten Wegen, der Suche nach einer neuen Moral, mit Schuld oder Angst. Und stets schienen sich die Menschen, auf die er traf, viel darauf zugute zu halten, dass sie nicht waren wie alle Welt. Die 'German Otherness' sei derzeit der gefährlichste Mythos in Europa."[1]

---

[1] vgl. etwa die Essays zu „Zwischen Westen und nirgendwo", aber auch zu „Das verweigerte Vermächtnis" sowie „Wunderlicher Lebenstraum – bald ausgeträumt" bei Joachim Fest: „Fremdheit und Nähe – von der Gegenwart des Gewesenen", DVA, Stuttgart 1996

Die Deutschen sind keine „runde" Nation in dem Sinne, dass etwa, wie in Frankreich, Ungereimtes, ja Heterogenes im Laufe der Geschichte eine eigene, souveräne Harmonie hervorgebracht hätte. Schon allein die geographische Lage zwischen westlicher Geisteshelle und östlich-slawischer Gemütsheftigkeit steht solcher Rundung im Wege. Die dadurch geförderte, einmal grüblerische, ein andermal eher aggressive Rastlosigkeit ist schon Erklärung dafür, dass dieses Land einen Martin Luther hervorgebracht hat. Das nahe, fremde Reich der Ostkirche hat zu weiterer, permanenter Reizung beigetragen. Wie ruhig wirkt daneben das bis ins frühe Mittelalter zurückreichende, römisch-katholische Patrimonium Italiens, Spaniens und Frankreichs.

Derlei ist Schicksal und somit gewiss kein Grund zu bequemer Kritik. Bewertung, intellektuelle wie moralische, muss sich Deutschland allenfalls bei der Beantwortung der Frage gefallen lassen, wie es mit seinem Schicksal umgeht. Und dabei erweisen sich der Mangel an Saturiertheit, ja die uneindeutige Identität als Klippen, die das Urteil des Beobachters aus der engen Sicht seines schwachen Erinnerungsvermögens prägen. Für die Lebenden sind eben schon 50 Jahre eine lange Zeit.

Ist man allerdings bemüht, mehrere Jahrhunderte zu überblicken und darin deutsche Andersartigkeit zu erkennen, so wird man vergeblich nach einem ausgeprägt kriegerischen Charakter suchen. Zumindest seit Anbruch der Neuzeit lag den grösseren Kriegen fast stets jene Arroganz zugrunde, die entweder von unkontrollierter Macht der Kirche oder vom Nationalismus – nicht selten von beiden – ausging. Sie war es, die die kritische Masse jenes Glaubenswahns produzierte, welche die Machtträger blind macht. Auch ein Napoleon war dessen Opfer. In Deutschland erschien der Protestantismus als zähmende Konkurrenz zu der jahrhundertelang beherrschenden katholischen Kirche zuerst, der Nationalismus zuletzt. Dieser ist, geschichtlich betrachtet, in Deutschland bisher Episode geblieben. Er blieb bis zum Ersten Weltkrieg gebändigt, u.a. wenn nicht von philosophischer Gewissenhaftigkeit, so doch von Selbstzweifeln.

Paradoxerweise sind es nun aber gerade diese Bedenken, also die bei jedem Einzelnen festzustellende Unruhe, die Deutschland zwar intellektuell anregend, aber auch anstrengend machen. Jede deutsche Regierung muss sich, weit über das allen Demokratien bekannte Parteiengezänk hinaus, unablässig mit der systematischen Infragestellung ihrer moralischen Legitimation auseinandersetzen (Beispiele: Wiederbewaffnung, NATO-Beitritt, Nuklearenergie, militärische Hilfestellung ausserhalb der NATO). Anstelle Gottes wird dessen moderner Stellvertreter, der Verfassungsgerichtshof angerufen. Junge Pastoren glauben als gute Hirten zu handeln, indem sie, auf „heiligste Grundsätze" sich stützend, junge Leute in der Demontage von Bahnschienen zwecks Behinderung der Durchfahrt von Atommüllzügen unterrichten. Immer wieder Überhitzung, Überhöhung.

Fazit: Deutschland ist anders, wie jede europäische Gesellschaft anders ist als die anderen. Teilhaber an deutscher Kultur ohne deutschen Pass irritiert zuweilen die Überhöhung von Anlagen, die wir auch in uns kennen, die bei uns jedoch von anderen Einflüssen eingezäunt bleibt mit allem, was an Gewinn an Vielfalt wie gerade deshalb nicht zu verwirklichender Grösse des Typischen dazugehört. De Gaulle muss diesem

Hang zum Absoluten misstraut haben, falls er vor wenigstens 35 Jahren den ihm zugeschriebenen Satz wirklich ausgesprochen hat: "J'aime l'Allemagne; je l'aime à tel point que j'en préfère deux."[1] Auch hierüber ist die Zeit hinweggeschritten.

Was bleibt, bleiben darf, bleiben soll, ist die Vorliebe jedes Einzelnen für die eine oder andere Ausprägung europäischen Charakters. Freundschaften mit Deutschen können die tiefsten Schichten im Menschen unausgesprochen anrühren. Und doch darf man darin auch „Masslosigkeit, aus Selbstgerechtigkeit geboren" (Albert Camus in „La Chute") erblicken. Camus' Haltung war dem Mittelmeer verpflichtet, eine nach Mass, Schönheit und der menschlichen Natur ausgerichtete Sehweise. In seinem letzten Fragment „Le premier homme" wird gerade der Deutschstämmige dessen beglückend gewahr. Aber von ihm stammt auch die Erfahrung, die den Titel dieser Betrachtung ausmacht. „J'adore ce qui me brûle."

Die Europäer haben viel aneinander gelitten, haben mehrfach Feuer an sich selbst gelegt, die Deutschen zuletzt, aber am verheerendsten. „Enger im Raum ist das Leben hier, aber weiter in der Zeit", bemerkte Thomas Mann 1953, vor kurzem erst endgültig aus Amerika zurückgekehrt, vor seinem Tode in Hamburg in seiner Rede vor Studenten, die den Weltkrieg noch in den Knochen hatten. Aber auch die Verinnerlichung einer langen Reihe von Erfahrungsbildern garantiert noch keine Konvergenz in Geist und Gemüt. In Camus' Bekenntnis liegt wohl mehr „contenance" als in Rilkes Sonett: „Wolle die Wandlung, oh sei für die Flamme begeistert." Zwischen der Schönheit der beiden Metapher zu wählen, ist indessen heute glücklicherweise niemandes Zwang. Denn Westeuropa scheint gerade wegen seines endlich begriffenen Verzichts auf nationale Selbstüberhöhung wie aus der Unfähigkeit, seine Potenzen mächtig zu bündeln, endlich versöhnt.

„J'adore ce qui me brûle", oder „je pars brûlé de ce que j'adore"? Ein Geheimnis, kaum zu lüften, ein Faszinosum auch.

Berzona/Bonn, Spätsommer 1996

---

[1] „Ich liebe Deutschland, liebe es so sehr, dass ich gerne zwei davon hätte!"

Sprach der Olympier?[1]
Zu Richard von Weizsäckers Erinnerungen

„Vier Zeiten" ist der Titel des vor kurzem erschienen Lebensrückblicks[2] eines bedeutenden Mannes, den das Ausland vor allem als den sechsten deutschen Bundespräsidenten kennt, allenfalls als den Sohn Ernst von Weizsäckers, der von 1938 bis 1943 Staatssekretär im deutschen Auswärtigen Amt war.

Mit um so stärkerem Interesse wird der Leser gewahr, dass der Autor, 1920 geboren, während Jahrzehnten Zeitzeuge und Mitwirkender tiefgreifender europäischer Umbrüche war, eben jener „vier Zeiten", die sein Leben und das seiner Altersgenossen entscheidend prägten: Die Weimarer Republik, *Hitler* und der Weltkrieg, die Teilung Deutschlands als Produkt einer bipolaren Welt, schliesslich die Vereinigung des europäischen „Reichs der Mitte". Von Weizsäcker war Weltkriegsteilnehmer, Strafverteidiger seines Vaters im sogenannten Nürnberger Wilhelmstrassenprozess 1947 bis 1949, stand lange Jahre im Dienste der Evangelischen Kirche, wurde Bundestagsabgeordneter der CDU und sah sich schliesslich während zehn Jahren betraut mit dem höchsten Amt, das die Bundesrepublik zu vergeben hat. Gerne glaubt man seinem mehrfach bekundeten Bekenntnis, er habe aus der Familie heraus und in sie eingebettet gelebt. Sie hat von Weizsäcker, Träger eines hochbegabten, mehrheitlich schwäbischen Erbes, zeitlebens zu fester innerer Verankerung verholfen.

Daher bezieht der „Olympier", wie man ihn in Deutschland oft genannt hat, seine Kraft, die sich im Urteil über die eigene Jugend besonders eindrücklich kundtut. Indesssen, indem er sich der Zielgeraden seines öffentlichen Lebens näherte, entdecken wir auch einen anderen Menschen. Von Weizsäcker war durchaus ebenfalls ein auf sich selbst bedachter Politiker, dem ein gelegentlich spitzes Urteil eignet. Dies gilt zum Beispiel gegenüber Walter Hallstein, 1951 bis 1957 Staatssekretär im Auswärtigen Amt und kompromissloser Vertreter des europäischen Integrationsgedankens; ebenso, wenn auch verhaltener, gegenüber Bundeskanzler Kohl, mit dem der Autor unvermeidlicherweise gemeinsame Reibungsflächen haben musste; denn Kohl ist durchaus gewiegter Politiker, ausgerüstet aber mit den Visionen eines Staatsmannes, was ihm wohl ansteht. Der Bundespräsident aber war Staatsoberhaupt mit politischen Überzeugungen, die in zahlreichen, durchaus persönlich gefärbten Porträts von Zeitgenossen ihren Niederschlag finden. Das ergibt Schnittstellen. Den Rest an Konfliktstoff besorgen die Massenmedien, denen an der Darstellung von Zerwürfnissen, ja von Weltuntergängen weit mehr liegt als der Wahrheit zuträglich ist...

---

[1] Schweizer Monatshefte, Dezember 1997/Januar 1998
[2] Richard von Weizsäcker, Vier Zeiten, Erinnerungen, Siedler Verlag, Berlin 1997

Aber auch aus seinen gegen Ende seiner Tätigkeit als Staatschef häufigen, von zahlreichen Photographien veranschaulichten Einzelschilderungen tritt zuweilen anderes zutage als persönliche Zurücknahme. Von Weizsäcker schildert indessen auch sympathisch Vertreter anderer politischer Lager. Eindrücklich ist die Schilderung der Standfestigkeit des Essayisten und Historikers Golo Mann. Auf die Aufforderung, mehr über die preussischen Reformen und Bismarck zu sagen, bekannte er sich spontan zu den Habsburgern: „Er könne sich, dem Ende nahe, mit dem Gesagten zufrieden geben: 'Gross nicht, aber gering auch nicht und manchmal anregend, sogar hilfreich – und niemandem untertan.'"

Daneben ist von Weizsäcker aber auch von seiner Zeit geprägter Deutscher. Der Autor kritisiert die Eiseskälte, mit der britische Regierungsvertreter hitlerfeindliche deutsche Bittsteller 1939 entliessen, die darum ersuchten, London möge dem deutschen Widerstand die Beseitigung Hitlers politisch erleichtern. Aus diesem Unverständnis tritt wohl so etwas wie die deutsche Neigung zutage, sich auf die positiv-rechtliche Vertragstreue, die Pflichterfüllung, letztlich den Treueschwur unter der Eiche zu berufen. Da gleich daneben ein starkes Bedürfnis besteht, aus inhärentem Hang zu philosophischer Grübelei die eigene Rechtschaffenheit zu befragen, ergibt sich immer wieder die Tendenz, den naturrechtlich legitimierten Griff nach der Pistole zu Zwecken des Tyrannenmords andern zu überlassen, das heisst, sich zu Tode zu diskutieren, bis ein von aussen handelndes Schicksal dem Spuk ein Ende bereitet. Auch bei der durchaus nobel gesinnten Verteidigung seines Vaters unterliegt von Weizsäcker diesem Dilemma. Dasselbe gilt für die weitverbreitete Überzeugung vom Untatcharakter des alliierten Bestehens auf Deutschlands bedingungsloser Kapitulation seit 1943. Als ob es nicht gerade diese alliierte, vor allem britische, Unerbittlichkeit gewesen wäre, die, im krassen Gegensatz zu dem jahrelangen Feilschen um den Versailler „Vertrag" nach 1919, das ja doch Hitler den Weg bereitete, bei den angelsächsischen Siegern gerade jenen Sportsgeist generiert hätte, der dann die Bundesrepublik so rasch und so vollständig der westlichen Völkergemeinschaft zuführte! Freilich sind auch die nach 1945 rasch sich wandelnden weltweiten Rahmenbedingungen – der Kalte Krieg – sowie die westdeutsche Eigenleistung mit einzubeziehen. Solche Fragen hat die Wissenschaft der Zeitgeschichte noch nicht gültig beantwortet.

Gelegentlicher Stilisierungen ungeachtet, sind von Weizsäckers Erinnerungen indessen – nicht zuletzt wegen ihrer Ansiedlung zwischen Distanziertheit und Engagement – ein beispielhaftes Zeugnis der Rechenschaftsablage. Und wenn man die unvollständige Aussage, ein Olympier habe gesprochen, auch zu meiden versucht, so bleibt doch als herausragende Qualität eine beispielhafte Sprachbeherrschung, die sich jedem, dem seine deutsche Muttersprache noch etwas bedeutet, durchwegs kundtut. Insofern sind Richard von Weizsäckers Erinnerungen ein Vermächtnis, das auf den Schreibtisch jedes Nachdenklichen gehört, nicht allein in Deutschland.

Von deutschem Geist und Gemüt

Eine Betrachtung aus gegebenem Anlass zur Erinnerung an Karl Schmid

Anlass zum Nachfolgenden ist eine scheinbare Beiläufigkeit: Am 27. März 1998 hat der deutsche Bundestag eine Empfehlung der Länderkammer, des Bundesrats, zunichte gemacht, die Einbürgerung von Ausländerkindern zu erleichtern. Genauer: der Enkelkinder von Ausländern, deren Töchter oder Söhne bereits in Deutschland geboren wurden. Gleichzeitig entschied der Bundestag sich gegen die Beibehaltung der angestammten Staatsbürgerschaft – „doppelte Option" genannt. Er optierte damit für die Beibehaltung des reinen Abstammungsprinzips gegen dessen Ergänzung durch das Territorialprinzip, das in den meisten lateinischen und auch angelsächsischen Staaten gang und gäbe ist.[1] Der knappe, mit 338 zu 317 Stimmen unter kategorischem Beharren der CDU/CSU, also des weit überwiegenden Koalitionspartners der gegenwärtigen Bundesregierung auf „Treuepflicht" der Freien Demokraten zustandegekommene Beschluss erscheint zwar als nichts denn eine Momentaufnahme. Immerhin, das Thema bleibt – nicht zuletzt wegen des Drucks des Europarats auf die Bundesrepublik – auf dem Tisch.

Es liegt mir fern, hier eine Diskussion über die Klugheit oder auch nur die wahlpolitische Opportunität der Entscheidung des deutschen Bundestages zu entfachen. Allein, der Vorgang ruft mir eine 1954 gehaltene Rede des schweizer Professors für deutsche Sprache und Literatur an der Eidgenössischen Technischen Hochschule in Zürich, Karl Schmid, in Erinnerung. Sie trug den Titel: „Geistige Grundlagen des heutigen Deutschland." Der Verfasser kann die Einschränkung auf das „Heutige" nicht zufällig gewählt haben. Vor 44 Jahren war das Erschrecken über Deutschlands jüngste Vergangenheit überall noch verbreitet. Bei den differenzierten Geistern in der Schweiz – wohl *stärker als irgendwo anders* – verband sich damals mit der Erinnerung an die jüngste Vergangenheit ganz selbstverständlich die Hoffnung, dass diese episodaler Natur sei. Schmids tief in die Geschichte zurückgreifender Analyse sollte demzufolge Endgültigkeit nicht anhaften. Als subtiler Kenner der europäischen Geistesgeschichte wie als Staatsbürger der Schweiz, der sich nicht hervordrängte – dass er überhaupt ETH-Professor war, muss man in der Sekundärliteratur beinahe entdecken, eine Wohltat im heutigen Zeitalter der Prätentionen – fühlte Schmid sich denn auch *nicht primär der Gesetzmässigkeit des Geschehens*, also dessen Determinismus verpflichtet, als den „*Gabelungen, wo auch ein anderer Weg hätte gewählt werden können*". Diese Frage ist unendlich schwieriger zu beantworten als die reporterhafte Glossierung à la „wussten wir's doch!"

---

[1] Die schweizerische Staatsbürgerschaftsgesetzgebung ist nach Meinung des Verfassers mit erheblichen Mängeln behaftet, aber die Ablehnung der doppelten Staatszugehörigkeit zur Vermeidung von „Loyalitätskonflikten" ist ihr durchwegs fremd.

Seit Karl Schmids Vortrag vor dem „Freisinnigen Gemeindeverein Winterthur" – weniger gebildete Zuhörer scheinen damals ungleich aufnahmebereiter gewesen zu sein als selbst ein universitäres Publikum heutzutage – ist beinahe ein halbes Jahrhundert vergangen. Im befriedeten West- und Zentraleuropa haben sich die Wellen geglättet – eine epochale Leistung zumal der Bundesrepublik. Hinter den ehemals drohenden Wellenkämmen breitet sich wieder das glatte Meer aus mit seinen nach überallhin nur schemenhaft erkennbaren Horizonten. Man darf also das „Heutige", das Momentane wieder zurücksetzen hinter das „Ewige", zumindest das Dauerhafte. Und man darf und muss heute das Geistige durch das Gemüthafte ergänzen – vor allem im Falle Deutschlands.

Daher der sowohl aktualisierte als auch verallgemeinernde Titel dieser Betrachtung: „Von deutschem Geist und Gemüt" anstelle der „lediglich" geistigen Grundlagen eines bereits zu Geschichte geronnenen Jetzt-Zustandes. Irgendeine Überhöhung des „Naturgegebenen" sei damit keinesfalls gemeint. Wohl aber sei eingestanden, dass uns Heutige wieder das interessieren sollte, was Thomas Mann seinem gewaltigen Werk „Josef und seine Brüder" voranstellte: ‚Tief ist der Brunnen der Vergangenheit". Der unstillbaren Lust der denkscheuen Massen, wonach „sowieso alles schon immer so war wie es ist", sei damit kein Tribut geleistet.

Karl Schmid – die meisten der nachfolgenden Zitate sind seinem Winterthurer Vortrag entnommen – vertrat schon vor fast 50 Jahren mit aller gebotenen Zurückhaltung eine im allgemeinen erst wesentlich später rezipierte These, wonach das *Zeitalter der Aufklärung Deutschland* – im Gegensatz gar zu der in manchem artverwandten deutschsprachigen Schweiz – *nie erfasst hat* und dass ihm, wo es sich, spät und zu vereinzelt, wenn auch aufs Eindrücklichste zum Wort meldete, Abwehr im Sinne des Beharrens auf deutscher Exklusivität – also Anders- und Höherwertigsein – entgegenschlug. Folgen wir Schmids Gedankengang, eingedenk des Entstehungsjahrs seines Vortrags, eingedenk auch der Gefahren der Vergröberung, die jeder Verkürzung auflauern. Diese wären dem Unterzeichneten, nicht Karl Schmid anzukreiden.

Um den geistigen Grundlagen Deutschlands im engeren Sinne nachzuspüren würde es wohl genügen, zurückzugehen etwa bis zur Romantik, bis zu Hegel und Fichte. Allein die Verirrung des Nationalsozialismus, die Europa in seinen Grundfesten erschütterte und ihre Urheber in die Katastrophe führte, entsprang nicht rein geistigen Grundlagen. Vielmehr ist der seelischen Verfassung auf den Grund zu kommen, dem Gemüt also. Schmid nennt dies die „Faszinationen", die für die deutsche Seele gelten. Sie wurden nicht einmal erst im Dreissigjährigen Krieg wirksam, „wo Deutschland aus dem Takte geworfen wird" und auch nicht erst im 16. Jahrhundert, zur Zeit der Reformation, die ja in allererster Linie eine deutsche Angelegenheit war.

Die deutsche Geistes- und Gemütslage hat sich, stellt Schmid fest, bereits im Mittelalter entwickelt. Er nennt drei Namen als Beispiele: Das Heilige Römische Reich Deutscher Nation, die Kreuzzüge, den Untergang der Nibelungen. „Von Haus aus bezeichnen sie bestimmte geschichtliche Tatbestände. Als solche sind sie längst vom Staub der seitherigen Jahrhunderte bedeckt und ohne präzisen Belang. Aber diese Namen bezeichnen auch affektive Komplexe, *seelische Wirklichkeiten*, potentielle seelische Energien, die heute, wie andere Bodenschätze auch, noch längst nicht verbraucht sind."

Was schon im Mittelalter angelegt wurde, kann nicht allein Deutschland betroffen haben, und die erst später vorgenommene Trennung der schweizerischen Alamannen und der Burgunder von den im Reich verbliebenen Stämmen hebt die ursprüngliche Blutsverwandtschaft nicht auf. Schmid schliesst aus der Tatsache, dass „Affekte" wie das Kreuzzugpathos oder die anderen deutschstämmigen Völkern unverständliche Bejahung des Untergangs (am Beispiel der Nibelungen) sich ungeachtet späterer *geistiger* Entwicklungen bei den deutschen Stammvölkern viel hartnäckiger gehalten haben als ausserhalb: Die vielen kaum begreiflichen *Absonderungen* Deutschlands verdanken ihren Anfang erst späteren Zeiten, sodass die spezifisch deutsche Geistes*geschichte* erst *in der Neuzeit* anhob.

Diese Analyse lässt Schmid dem 18. Jahrhundert entscheidende Bedeutung beimessen, konkret „*Deutschlands Verhältnis zur Aufklärung*". Es wurde symbolhaft angelegt durch den Sieg Luthers über Erasmus, durch Deutschlands Schicksal im Dreissigjährigen Krieg, der die zivilisatorische Entwicklung in jenem 17. Jahrhundert verhinderte, als Frankreich seine kulturelle Führungsrolle antrat. Gewiss gab es an der Schwelle zum 18. Jahrhundert grosse Geister, die ihre unverbrauchte Geistesstärke in den Dienst der Vernunft stellten – Schmid nennt, neben anderen, Leibniz, Lessing, Wieland und Kant, die von den Nichtdeutschen Albrecht von Haller, Bodmer und Lavater unterstützt wurden. Und er nennt Friedrich den Grossen.

Allein, es blieb bei Ansätzen aus wenigstens zwei Gründen, die Schmid mit bewundernswerter Plastizität wie folgt darstellt:

„Einmal die Belastung der deutschen Einstellung zur Aufklärung durch nationale Affekte. Schon für das damalige Deutschland ist die Aufklärung, teilweise zu Recht, westlicher Herkunft. Sie wird mit den Namen Voltaires, d'Alemberts, Diderots, Montesquieus verbunden. Die deutsche Generation um 1750 hat an sich zwei Komplexe zu überwinden: das 17. Jahrhundert mit seiner Unfreiheit und seinem kirchlichen Terror und das Gefühl der deutschen Minderwertigkeit, das aus politischen und kulturellen Gründen vor allem gegenüber Frankreich sich bildete. Um das 17. Jahrhundert zu überwinden – und das Mittelalter in ihm –, wäre nichts geeigneter gewesen als Hinwendung zu der Diesseitigkeit und Rationalität der Aufklärung, wie sie sich zum Beispiel in Voltaire und Diderot personifizierte. Um das Gefühl der Inferiorität gegenüber der kulturellen Leistung und auch Anmassung Frankreichs zu überwinden, war umgekehrt nichts geeigneter als ein Niedersteigen zu den eigenen Quellen deutscher Art und Kraft, als Besinnung auf die Originalität. Diesen Zwiespalt zeigt Lessing, der wesensmässig Aufklärer, Rationalist ist und eine der stärksten Waffen der deutschen Aufklärung, aber es nicht lassen kann, gegen den französischen Stachel zu löcken, wo immer es sich fügt oder auch nur möglich ist. Und dies zeigt auch Friedrich II. von Preussen, weniger aber seine Person als die Geltung, die er bekommt: der mythenbildende nationale Wille schon der Zeitgenossen, dann der Nachfahren radiert die Tatsache seiner Liebe zum Französischen fast vollständig aus, und es bleibt das Symbol des Soldatenkönigs und preussisch-deutschen Helden der Pflicht.

Die gedankliche Entscheidung für oder wider die Aufklärung ist auf solche Weise mit der existentiellen Not und Notdurft der deutschen Selbstbehauptung verschlungen gewesen und führte dazu, dass die Keime eines Denkens, aus dem das Vokabular der Französischen Revolution von 1789 und die internationalen europäischen Parolen von 1830 und 1848, ja noch von 1918 und 1945 stammen werden, nur zum kleinsten Teile Wurzeln schlagen konnten in Deutschland. Das grossartige Phänomen der Aufklärung wird infolge solcher Rezeptionsfaktoren reduziert auf platte Vernünftelei, auf einen simplifizierten Voltaire, wird gleichgesetzt mit Ehrfurchtslosigkeit, Glaubenslosigkeit, Geheimnislosigkeit, Frechheit, mit dem Geiste des Rokoko. Wieland, der Spielerisch-Weltliche, gilt als ihr Repräsentant in Deutschland, und nicht die ungleich stärkere mystische Kraft Lessings."

Aus diesem einen Grund ergibt sich für Schmid beinahe zwangsläufig „jener zweite Umstand, der die Würfel so fallen lässt, wie sie fallen. Auf einem beschränkten Schauplatz des deutschen Geisteslebens geht das Gefecht zwischen Gefühl und Verstand, Innerlichkeit und Weltzugewandtheit vollends *zuungunsten der Aufklärung* aus: auf dem der *Dichtung*."

Hier finden wir Schmid im Kerngebiet seiner Wissenschaft. Er legt dar, wie in der deutschen Literatur „die Garve, Gottsched, Wieland usw. in einem etwas verlegenen Aufklärungs- und Rokokokapitel zusammengefasst werden, in welchem bloss Lessing besser wegkommt, nicht zuletzt, weil sein 'Nathan' in die Richtung der Goetheschen 'Iphigenie' weist. Dann aber folgt ein Kapitel 'Sturm und Drang', wo es den Autoren spürbar warm ums Herz wird. Nun quillt's über vor Gefühl, Poesie, Genie. Alles, was bisher war, ist Altes Testament ..." Und weiter: „Die Gesichter der Gymnasiasten und der Studenten glühen wie die des Lehrers, weil ihre eigenen Affekte sich in denen der Stürmer und Dränger, Götzens, Werthers und Karl Moors, wiederfinden."

In der Tat handelt es sich um einen – nachvollziehbaren – Aufstand gegen die Schulmeister (Gottsched!) und also gegen die Franzosen. Und da nun geschieht es, dass das Wort „Genie", eigentlich dem Französischen entnommen, etwas Dämonisch-Göttliches mit umschliesst. Man bewundert die Stürmer und Dränger als Aufständische gegen die herzlose, berechnende, ja böse Vernunft. Dieser Überschwang „dispensiert den geistigen Menschen von der Wirklichkeit und erlaubt einen Idealismus ebenso vager wie bequemer Art".

Die Romantik nimmt wenige Jahrzehnte später diese Affekte wieder auf: Fichte und Hegel reduzieren Kant.

Karl Schmid hält sich fern von aller Ergründung deutschen „Urwesens". Er ist in strenger Selbstdisziplin um die Offenlegung bestimmter geistiger Weichenstellungen und deren Voraussetzungen bemüht, was stets die Frage erlaubt: Hätte es auch anders kommen können, kann es, im Sinne einer Kurskorrektur – nicht der Wesensumkrempelung – einmal wieder anders kommen? Aber solche Weichenstellungen bedürfen eines fruchtbaren Augenblicks, und dieser war in Deutschland spätestens vom Beginn des 19. Jahrhunderts an bis zum Ende des Zweiten Weltkrieges nicht gegeben.

So erklärt Schmid das deutsche *Sonderschicksal* – eben diese *Alternative zu Aufklärung, zu Parlamentarismus, Kompromiss und Gelassenheit*. Er verkennt dabei das *künstlerische Potential* solcher Abkehr nicht. Er schreibt: „Aus Vernunft und Bekenntnis zur Regel wird kein künstlerischer Kern geboren. Aber was geschieht, was ist am Werk und was stellt sich ein, wenn solches Bekenntnis zur antivernünftigen Ausserordentlichkeit aus dem Felde der Kunst exportiert und zum *Monogramm einer Nation* gemacht wird?" Und „was geschieht ... wenn der Begriff des Genies säkularisiert wird und sich auf den Feldern der Politik, des geschichtlichen Verhaltens mit den antirationalen Affekten ältester Abkunft auflädt?" Schicksalsgestaltung „im Banne steiler gotischer Visionen".

Es will scheinen, als läge hier in der Tat der Schlüssel sowohl zu deutscher Exklusivität, die zu Missverständnissen neigt, wie zur *Faszination* auch auf den Nichtdeutschen, die drei Faszinationen der *Einsamkeit*, des *Absoluten* und, deswegen, der *Pflichterfüllung*. Sie alle drängen hin zum Radikalen, zu „grossen Durchbrüchen" und fliehen das Vorläufige, Relativismus, Toleranz, letztlich das Einvernehmen. „Pecca fortiter" – „sündige stark" – heisst es bei Luther. Damit geht unweigerlich einher die lächelnde Geringschätzung für „das kleine moralische Bemühen", das seine Ausprägung in dem unperfekt Milizhaftigen verpflichteten gesellschaftlichen Organisationsformen findet. Schmid zitiert zutreffend den grossen Schweizer Dichter Gottfried Keller, der fand (nicht etwa „forderte", was sämtliche Gruppen der deutschen Gesellschaft unablässig tun), der Bürger sollte imstande sein, selber mit dem Gewehr „vor die Haustüre zu treten und nachzusehen, was es gibt".

Der Begriff der Pflichterfüllung in seiner Bindung an das Absolute muss in den Zusammenhang des Antiaufklärerischen gestellt werden: An Beispielen moralischer Pflichterfüllung im besten Sinne ist die deutsche Geschichte reich. Dass gleich daneben das „Befehl ist Befehl"-Denken dem Deutschen angelastet wird, legt im Grunde doch nur das Dämonische des Absoluten bloss. Selbst ein Fichte verstand Pflicht noch selbstverständlich eingebunden in ein moralisches Gesetz. Dies hat seine Überzeugung, es gebe nur *einen* Endzweck, die Pflicht, d.h. „fröhlich und unbefangen zu vollbringen, was jedesmal die Pflicht gebeut, ohne Zweifeln und Klügeln über die Folgen", zivilisiert. „Von entsetzlicher Fragwürdigkeit", urteilt Karl Schmid, „wird diese wunderbare, zum Grossartigsten fähige Pflichtfreudigkeit einer Nation dann, wenn sie sich verwandelt in das fröhliche und unbefangene, über die Folgen nicht klügelnde Vollbringen dessen, was *als Pflicht ausgegeben* wird". Und er folgert: „Ob aber Pflicht wirklich Pflicht ist, daran zu zweifeln ... ist nicht nur nicht zu untersagen, sondern das ist die höchste aller Pflichten, von der keine Instanz weder den Befehlenden noch den Gehorchenden entbinden kann".

In aller gebotenen Offenheit: der deutsche Widerstand gegen Hitler, d.h. jene Handvoll Männer, die dann am 20. Juli 1944 schliesslich zur Tat geschritten sind, hat mit ihrer „Pflicht zur Pflichterfüllung" zwar schwer gerungen, was sie auszeichnet; aber sie hätten viel kostbare Zeit gewonnen, wenn sie sich nicht so schwer damit getan hätten, sich von der Faszination der „Führertreue" überhaupt zu entbinden. Insofern bleibt Fichte zu beherzigen.

„Das Dritte Reich, das 1945 zusammenbrach und, nachdem es namenloses Elend über die andern Völker gebracht hatte, nun auch das eigene Volk in namenloses Elend stürzte, ist seinen Zielsetzungen nach nicht schlecht dadurch zu kennzeichnen, dass es *im deutschen Volke mit eiserner Konsequenz auszurotten unternahm, was auch nur von ferne an den Geist der Aufklärung erinnern mochte.*"

Was an Karl Schmids nüchtern-leidenschaftlichem Urteil berührt, ist nicht der Richterspruch. Denn als Schweizer ist er, wie der Verfasser dieser Betrachtung, dem Deutschen ja doch artverwandt von allem Anfang an. Dem Reiche hat die Eidgenossenschaft zumindest formell bis ins 17. Jahrhundert angehört; sie war, auch im Gemüthaften, Teil des Reichs. Zur Zeit der Kreuzzüge, als das Nibelungenlied niedergeschrieben wurde, ja als das burgundische Reich am Oberrhein bestand, gab es „die Schweiz" noch nicht. Unser Urteil entbehrt deshalb des Objektiven, „weil die existentiellen Bezüge vorherrschen, schreibt Schmid. Erst zu geschichtlich vorgerückterer Stunde ist die Schweiz „geworden". Wir haben, spätestens seit dem Westfälischen Frieden, *einen andern Weg eingeschlagen*, dem nachzugehen hier der Platz nicht ist. Die „Sezession" begann schon zur Zeit der Reformation. Was Zwingli von Luther so grundlegend unterschied, waren nicht theologische Auslegungen, war vielmehr der Gegensatz zwischen der auch im Politischen absoluten Reichsidee bei Luther und der Konzeption des Seelenhirten bei Zwingli. Und wie so manche Renegaten, hielten die Schweizer an der alten Reichsauffassung fest, glaubten sich rechtgläubig – und behielten nach Massgabe der fehlgeschlagenen, demokratisch legitimierten Reichsreform von 1848 auch noch Recht, was die Schweiz in Anbetracht der am Ende des 20. Jahrhunderts grundlegend veränderten Rahmenbedingungen eher lähmt als stärkt.

Kurz, für die deutschsprachigen Schweizer viel stärker als für die meisten andern Europäer gilt gegenüber Deutschland Albert Camus' Bekenntnis zum „j'adore ce qui me brûle."

Darin liegt die unausgesprochene Hoffnung begründet, wir würden einmal wieder zusammenfinden unter dem Vorzeichen der Aufklärung, der Vernunft. Karl Schmid, dessen Einblick in das Gewesene, das Teil unseres Wesens ist, ihm juvenilen Optimismus verbot, hat seine Sehnsucht am Ende seines hier in Erinnerung gerufenen Vortrages nicht ohne feine Schüchternheit so formuliert:

„Man lese ..., was Theodor Heuss über die Bücherei seines Grossvaters schreibt, und man wird erkennen, in welch erstaunlichem Masse die Geisteswelt der Aufklärung und des Liberalismus an der Bildung derjenigen Geisteshaltung mitbeteiligt ist, die nach dem Fiasko der Weimarer Republik nun nochmals an die Reihe kam. Und hoffentlich für immer. Nicht um die Feststellung, wo Schuld war, ging es uns, sondern um die Feststellung dessen, was Schuld war an einer Entwicklung, die auch unser Schicksal aufs stärkste betrifft.

Aus der Hoffnung heraus, es möge die Zeit wieder einmal kommen, wo ein grosser Schweizer Dichter, ohne Gewissensnot und ohne verdächtigt werden zu müssen, wie Gottfried Keller einen Abschnitt seines Werkes überschreiben darf: 'Rhein- und Nachbarlieder'."

Wir hörten dem Schweizer Karl Schmid zu, dem Professor für deutsche Sprache und Literatur an der Eidgenössischen Technischen Hochschule in Zürich, wo er von 1943 bis zu seinem Tode 1974 wirkte. In der jüngsten Ausgabe der Brockhaus-Enzyklopädie sucht man seinen Namen vergeblich, im Gegensatz zu dem eines gleichnamigen Schweizer Filmregisseurs. Ich habe ihn nie gesehen, den um eine Generation Älteren. Zu einem kritisch-freundlichen Briefwechsel kam es Anfang der Siebzigerjahre. Schmid, dessen Skepsis auch gegenüber gewissen Verkrampfungen der Schweiz Ende der Sechzigerjahre stärker hervortrat, war dennoch kein Anhänger der europäischen Integration, die ich seit meinen frühesten Berufsjahren unter Einbezug meines Landes befürworte. Das Anschauungsmaterial war uns gemeinsam. Aber Schmid stand schon unter dem Zeichen jenes Abschieds, der für ihn in Anbetracht seines vorgerückten Alters ein dauerhafter war – trotz Theodor Heuss. Der Schreibende hingegen war damals überzeugt – und bleibt es noch immer, obwohl auch ihm „die Zeit ausgeht" –, dass die tragischen Weichenstellungen europäischer Geistesgeschichte schliesslich zu deren tödlicher Abschwächung infolge unendlicher Differenzierungen führen könnten. Viel zu ernst ist doch die Mahnung der Millionen von Toten und Geschändeten zweier im Wesentlichen europäischer Kriege, als dass jeder Europäer, inzwischen gewissermassen in den zoologischen Garten der Geschichte verbannt, sich seiner allzu bunten partikulären Federn brüsten dürfte.

Dennoch bleibe ich in der Schuld Karl Schmids als Individuum schweizerischer Ausprägung, und zwar gerade *weil* das knappe halbe Jahrhundert, das uns von seiner Winterthurer Rede trennt, mir noch immer Züge zu tragen scheint der mangelhaften Rezeption der Aufklärung in Deutschland, wo so manche Debatten, die anderswo gerade ein Aperitif-Gespräch zu beleben verstünden, in schwindelerregende Grundsatzdispute ausmünden. Unsere deutschen Nachbarn greifen unablässig nach jenem Absoluten, dessen der Gegenstand in der Regel nicht bedarf und den er nicht erträgt. Die Wunden des Zweiten Weltkrieges vernarben, und die Debatten darüber büssen glücklicherweise an Voreingenommenheit ein. Aber noch immer mauern sich Bundesbürger im Schotter von Eisenbahnschienen ein, um Transporte von nuklearem Müll zu behindern. Noch immer werden Sekten zu Verfassungsfeinden hochstilisiert. Und noch immer werden Bundestagsdebatten über die erleichterte Einbürgerung der *Enkel* von Einwanderern im Geiste jenes absoluten Imperativs geführt, der seiner eigenen Vereinsamung nicht gewahr zu werden wünscht.

Solcherlei Beobachtungen berechtigen nicht dazu, den Stab über anderen zu brechen. Aber sie fordern mir als Schweizer Geduld ab, Geduld mit Deutschland, Geduld mit meiner eigenen Heimat. Ein Kind der Aufklärung, das ich zu sein meine, empfinde ich immerfort Sehnsucht nach einem Deutschtum, das die Vernunft vermählt mit dem Unaussprechlichen, das dahinter liegt – sei es nun Musik, Poesie oder ganz einfach die Freundschaft. Schöneres wüsste ich nicht. Einmal habe ich es in ein Gedicht gefasst. Es heisst „Aufbruch" und klingt so aus:

...

Doch frag dein Herz nicht, wo die Heimat liegt!
Befiehl zu warten ihm, wie manche Sterne
erwarten, dass ein andrer Wille siegt
als jener Geist der namenlosen Ferne,
der mal für mal dir seine Zügel reicht. –

Der Hörner Widerhall geht in dich ein,
und du erinnerst, dass der Abschied leicht.

Lass gut es sein.

Bonn, den 2. April 1998

DIE SCHWEIZ VOR DEM ENDE EINER EWIGKEIT

Kein Koffer mehr in Berlin

Berlin war mir für das Auslands-/Ausbildungsjahr als Dienstort zugewiesen worden, Juli 1961, kurz vor dem Mauerbau. Das Umfeld der damaligen Delegation, die noch direkt der Zentrale unterstellt war, war noch nicht aufgeräumt; der nahegelegene Reichstag lag ausgebrannt da; das nächste intakte Gebäude war die weiter westlich gelegene, den Berlinern in den Fünfzigerjahren von den Amerikanern geschenkte Kongresshalle. Ein riesiges Ödland erstreckte sich am Westen der Sektorengrenze. Man wollte es nicht bebauen bis zur Wiedervereinigung.

Davon abgesehen, schien die Lage normal. Es gab viele Übergänge zum Ostsektor. Gewiss stiess ich „drüben" oft auf Leute, die es beruhigend fanden, dass auf unserem Dach seit eh und je die Schweizerfahne wehte; und meine Zimmerfrau im westlichen Charlottenburg, in der Nähe des Olympiastadions, eine rüstige Gerichtspräsidentenwitwe, hielt sich im Hintergarten sechs Hühner. Sie sagte: „Wissense, man weiss ja nie."

Am 13. August 1961 wusste man's. In der Nacht begann der Mauerbau. Ostsektorbewohner flohen zu Hunderten. Die Schweizerfahne nahm plötzlich eine neue Bedeutung an: Freiheit, Sicherheit. Wir pflegten Angeschossene, bis die Westberliner Ambulanzen sie abholten. Die Engländer nahmen, um Zusammenstösse zu vermeiden, ihre Sektorengrenze um einige hundert Meter zurück. Die Delegation lag plötzlich im Niemandsland. Wir erhielten Spezialausweise, um zur Arbeit fahren zu können. Die Zufahrtsstrasse war gesperrt. „Except for Swiss Delegation", hiess es auf dem Fahrverbotsschild.

Der unweit gelegene „Checkpoint Charlie" wurde zum einzigen Übergang für Diplomaten. Manche Jungen unter ihnen wagten einiges, um „Republikflüchtlingen" zu helfen. Auch ich war jung.

1970 kehrte ich nach Deutschland zurück. Die erste Regierung Brandt war am Ruder. Es kam zum „Grundvertrag" mit der DDR. Die Teilung Deutschlands schien festgeschrieben. Die Berliner Delegation wurde Generalkonsulat für Westberlin und der Bonner Botschaft unterstellt. Die Trümmerfelder waren weggeräumt, die Schweizerfahne unerreichbar für Ostsektorbewohner. Westberlin blühte, etwa fiebrig, unter dem Subventionsregen Bonns. Ostberlin blieb noch jahrelang schäbig.

Dann, 1990, die Wende. Unsere Vertretung wurde Generalkonsulat für ganz Berlin, Brandenburg, Mecklenburg-Vorpommern, bald danach Aussenstelle der Botschaft. Damit war die Richtung vorgezeichnet. Der ungeheuren Euphorie folgte zunächst Ernüchterung. Der Aufbau von Berlin Mitte und die Sanierung Ostberlins kosten Milliarden. 1991/92 bemächtigte sich der Privatsektor im grenznahen Ostberlin der Neugestaltung der ehemals eleganten Friedrichstrasse. Die Besucher sagten: „Das wird lange dauern; da haben sich die Deutschen wieder einmal zuviel vorgenommen." Dieses Jahr wird die Geschäftsstrasse fertig. Nun sagen dieselben Besucher: „das können halt nur die Deutschen." Immer wieder diese Labilität zwischen gefährlicher Geringschätzung und übertriebener Bewunderung.

Unsere Aussenstelle wird in einigen Wochen für wenigstens zwei Jahre eingemottet, bis die Nordsüdtunnel, die unter dem Grundstück hinwegführen, fertiggestellt sind. Dann die Renovation, der Neubau der Kanzlei, alles bezugsbereit wohl nicht vor Ende des Jahres 2000.

Am Samstagabend besuche ich Tschechows Stück „Die Möwe" in der Westberliner Schaubühne. Ewig gleicher Aufbruch nach irgendwohin, Rückkehr von irgendwoher, zeitloses, ereignisloses Leben in der russischen Provinz, wo es vor 100 Jahren weder Industrielle noch Kaufleute gab, wohl aber betrügerische Gutsverwalter, schmarotzende Staatsbeamte und die Kinder eines verarmten Landadels, die allesamt Dichter oder Schauspieler zu werden trachteten. Nach der Rückkehr in mein Quartier bin ich noch einmal in die klirrende Januarkälte des Tiergarten hinausgetreten mit seinen nach dem Kriege noch verkohlten Bäumen. Man fühlt sich schon in Sibirien, das Rheinland wie Lichtjahre entfernt.

Es wird eng an der Fürst-Bismarckstrasse 4. Wer sich dort auskennt seit 35 Jahren, wer die Bilder geschaut hat vom letzten Sturm der Sowjets am 29.April 1945 mit einem Dutzend in kaum 100m Distanz zerstörten Panzern, geknackt vom allerletzten deutschen Aufgebot, wird gewahr, dass der Zweite Weltkrieg in Berlin Mitte erst jetzt zu Ende geht. Die Unterzeichnung der deutschen Kapitulation am 8.Mai 1945 in Karlshorst, am Ortsrand Ostberlins, wo ein nach der „Wende" aktualisiertes und objektiviertes „Historisches Museum der Sowjetarmee" Flut und Rückflut des Zweiten Weltkrieges schrecklich veranschaulicht, erscheint den heutigen Betrachtern unwirklich. Niemand erinnert sich mehr daran. Alles fiebert dem nächsten Gigantismus entgegen.

Als ich am nächsten Morgen bei kristallklarem Himmel abreise und die schwere Eichentür mit ihrem ewig unveränderten Geräusch ins Schloss fällt, geht für mich ein Zeitalter, beinahe das ganze Berufsleben zu Ende. In einer Ecke im Keller hatte ich 1962 einen kleinen Koffer zurückgelassen mit Sportbekleidung, alles viel zu klein geworden. Hab' ihn dem Sperrmüll übergeben. Nun habe ich keinen Koffer mehr in Berlin. Nur der Schatz der Erinnerung lässt sich nicht einsperren.

Bonn, den 31. Januar 1996

Die Schweiz und Europa

(aus „Blickpunkt Schweiz", Verlag Neue Zürcher Zeitung, 1994)

Das gestellte Thema ist zunächst einmal Geschichte. Karl Jaspers fragte nach deren Ursprung und Ziel. Leopold von Ranke dagegen ging ganz in dem redlichen Bemühen auf darzustellen, „wie es eigentlich gewesen". Deshalb zählt er noch heute zu den Ersten. Thornton Wilder bezeichnete in seinem grossen Roman „Der achte Schöpfungstag" Geschichte als „einen einzigen Bildteppich. Kein Auge vermag mehr als eine Handbreit davon zu umfassen..."

Die Schweiz und Europa – das ist aber auch ein dialektischer Prozess, der nicht eher zu Ende ist als wenn beide eins geworden sind. Soweit ist es nicht, noch nicht, vielleicht nie. Somit ist die Darstellung der Schweiz und Europas, der Schweiz in Europa bloss eine Momentaufnahme, die sich jede deterministische Deutung verbitten muss. Und doch suchen Erzähler und Leser nach einem Sinn, was wieder auf Ursprung und Ziel zurückweist. Ein schwieriger Gegenstand also. Er wird noch dadurch kompliziert, dass geschichtliche, zumal zeitgeschichtliche Darstellungen sich gewollt oder ungewollt einer mehr oder weniger krampfhaften Folgerichtigkeit verpflichtet fühlen. Politiker stehen unter permanentem Rechtfertigungsdruck. Politik will „zum Licht führen"; sie scheut das Eingeständnis, immer wieder irgendwo zwischen Glück und Verstand angesiedelt zu sein.

Für die Schweiz gilt dies in besonderem Masse: eine Erfolgsgeschichte will gehegt sein – erst recht, wenn der Erfolg an seine eigenen Grenzen stösst. Denn die Menschen scheuen die Brüche, und zwar desto mehr, als sie ihrer Sache weniger sicher werden. All dies ist im Auge zu behalten.

Rückblick: Die Schweiz als europäische Antithese
Vermeiden wir, längst Bekanntes aufzuwärmen. Dennoch müssen wir uns einen Augenblick lang mit der Schweiz als geschichtlichem Widerspruch zu Europa befassen; denn es hilft, die Gegenwart zu begreifen. Die Staatsgeschichte der Schweiz ist eine Geschichte der Abwehr, der Abgrenzung, eine Antithese also. Man hat sie hierzulande seit der Bundesstaatsgründung vor 150 Jahren (der Bundesstaat wurde, eben aus der Taufe gehoben, sofort und fälschlicherweise „Konföderation", also Staatenbund genannt, offensichtlich um dem Eindruck des Bruchs entgegenzuwirken!), erst recht seit Hitlers Schreckensherrschaft als beispielhaft fortschrittlich darzustellen gesucht. Fortschrittlich in einem gesellschaftlichen Sinne der Freiheit des Einzelnen, der Gleichberechtigung, des Pluralismus war die Schweiz in den mehr als 700 Jahren ihrer Staatsgeschichte im Vergleich zum übrigen Europa freilich immer nur kurzfristig und sektoriell, dann und dort nämlich, wenn und wo Europa gegen Europa Krieg führte in Verfolgung inhumaner Machtansprüche.

Dies ist kein Werturteil, vielmehr ein Befund, der die historische Stellung der Schweiz in und zu Europa entschlüsselt: Auf was es den Schweizern immer angekommen ist und weiterhin ankommt, ist die Freiheit, ist die Autonomie des Gemeinwesens, nicht des Einzelnen – ein eklatanter Widerspruch zu den Anliegen der französischen Revolution, mehr als zu denjenigen der englischen „Bill of Rights" oder der amerikanischen Verfassung. Die schweizerische Gemeindeautonomie ist in Europa einzigartig. Sie erklärt unseren extremen Föderalismus – das älteste und einzige wirklich durchgehende Prinzip unseres Staatswesens, zugleich dasjenige, das die Staatsmacht im Zaume hält, indem es sie zerstückelt, zuweilen auch gegen alle Vernunft. Alle anderen gesellschaftlichen Grundsätze: Demokratie, Gleichberechtigung, Entfaltung des Einzelnen, Rechtssicherheit, sind nie spezifisch schweizerische Merkmale gewesen. Genauer: sie sind der Gemeindeautonomie untergeordnet worden, entwickelten sich in der Regel abgeebbt und verzögert.

Liefert dafür nicht schon die offizielle Bezeichnung „Schweizerische Eidgenossenschaft" ein Indiz? Man hatte der Genossenschaft und des Eides würdig zu sein, was bei weitem nicht auf alle Bewohner zutraf. Es waren die Gemeindeoberen, die Souveränität wollten. Konsequenterweise war das demokratische Prinzip in der Schweiz während mehr als 500 Jahren unterschiedlich, oftmals schwach ausgebildet – in den „Gemeinen Herrschaften" war es inexistent. Man könnte sagen: Auch die Schweiz besass Kolonien, innerhalb ihrer Grenzen. Selbst die Gründerväter des modernen schweizerischen Bundesstaates von 1848 hatten die direkte Demokratie nicht im Auge – die setzte sich erst im späten 19. Jahrhundert durch. Anliegen waren ihnen flächendeckende Rechtsstaatlichkeit und staatliche Handlungsfähigkeit, die sich indessen immer wieder am Föderalismus rieben, bald auch am Populismus, der schon 15 Jahre nach der ersten bundesstaatlichen Verfassung sein Haupt zu erheben begann. Die landläufige Empfindlichkeit gegenüber „fremden Richtern" ist denn auch nicht primär Bekenntnis zum Recht, vielmehr zur Rechtshandhabung nach eigener Façon.

Die Schweiz als Antithese zu Europa kann daher auch umschrieben werden als Widerstand gegen das durchgreifende, flächendeckende Prinzip. Im Hochmittelalter blieb derlei noch weitgehend unsichtbar, denn die Reichsidee war, da organisatorisch und erratisch gewachsen, eine vage. Die Gründungsväter der Eidgenossenschaft verwarfen die Reichszugehörigkeit keineswegs. Sie wollten sich lediglich gegen unliebsame „direkte Vorgesetzte" absichern, besonders, wenn diese – am frühen Morgen der Neuzeit – urbane Erneuerer waren. Schillers Gessler gehörte dazu, Tell nicht. Erst die Reformation, und danach viel mehr noch die Aufklärung und der Absolutismus brachten den Hader der Schweiz mit der Neuzeit zutage. Der Unversöhnlichkeit zwischen Luther und Zwingli lagen keine wirklich ernsten religiösen Probleme zugrunde, sondern der fundamentale Unterschied zwischen Luther als Verfechter eines umgreifenden, vom Anspruch her globalen, religiösen Machtanspruchs und der Biederkeit Zwinglis als durchaus deutschschweizerischem Seelenhirt.

Die französische Revolution und ihr Jakobinertum, die Botschaft der horizontalen Gleichheit musste der vertikalen, das heisst der föderalistischen Kompartimentierung der Schweiz des ausgehenden 18. Jahrhunderts denn auch schlechthin unerträglich sein.

Daher das Entsetzen der „gnädigen Herren von Bern". Diese wurden nicht müde, die eigene Ordnung als ewig, da gottgewollt hinzustellen – ein Beharrungsanspruch, typisch für Spätzeiten, dem man auch in der Schweiz des ausgehenden zwanzigsten Jahrhundert wieder merkwürdig oft begegnet.

1798 war dann in zwei, drei Wochen alles vorbei, und auch nach der Niederringung Napoleons hatte das „Ancien Regime" in der Schweiz keine Chance mehr. Vielmehr wurden wir nach der kurzen Agonie der Restauration Teilhaber, zuweilen gar Speerspitze eines demokratisch legitimierten Zentraleuropas der ersten industriellen Revolution, und die Architekten der Bundesverfassung von 1848 belächelten die „Alte Eidgenossenschaft" als eine Art von Bühnenbild.

Aber der Föderalismus, die Gemeindeautonomie, die den „Staat" im Kanton sieht, blieb intakt. Sie wuchs nach, und sie ist auch heute noch Hauptauslöserin schweizerischer Abwehrreflexe – vor allem in der deutschen Schweiz, wo sie weit stärker ausgebildet ist als im Welschland.

Zwischenbefund: Die Schweiz oder Europa?
Nehmen wir die Antwort vorweg: Im Rückblick keinesfalls. Wenn unsere bisherige Analyse Inkompatibilität anzeigen sollte, dann handelt es sich in Wahrheit um ein Problem der Deckungsgleichheit von Werten, die allesamt zum europäischen Gesamtbild gehören. Die Schweiz hätte so lange nicht bestanden, wäre so oft und immer wieder als rettender Hafen nicht gesucht worden, wäre sie nicht in Europas dunklen Stunden ersehntes Licht gewesen. Der Emigrantenzustrom zwischen der Gegenreformation und dem dahinsinkend um sich schlagenden Kommunismus, also während 400 Jahren europäischer Geschichte, bliebe ja in seiner Fruchtbarkeit unerklärlich, wäre die Schweiz bloss als ödes Eiland erklärbar, das ein Schiffbrüchiger mit letzter Kraft erreicht. Ebenso kann die Welt, kann vor allem Europa ein derart abweisendes Gestade nicht gewesen sein, um den mächtigen Strom Schweizer Auswanderer zu erklären, der uns zur Zeit eine halbe Million Auslandschweizer beschert, von denen die meisten übrigens in unseren Nachbarländern ansässig sind.

Anders ausgedrückt: Die Schweiz ist immer eine europäische Ausprägung gewesen – entweder ein Hort der Sehnsucht oder als etwas Abzustreifendes, ein Ärgernis für die einen, rettender Hafen für die anderen, eine Antithese allemal, das heisst: ein konstitutiver Bestandteil Europas. Dieser Zwischenbefund denjenigen ins Album, die unser Land lediglich als Restgrösse sehen, oder umgekehrt als Wunderwerk der Umsicht und Vorsicht. Für den Schreibenden ist sie vor allem ein Akt der Vorsehung, die den Begünstigten in die Pflicht nimmt.

Anblick: Die Schweiz als renitenter Fall
Ein Land, das seit Jahrhunderten zwar kultureller Bestandteil Europas und als Möglichkeit des Zusammenlebens verschiedener Kulturgemeinschaften vorbildlich, als solche aber immer als Antithese verstanden wurde – und sich auch so verstanden hat –, wird sich und anderen zum Problem, wenn „die Rechnung in Europa endlich aufgeht".

Die Legitimität der Schweiz als antithetischer Sonderfall ist somit gleichbedeutend mit der Antwort auf die Frage, ob Europa zur Synthese wird. Europa hat es fertiggebracht, zwischen 1914 und 1918 und von 1939 bis 1945 zwei Weltenbrände auszulösen, die, zusammen genommen, nicht allein Europas Weltgeltung, vielmehr die ganze bisherige Weltordnung erschütterten. Von Schuldzuweisung kann hier die Rede nicht sein. Dass Europa damit sein Kartenspiel überzog, unterliegt indessen kaum einem Zweifel. Das eigene Elend – das der Sieger wie der Besiegten – gebar das Werk eines in sich fest verbundenen, freien Europas, das kein Ausscheren mehr zulassen sollte. Dies ist die unvollendete Geschichte der europäischen Integration, der Europäischen Union. Sie ist inzwischen beinahe ein halbes Jahrhundert alt. Ihre Protagonisten altern. Das institutionell unverbrüchliche politische Bündnis war und ist ihnen wichtiger als ordnungspolitische Präferenzen – nicht ohne Qual. Aber diese Qual wiegt geringer als die Erinnerung an und die Verantwortung für das unermessliche Unglück zweier Kriege.

Die Schweiz hat die beiden grossen Kriege materiell unbeschadet überstanden. Sie hatte keinen Grund, sich derlei vorzuwerfen. Wir waren erfolgreich, und wir haben den Erfolg überwiegend uns selbst gutgeschrieben. Derlei ist menschlich und damit korrekturbedürftig.

Ergebnis: Die Schweiz als Ganzes hat keine Eile mit Europa. („Haben wir unsere Sache nicht gutgemacht?") Deshalb gab es lange Zeit kein eigentliches europäisches Engagement der Schweiz, von wirtschaftspolitischer Absicherung natürlich abgesehen, die wir pflichtgemäss ernstgenommen haben. Die Schweiz trat denn auch schon 1948 der Organisation für europäische wirtschaftliche Zusammenarbeit (OEEC) bei, freilich unter drei gewichtigen Vorbehalten. Ende der Fünfzigerjahre wurde die Schweiz zu einer treibenden Kraft der Europäischen Freihandelszone (EFTA-Übereinkommen 1960). Die Sorge, einen ungehinderten Warenverkehr mit Europa zu gewährleisten, brachte 1972 das äusserst sorgsam vorbereitete Freihandelsabkommen mit der Europäischen Gemeinschaft hervor; und 1992 schliesslich trat die Schweiz der Weltbank und dem Internationalen Währungsfonds bei.

Bis hierhin und (noch) nicht weiter. Das heisst, irgendwelche politischen Bindungen sind wir bisher nicht eingegangen. Denn der 1963 erfolgte Beitritt zum Europarat, 14 Jahre nach dessen Gründung, vorbereitet durch einen umfangreichen, vor- und umsichtig formulierten Bericht an die Bundesversammlung, verdient diese Qualifikation nicht. Unter Eingeweihten machte schon damals das Wort die Runde, jede internationale Organisation, der die Schweiz beitrete, habe ihre besten Tage hinter sich... Der UNO-Beitritt wurde 1986 wuchtig abgelehnt – das Volk fürchtete um die Jungfräulichkeit der Neutralität. Tatsächlich spricht manches dafür, die Schweiz politisch zunächst in Europa zu verankern; danach wird ein UNO-Beitritt dem vor Jahrzehnten vollzogenen Beitritt zum Weltpostverein gleichen.

Freilich: gerade mit einer Aussenpolitik der konzentrischen Kreise – vom Engen in das Weitere schreiten – tun wir uns schwer. Wir wähnen uns weltverbunden – die Welt ist ja fern. Immer wieder wird eine mit Washington, ja mit Tokio verwandte Interessenlage beschworen, damit Europa uns nicht zu nahe trete. Ein Stichwort ist „die Brüsseler Bürokratie". Dabei haben sich Regierung und Parlament doch einer Anstrengung nationaler wirtschaftspolitischer Entschlackung verschrieben, um europafähig zu werden!

Selbstgerechtigkeit setzt nichts in Bewegung, noch vermag sie die Dynamik anderer zu bremsen. Sie wirkt renitent, orientiert sich vor allem anderen an den schlimmen Erfahrungen der Vergangenheit, traut sich hinsichtlich einer mitzugestaltenden Zukunft aus historisch (oder gar genetisch?) bedingter Skepsis wenig zu. In einem Wort: Einigelung als bestmögliches Schicksal, als Berufung. Diese Haltung entspricht nicht einfach egoistischer, das heisst schlechter Absicht. Die Schweiz ist ein kleines Land, bar beinahe aller natürlichen, es sei denn humaner Ressourcen. Sich durchzuschlängeln, ist nun einmal bis hierhin ihr Schicksal gewesen. Aber der Igel hat halt eine Mission von geringer Tragweite anzubieten.

Ausblick: Die Schweiz als Beispiel und Teilhaberin europäischer Vielfalt

Europa formiert sich unter erheblichen Mühen. Die grossartige supranationale, der Subsidiarität aufs natürlichste verpflichtete Anstrengung ist in den Gestalten der Staatschefs und Ministerpräsidenten noch sichtbar. Aber sie verblasst. Das Unglück der Weltkriege, ureigenes Agens der noch Regierenden, wird zur auftragslosen Erinnerung. Nationales Interesse tritt wieder in den Vordergrund, immer häufiger auch bloss kleinräumiges Wohlgefühl, eine Schrebergartenwelt.

Verschweizert Europa? Rückzug ins Biedermeier? Das wäre ein Unglück für beide, für Europa wie für die Schweiz. Europa hat in der Welt eine Führungsrolle wahrzunehmen. Kein anderer Kontinent verfügt über ein vergleichbares Kapital an Erfahrung (Erfahrung auch als Enttäuschung), um in Selbstbescheidung und Verantwortlichkeit Rat zu erteilen. Keiner hat wie der unsrige die Opulenz hinter sich, kurz: keiner ist sowohl hinreichend nüchtern als auch – gerade deswegen – berufen. Auch wer sich vorbehaltlos hinter die Erkenntnis stellt, wonach „zu Hause beginnen muss, was leuchten soll im Vaterland", wird um den Befund nicht herumkommen, dass die Vernetzung der Probleme einerseits, der bei abnehmenden Ressourcen immer erbitterter geführte, globale Kampf um den „Platz an der Sonne" andererseits nach handlungsfähigen Grossverbänden ruft. Nur indem Potenzen gebündelt werden, verbleibt genug Raum für Gestaltungsfreiheit im einzelnen.

Dies ist die wohl eklatanteste Lehre aus der schweizerischen Bundesstaatswerdung von 1848: Allein: diese ist bisher nicht gefeiert worden. Man fühlt sich geborgener in den Nebelschwaden von 1291, weil sie uns zu so viel weniger verpflichten.

Die Schweiz ist Teilhaberin „par excellence" der Europäischen Union. Den – bitter enttäuschten – europäischen Beherrschungsanspruch hat sie nie vertreten. Ethnisch hat sie insgesamt friedfertiges Zusammenleben als zivilisierte Möglichkeit vorgelebt. Und nun stösst der Sonderfall an seine Grenzen; denn Westeuropa hat seit Ende des Zweiten Weltkriegs schrittweise jene Tugenden sich zu eigen gemacht, die in dieser Verbindung während langer Zeit schweizerisches politisches und kulturelles Alleingut waren. Die Staaten der Europäischen Union sind nicht nur friedlich gesinnt; sie haben durch die Konsolidierung eben ihrer Gemeinschaft auch den Krieg unmöglich gemacht. Sie sind ausnahmslos demokratisch regiert und gemeinsamen wirtschaftlichen Grundsätzen verschrieben. Ob die EU schliesslich bundesstaatlich strukturiert wird oder am Ende doch wieder mehr dem weit weniger berechenbaren Modell des alten Staatenbundes verpflichtet bleibt – zentralistisch lässt sich ein Subkontinent von sehr alter Staatenstruktur und solcher Sprachvielfalt auf keinen Fall organisieren.

An der Schweiz sind solche Entwicklungen natürlich nicht spurlos vorübergegangen. An der Konferenz über Sicherheit und Zusammenarbeit in Europa (KSZE) hat sie seit der Schlussakte von Helsinki 1975 mitgewirkt. Die Konferenz ist freilich bis heute das einzige politische Forum geblieben, in dem unser Land gleichberechtigt mit allen anderen Teilnehmerstaaten die Zukunft unseres Kontinents mitgestaltet. Ob mit dieser Formulierung der KSZE nicht etwas viel Bedeutung zugemessen wird, bleibe dahingestellt. Jedenfalls hat sie seit dem Zusammenbruch des sowjetischen Machtblocks einige Mühe mit der Selbstfindung, eine Feststellung, die auf die neutralen und nichtverpflichteten (N+N)-Staaten in besonderem Masse zutrifft. Greifbarer wird der Wandel schweizerischen Selbstverständnisses in den verschiedenen „Integrationsberichten" des Bundesrates an die Bundesversammlung, dessen jüngster, vom 18.Mai 1992, bei all den altbekannten helvetischen Bemühungen um Wahrung von Kontinuität und Bruchlosigkeit neue und eindeutige aussenpolitische Weichenstellungen in Richtung Teilnahme der Schweiz an der europäischen Integration vornimmt.

Leider hat der negative Ausgang der EWR-Abstimmung im Dezember 1992 die Regierung in eine zumindest vorübergehende Verwirrung gestürzt. Zwar hat der Bundesrat mehrmals seine Entschlossenheit bekundet, „sich sämtliche Optionen offen zu halten" (bilaterale Arrangements mit der EU, Wiederholung der EWR-Abstimmung, EU-Vollbeitritt). Bleibt die grosse Frage, welche Optionen die Union der Schweiz wirklich anzubieten bereit ist.

Die Volksabstimmung vom 5./6. Dezember 1992 hat auch klare Hinweise darauf geliefert, dass die Europaeinstellung der Schweizer, wenn nicht unterschiedlichen Entwicklungslinien folgt, so doch zumindest mit ungleicher Geschwindigkeit verläuft. Die französisch sprechenden Schweizer gehen mit positiveren Erwartungen auf Europa zu als ihre Deutschschweizer Landsleute. Die Welschen, bei allem politischen Behauptungswillen, erkennen sich ohne Komplex als Angehörige der französischen Hochkultur. Den Deutschschweizern dagegen eignet seit den mit Hitler gemachten Erfahrungen ein tiefsitzendes, emotionales Ein- und Abkapselungsbedürfnis, dessen offensichtlichste Ausprägung wohl unsere sprachliche Abkopplung von der deutschen Hochsprache ist, ein Vorgang, der, wenn ihn nicht bald bessere Einsicht stoppt, uns ins provinzielle Abseits zu führen geeignet ist. Derlei hat es bisher nie gegeben. Unser Bedürfnis nach Abhebung ist um so weniger gerechtfertigt, als die Hüter der deutschen Sprache ein tolerantes, variantenreiches Regime handhaben – weit entfernt von irgendwelcher jakobinischen Gleichmacherei.

Durchblick: Ist die Schweiz europafähig?
Den Amerikanern ist ein Verhaltensgrundmuster vertraut: „If you can't beat them, join them." Vielleicht hat die Weite ihres Landes, die zur Inbesitznahme einlädt, sie so

gemacht. Wir Schweizer neigen zum gegenteiligen Schluss: „If you can't beat them, dig yourself in." Unsere Topographie jedenfalls lädt dazu ein. Ob sich hierin der Igel oder der Vogel Strauss enthüllt, bleibe dahingestellt. Unleugbar ist, dass nur Mitmachen Mitgestaltung, das heisst: Mitkontrolle ermöglicht.

Die Schweiz des ausgehenden 20. Jahrhunderts befindet sich letztlich in genau diesem Dilemma: Ausbruch oder Rückzug. Die gegensätzliche Verlockung ist uraltes Menschenschicksal. Ob wir aber Agens oder Gefangene unseres Dilemmas sind, das macht einen grossen Unterschied. Damit ist die Frage gestellt nach der Wiederholbarkeit des schweizerischen Werdegangs. Die Gesamtverfassung Europas – die sprachliche und kulturelle Vielfalt, die alte, unterschiedlich geprägte Geschichte, der Nationalstolz einerseits, das gemeinsame, globale Gefordertsein, die Intensität des innereuropäischen Austauschs, kurz: das gemeinsame Schicksal andererseits – all dies verweist doch auf das schweizerische Beispiel, für das in Europa an Sympathisanten, trotz unserer systematischen Verweigerungshaltung, übrigens kein Mangel herrscht. Unbeispielhaft ist dagegen das übergrosse helvetische Misstrauen gegenüber jedem grossen Wurf, gegen das durchgehende Prinzip, letztlich gegenüber dem Wagnis, es sei denn dem wirtschaftlich unternehmerischen. Es gibt in der Schweiz eine grosse Zahl von vorbildlichen Einzellösungen. Ob unsere Kinder aber die Vollendung nationaler Werke wie die „Bahn 2000" und die „Neat" erleben werden, bleibt abzuwarten. Ein Blick auf die schleichende Fertigstellung des in den Sechszigerjahren beschlossenen Autobahnnetzes empfiehlt Skepsis.

Anders ausgedrückt: Bleibt neben der Wahrnehmung der innergesellschaftlichen, der innerstaatlichen Ausgleichsaufgabe genügend Energie, um das „daheim" Erfahrene auch „draussen" zu vertreten und zu verwirklichen? Die Frage ist gestellt. Man kann nicht behaupten, die Schweiz habe ihre institutionelle Erneuerungsfähigkeit mehrfach bewiesen. Gerade das leuchtendste Beispiel, die Bundesstaatswerdung von 1848, wurde genau 50 Jahre zuvor von Napoleon ausgelöst – ohne ihn hätte sich die in allen Fugen und Nähten krachende Alte Eidgenossenschaft noch lange fortzuschleppen versucht. Rechtlich war das Neue zudem ein revolutionärer Akt: Die Bundesverfassung wurde den ablehnenden Kantonen einfach übergestülpt – von Konsens und Konkordanz keine Spur.

War derlei plötzliche „Verdichtung" schon zuviel? Was wir seit hundert, in weit grösserer Schärfe seit zwanzig Jahren erleben, ist nämlich institutionelle Regression, ein Hochloben der kleinstmöglichen Einheit, ein Aufstand gegen das Tatsächliche, ein Schattenboxen.

Mit dem knappen Nein zum EWR vom 6. Dezember 1992 hat die Schweiz noch einmal europäische Hürdenscheu bewiesen. Ob daraus ein knappes Ja geworden wäre, wenn der Bundesrat sich nicht von seiner eigenen, noch ein halbes Jahr zuvor im Zusammenhang mit der Einreichung des EU-Beitrittsgesuchs ausgesprochenen Überzeugung getrennt hätte, wonach der EWR-Beitritt eine Vorstufe zur EU-Mitgliedschaft sei, ist politisch im Rückblick irrelevant. Logisch war diese Abkehr freilich nicht: man kann zwar feststellen, die EU-Mitgliedschaft sei hinsichtlich ihrer rechtlichen wie politischen Tragweite sowie ihres zeitlichen Eintritts nicht dasselbe; aber man kann nicht sagen, eine EWR-Mitgliedschaft, die sachlich einen Grossteil der EU-Mitgliedschaft vorwegnimmt, sei substantiell ganz anders als diese. So verstehen es übrigens alle anderen EFTA-Staaten.

Wie dem auch sei, ein knappes Volksmehr für den EWR-Beitritt hätte ein Ständemehr noch lange nicht herbeigeführt. Es hätte zunächst einfach die konstitutionell vorprogrammierte Kollision zwischen den Grundsätzen der Demokratie (Mehrheit der Abstimmenden) und des Föderalismus (Veto der Kantone) klar zutage gelegt und zugleich das demokratische Prinzip in den Hintergrund gedrängt. Die Frage der Totalrevision der 120 Jahre alten Bundesverfassung lauert nachgerade an jeder Strassenecke. Nach 150 Jahren Zusammenleben in einem föderativen Staat verdient das demokratische Mehrheitsprinzip massvolle Stärkung.

Heute kann über die wahrscheinliche Verdichtung der Beziehungen der Schweiz zu Europa weniger ausgesagt werden als drei Jahre zuvor. Dass die Schweiz europatauglich ist, steht ausser Frage. Hinsichtlich ihrer wirtschaftlichen Leistungskraft, ihrer Infrastruktur, ihrer sprachlichen Voraussetzungen ist sie längst ein EU-Mitglied „par excellence". Die Frage der militärischen Sicherheit und der Neutralität als Mittel zur Wahrung dieser Sicherheit stellt sich erst allmählich, in dem Masse nämlich als Europa sich selbst ein Sicherheitskonzept und die dazu notwendigen Mittel gibt. Der Bundesrat ist sich der sich daraus ergebenden Wechselwirkungen jedenfalls durchaus bewusst. Hauptproblem bleibt für die Schweiz die Landwirtschaftspolitik, die indessen weniger von der Europäischen Union denn vom Gatt her bedroht wird. Auch hier scheinen, wenn nicht die Tage, so doch die Jahre einer altgewohnten, teuren und protektionistischen Ordnung gezählt.

Ist die Frage schweizerischer Europatauglichkeit einmal beantwortet, so ist diejenige nach der Europafähigkeit bloss noch eine Frage des Wollens. Ungezählt sind die Chimären, die in der Schweiz zwischen 1960 und 1990 fabriziert und kolportiert wurden, um uns einzureden, dass wir nicht können, als Chefbeamte unseres Landes ein halbes Dutzend und mehr „eherne Grundsätze" erkennen zu müssen glaubten, konstitutive Merkmale der Schweiz, an denen ein EU-Beitritt gewissermassen definitionsgemäss zu scheitern hätte. Einer nach dem anderen hat sich in Dunst aufgelöst. Ende Mai 1992 erklärte der Bundesrat in aller Form seine Bereitschaft zur Aufnahme von Beitrittsverhandlungen. In seinem im Dezember 1993 veröffentlichten jüngsten Bericht zur Aussenpolitik hält er am Beitrittsziel fest. Ohne es auszusprechen, erkennt er, dass die Integration der Schweiz in Europa – und das ist nun einmal der Beitritt zur Europäischen Union – keine Frage der Tauglichkeit, noch eine solche des Könnens, vielmehr eine Willensfrage ist.

Vorbehalten bleibt die Fortgeltung des eingangs erwähnten Bildes von Thornton Wilder: „Der Teppich der Geschichte enthüllt jedem Betrachter bloss eine Handbreit."

Deutschland in der Welt und in Europa – Folgerungen für die Schweiz

Deutschlands Stellung in der Welt und in Europa
Die Begriffe sind nicht ganz scharf zu trennen. Unter Europa verstehe ich hier einerseits das freiheitliche Nachkriegseuropa, andererseits sein erst etwa vier Jahre altes Ausgreifen nach Osten, also die von der Geschichte vorgezeichnete Repositionierung zugunsten der deutschen Einflüsse. Die Welt ist „der Rest".

Über die sich ständig verstärkende Stellung Deutschlands in ganz Europa braucht man viele Worte nicht zu verlieren. Sie ist evident. Deutschland findet unvermeidlicherweise zu der Potenz zurück, die es nach der Reichsgründung von 1870 angenommen hatte. Dass sich jene Einigung weder für Deutschland noch für Europa segensreich auswirkte, hat m.E. zweierlei Hauptursachen. Die erste lag darin, dass „die Welt" damals im wesentlichen unter älteren Kolonialmächten bereits verteilt war.

Das hat seine Folgen bis heute bewahrt: Deutschland hat weltweit noch keinen seiner wirklichen Potenz entsprechenden Namen. Gradmesser sind etwa die Vereinten Nationen. Das deutsche Bemühen, die WTO von Genf nach Bonn zu holen endete mit einem eklatanten Misserfolg. In der UNO ist Deutschland vorerst noch eine sehr grosse Schweiz, und ich bin mir gar nicht sicher, ob das deutsche Bemühen um ständige Einsitznahme im Sicherheitsrat schon bald Erfolg haben wird. Grossbritannien und Frankreich sind davon nicht begeistert, gerade weil *ihr* ständiger Sitz den neuen Realitäten nicht mehr entspricht. Bundeskanzler Kohl weiss dies und gibt sich gelassen.

In krassem Gegensatz zur bescheidenen Weltrolle wurde Deutschland nach 1870 – war das nicht konsequent? – zum *europäischen* „Kraftprotz", der die alte Ordnung in Europa durcheinanderbrachte. Die – negative – Wirkung wurde noch verstärkt, dass den Deutschen ganz einfach ihrer geographischen und damit emotionalen Lage wegen eine westlich-rationale *und* eine östlich-emotionale Seele eignet.

Das frühzeitige (Januar 1943) Beharren der Koalition gegen Hitler auf der bedingungslosen Kapitulation hatte zumindest *einen* bis heute zu wenig beachteten Vorteil: Indem dieser „vertragslose Zustand" der Willkür der Sieger Tür und Tor öffnete und dem für die Weimarer Zeit so charakteristischen Gefeilsche um Vertragsbedingungen den Boden entzog, war er auf westalliierter Seite – zuerst in den Vereinigten Staaten – der Vernunftbildung, vielleicht gar dem Gedanken der Ritterlichkeit förderlich. Davon gingen schon wenige Jahre nach Kriegsende jene entscheidenden Impulse aus, welche die Bundesrepublik rasch und solide in die Gemeinschaft westlicher Demokratien einbetteten und jenen „antitotalitären Konsens" (Joachim Fest) begründete, der mein Residenzland auszeichnet.

Was unverändert blieb, sind die deutsche Lage und Stärke. Indem die Gründungsväter der Europäischen Gemeinschaft die erste hinnahmen und die zweite eskomptierten, verpflichteten sie sich dem Gedanken der europäischen Integration, d.h. jener allmählich auf einen sehr föderalistischen Bundesstaat hinauslaufenden Verklammerung, welche *die Starken, allen voran Deutschland, einbinden* sollte, ohne sie den Kleinen zu unterwerfen. (Einigermassen genialer Ausdruck ist das gewogene Stimmenmehr im EU-Ministerrat.) Spätestens mit dem Postulat der Wirtschafts- und Währungsunion (Maastricht) wurde die Unausweichlichkeit der Politischen Union zwecks unwiderruflicher Sicherung der Einbindung unerlässlich. Dies war, nota bene, genau der Weg, den die Schweiz in den wenigen Jahren vor 1848 beschritten hat und der sowohl Zürich wie Uri gut bekommen ist.

Die gesamte westdeutsche Nachkriegspolitik war diesem Ziel verschrieben und ist es seit der Vereinigung erst recht, einfach weil die Vertiefung der Gemeinschaft jetzt noch dringender geworden ist. Die Zeit drängt, weil den Jüngeren das Bewusstsein der Kausalzusammenhänge abhanden zu kommen droht.

Handlungsbedarf der Schweiz
Der supranationale Gemeinschaftsgedanke ist die einzige Sicherung vor dem Rückfall in das Ränkespiel der Allianzen, das zum Ersten und folgerichtig zum Zweiten Weltkrieg geführt hat. Das Allianzdenken – entweder mit oder gegen Deutschland –, hat Europa in unserem Jahrhundert zweimal in den Abgrund geworfen. Dieses Denken *stärkt immer den Mächtigsten im Verband*, denn es ist auf Kündbarkeit angelegt. Es schlägt alle Erfahrungen in den Wind. Es handelt sich um den klassischen Reflex des 19. Jahrhunderts.

Der schweizerische Handlungsbedarf ist erheblich; er *muss* uns in die Europäische Gemeinschaft führen. Die Beneluxstaaten haben dies längst erkannt, während wir mit England liebäugeln, das zur divide et impera-Politik von ehemals überhaupt keine Mittel mehr hat. Frankreichs Politik ist paradox: Paris ist vom Allianzgedanken des „Europas der Vaterländer" seit de Gaulle nie recht losgekommen, ist dem Integrationsgedanken insofern innerlich fern geblieben. Aber es hat wenigstens erkannt, dass dieser Deutschland einbindet – für wie lange noch, ist die Frage. Deshalb drängt die Zeit. Es war de Gaulle's Politik des leeren Stuhls, der den Integrationsgedanken jahrelang zum Stillstand gebracht hat. Das könnte uns alle teuer zu stehen kommen; denn Deutschlands Attraktivität beruht nicht auf macchiavellistischen Winkelzügen; sie ist ein gewissermassen naturwissenschaftlicher Tatbestand.

Wenn ganz abgesehen von dieser alles überwölbenden Geometrie für die Schweiz auch ein bilateraler Handlungsbedarf gegenüber Deutschland besteht, so einfach deshalb, weil der überwiegende Teil der Schweiz eine besondere Ausformung der Deutschstämmigkeit ist. Dasselbe trifft für Österreich als Ganzes und für Tschechien teilweise zu. Deutsch ist die Kultursprache Mitteleuropas und ist dabei, das Französische auf dessen natürliche Grenzen zurückzudrängen. Auch diesbezüglich wächst die Geschichte eben nach. Eine Schweiz, die ihre Zugehörigkeit zu einem friedlichen, demokratischen, föderalistischen und wirtschaftlich liberalen Mitteleuropa scheut und auf der

Suche nach (nicht existierenden) anderen Optionen „auf Distanz" geht, leidet offensichtlich unter Identitätsproblemen. Mit anderen Worten sollten wir die Sache der deutschen Kultur im weiteren Sinne fördern, und zwar gerade *weil* diese mit verschiedenen Pässen ausgerüstet ist, während es gegenüber Frankreich immer nur Gefolgschaft gibt. Da bleibt unserer Diplomatie noch vieles zu tun.

Kurz: Einem Deutschland wie dem heutigen wird Europa, die Schweiz inbegriffen, so bald nicht wieder begegnen. Man soll die Feste feiern, wie sie fallen.

Bonn, den 12. September 1994

Wohin mit 75 Jahren?

Zum Jubiläum der Schweizer Monatshefte, Zürich, 4. Juli 1996

Warum nicht einfach: Wohin? Stellt sich die Frage nach der individuellen, nach der kollektiven Zukunft des Menschen nicht ungeachtet seines Lebensalters?

Ja und nein. Gewiss ist die Frage, wie wir unser Pfund verwalten, zunächst einmal gleichbedeutend mit der sorgsamen Wahrnehmung unserer Ressourcen im weitesten Sinne. Ich denke dabei nicht allein etwa an die vielberufenen Rohstoffe, vielmehr und vor allem an unser geistiges und seelisches Potential. Nennen wir das einmal die Kraft unserer Kultur. Aber diese Frage trifft den naiven Menschen anders als den erfahrenen. Das Erlebte, das Erschaffene wie das Unerreichte machen uns Heutige skeptisch, zuweilen so sehr, dass wird, um mit Gottfried Benn zu sprechen, der Hefe im Dunkel unseres Kruges nicht mehr gewahr werden.

Wer kurz vor dem Ende dieses Jahrhunderts seinen 75. Geburtstag feiert, ist erfahren, ist geprägt. Was bedeutet dies für eine in Zürich erscheinende Monatsschrift „für Politik, Wirtschaft und Kultur"? Werfen wir einen kurzen Blick zurück in dem Versuch, das Atmosphärische zu treffen:

Zürich, die grösste Stadt der Schweiz, war bis zum Ende des Ersten Weltkrieges stark von Deutschland geprägt. Der kräftigste Spross eines republikanischen und teilweise direkt-demokratischen Staatswesens in der Mitte des 19. Jahrhunderts und ein empfängliches Überlaufbecken für ein noch monarchistisches Deutschland tat sich durch seine Besonderheit alles andere als Abbruch. Ungeschmälert entwickelte sich diesseits wie jenseits des Rheins Selbstbewusstsein. Denn aus dem Komplementären entstand mancherlei Befruchtung.

Der Erste Weltkrieg setzte unser Land einer Zerreissprobe aus – der Name eines Carl Spitteler stehe dafür. Die Schweiz hatte sich nie zuvor so unerwartet andersgeartet als ihr politisches Umfeld gefühlt. Sie hatte sich irgendwie neu und dauerhaft zu definieren, und dies inmitten sozialen Unfriedens.

Zürich wurde von diesem Paradigmenwechsel stärker getroffen als andere Schweizer Städte, gerade wegen seiner jahrzehntelangen Prägung von deutschen Einflüssen auf Universität und Eidgenössische Technische Hochschule, auf die Wirtschaft sowie auf die Armee und deren gesellschaftliche Stützen. Man muss zuweilen daran erinnern, dass General Ulrich Wille sein Kommando nicht usurpiert hat, sondern als Ergebnis bundesweiter demokratischer Ausmarchung damit betraut wurde. Die Inschriften von Schweizer Studenten an den Karzerwänden der Universität Jena z.B. legen Zeugnis ab von der damaligen Anziehungskraft deutscher Hochschulen!

Und nun diese Ernüchterung, dieses voneinander Abgeschnittensein. In der Schweiz der Übergang zur sich vorantastenden pluralistischen Gesellschaft, jenseits des Rheins emotionale Öde, Beginn der Auflösung der alten Ordnung.

Die Gründung der *Schweizer Monatshefte* fiel nicht von ungefähr in die erste Nachkriegszeit. Die Herausgeber suchten zu vermitteln, bleiben dabei aber in den Zwanzigerjahren deutscher Vorkriegskultur verpflichtet, die mit den Ende des Ersten Weltkrieges – Stichwort: Versailles – aufs schwerste erschüttert dastand. Leicht konnte eine Neuorientierung nicht fallen. Das Bürgertum unserer Grossväter sah das von ihm Erschaffene von links stärker bedroht als von rechts. Das wusste Hitler auch und machte es sich zunutze. Aber Mitte der Dreissigerjahre nahmen die Abwehrinstinkte überhand. Dabei liessen die Zeiten und ihre Not dem Liberalismus nur schmalen Raum. Die Schweiz, die deutschsprachige zumal, igelte sich ein in enger Rechtgläubigkeit. So kam der *Heimatstil* zustande, nicht nur in der Architektur, sondern auch in Sprache und Kultur. Volkstümlichkeit zu Lasten alles Elitären.

Wir haben die durch den Krieg auferlegte Provinzialisierung in der deutschen Schweiz auch 50 Jahre nach Kriegsende nicht ganz überwunden. Das liberale Deutschland war vernichtet. Flüchtlinge wie der grosse Wilhelm Röpke machten noch keinen Sommer. Und wenn Zürich sich schwerer noch tat als andere Schweizer Städte, so vielleicht deshalb, weil für diese Stadt der Weg der Regression von weither kam. Ein Beispiel: Noch Anfang der Sechzigerjahre, als das Tonhalleorchester bei der Berufung eines neuen Chefdirigenten vor der Wahl stand, den Besten oder einen Schweizer zu erküren, wollte das Orchester den Besten, der Verwaltungsrat den Schweizer, eine aus Zwangsvorstellungen geborene Alternative, die es zuvor niemals gegeben hatte. Beide Wünsche waren zugleich nicht zu erfüllen. Wer sich durchsetzte, ist bekannt. Diese Regressionsphase scheint glücklicherweise überwunden. Die Zürcher Oper hat zu einem erstklassigen, europaweiten Ruf zurückgefunden; das Tonhalleensemble steht nach Jahren begründeter Scheu, im Ausland aufzutreten im Begriffe, sein europäisches Format wiederzufinden. Beide Institutionen leben vor, was jedem einigermassen Versierten schon immer einleuchtete: Das Potential der Kleinen liegt nicht in der Rolle des Sonderlings, der bloss aus sich selbst heraus lebt, sondern in derjenigen des Besonderen inmitten des Hauptstromes. Darin besteht seine Integrationskraft, in Europa nach wie vor ein gefragter Artikel. In der Literatur, im Theater kam die starke Betonung des Eigenständigen tatsächlich erst Ende der Fünfzigerjahre zur Wirkung. Emil Steiger, Friedrich Dürrenmatt, Max Frisch, sie gehörten noch der deutschsprachigen Welt. Die Zeche, zumal in Zürich, in dessen Umgebung ich neuen glückliche Jugendjahre verbracht habe, bezahlte die geistige Liberalität. Gewinner waren wirtschaftlicher Korporatismus, im übrigen weltanschauliche Rechtgläubigkeit. Es gab weder „Le Monde" noch „Die Zeit", die aus Anlass ihres Besitzerwechsels von einer sehr bedeutenden Schweizer Zeitung nicht ohne Anflug von Biederkeit „eine ganz gewöhnliche Wochenzeitung" genannt wurde. Rührt die neuerdings vielberufene Krise des Liberalismus nicht eben gerade daher, dass man die Abgrenzung zum allzu spezifischen Schweizertum durchaus unliberaler Prägung zu lange vernachlässigt hat und intellektuell anspruchsvolle Toleranz auf den Eidg. Dank-, Buss- und Bettag beschränkte?

Die *Schweizer Monatshefte* – und dies verdient hohe Anerkennung – haben stets Gegensteuer gehalten. Sie suchen – erst recht seitdem sie in neuem Gewande erscheinen – mehr Wahrheit durch mehr Dialog. Sie glauben an Überzeugungskraft durch die Fähigkeit zuzuhören, anstelle unreflektiert dasjenige als objektive Wahrheit zu verkünden, was im Grunde fein verpackte Ideologie ist.

Ein solcher Jubilar ist rüstig, und vielleicht tut gerade jetzt nichts so sehr not wie solche Rüstigkeit. Denn die heute lebenden Schweizerinnen und Schweizer stehen vor Grundsatzentscheidungen, die sich um so dringender stellen, als ein jahrzehntelanger Hedonismus sie zu verdrängen suchte. Ich will hier nur auf einige unter ihnen Schlaglichter werfen. Ein Hauptthema ist die Reform unserer Institutionen in einem europäischen Umfeld, dessen erfolgreiche Formierung für unser Land von schicksalhafter Bedeutung ist, ohne unseren Gewohnheiten dabei ganz zu entsprechen. Stichworte: Wieviel beschleunigender, aber auch dem Irrtum ausgesetzter „grosser Wurf" gegen wieviel bremsende „Bürgernähe"? Wieviel Subsidiarität? Wieviel Föderalismus gegen wieviel Demokratie? Wieviel direkte Demokratie, wieviel indirekte, repräsentative? (Dass wir auch in der Schweiz beides kennen, ist vielen Landsleuten nicht einmal bewusst.) Der Erfahrungssatz etwa hilft kaum weiter, der besagt, der Förderalismus funktioniere um so besser, als er nicht „von oben" erzwungen werde. Denn was tun, wenn er sich ohne Zwang überhaupt abmeldet? Dass dies keine bloss akademische Frage ist, zeigt die wachsende Desolidarisierung in unserem Land, genauer: Krasse Mängel in der Zusammenarbeit der Kantone und Gemeinden.

Vielleicht noch schärfer stellt sich die Solidaritätsfrage bei der Zurückbindung des Wohlfahrtsstaates. Dass seine bürokratischen Wucherungen einen grossen Teil der den Schutzbedürftigen und Förderungswürdigen zugedachten Mittel „en cours de route" wegfressen, dass sie die Energien des Einzelnen, sich selbst zu helfen, weitgehend lahmzulegen drohen und dass wir uns im Panzer der Umklammerung durch hoheitliche Regelungen selbst gefangen halten – daran zweifeln im Ernste die Wenigsten. Aber auch hier liegt das Heilmittel kaum in der wieder stark in Mode geratenen Beschwörung des Freiheitsbegriffs englischer Ökonomen des 18. Jahrhunderts und der Gründerväter der amerikanischen Verfassung. Die einen waren, nicht ungleich ihrer heutigen Apologeten, ja doch fast ausnahmslos gut betuchte Leute; die anderen verstanden unter der Freiheit des Menschen diejenige des weissen Mannes. – Tempi passati. Joachim Fest bemerkte zutreffend, die Sakralisierung des Vergangenen zeige stets kulturelle Abschwächung an.

Verschliesst man seine Augen nicht einfach vor der Tatsache, dass es auch heute noch eine ganz erhebliche Zahl unschuldig Benachteiligter gibt – Witwen und Waisen, Invalide und Chronischkranke, kurz: Versehrte – so stellt sich die Frage eigentlich recht einfach: Ist es möglich, Wohlfahrt so zweckmässig als eben möglich auf die unterste, bürgernächste staatliche Ebene zu verlegen und, weit besser noch, wieder vermehrt privater Solidarität anzuvertrauen? Dazu ist es mittlerweile spät, hoffentlich nicht *zu* spät geworden. Nicht zu spät, weil man es sich lieber nicht vorstellen möchte, dass die Reichen und die Angehörigen der Mittelschicht unberührt neben ungebührlich Vernachlässigten daherzuleben imstande sind. Wird man allerdings der wachsenden Tendenz gewahr, mit angehäuften Reichtümern im wahrsten Sinne des Wortes das Weite zu suchen, so erscheinen Zweifel an der Regenerationsfähigkeit privater Spende- und Teilungsbereitschaft erlaubt. Jedenfalls – bitte erlauben Sie mir, gewissermassen „off the record" und aus zweifachem Anlass diese Klammerbemerkung – fehlte mir die Überzeugung, auf „acht klare Fragen" eine einzige, „harte Anwort" zu geben, wie sich dies Herr Hans-Ulrich Doerig, Vizepräsident des Verwaltungsrats der Schweizerischen Kreditanstalt im Juniheft der Schweizer Monatshefte zugetraut hat. Nicht, dass ich mich zu jenen Träumern rechnete, die gewinnorientiertes Handeln anrüchig finden. Aber man steht in letzter Zeit nicht durchwegs unter dem Eindruck, Gewinnoptimierung diene auch einem anderen Ziel als eben der Gewinnoptimierung. (Vor allem wäre es zu wünschen gewesen, wenn solche Ratschläge nicht bei schlechter Beschäftigungslage, sondern vor zehn Jahren erteilt worden wären.) Zweifellos kann niemand an der amerikanischen Anpassungsfähigkeit und ihren günstigen Folgen auch für die Beschäftigungslage vorbeisehen. Nur stehen dahinter, wenn überhaupt, ganz andere Traditionen und Grundhaltungen als in Westeuropa. Der Kölner Dom – um nur dieses symbolhafte Beispiel zu nennen – hätte von Nomaden nicht gebaut werden können, auch nicht von solchen, die in Wohnwagen umherziehen.

Was uns Zentral- und Westeuropäern not tut, ist eine Wiederbelebung echter Genossenschaftlichkeit, deren gegenwärtige Ausprägung allzu stark zu protektionistischem Zünftlertum geschrumpft ist. Jawohl, wir benötigen eine neue Eidgenossenschaft im Sinne gegenseitiger Opferbereitschaft *und* wiederentdeckter Aufgeschlossenheit. Die Ingredienzen sind vorhanden. Materieller Erfolg hat sie in einen langen Winterschlaf gewiegt. Es darf nicht länger als vermessen gelten, nicht immer nur die Eiseskälte zu antizipieren, sondern auch dem Frühling zu vertrauen. Oder, ungegensätzlich ausgedrückt, übertriebene Risikoabsicherung schmälert bei gegebenem Vermögen die Investitionen in die Zukunft.

Es heisst, der Liberale sei der Freiheit und der Würde des Menschen verschrieben. Machen wir aus *„des* Menschen" *„der* Menschen", so sehen wir's schon genauer. Dann muss indessen die Freiheit des Einzelnen ihre natürlichen Grenzen im gleichwertigen Anspruch des Nächsten finden. Von da ist es bis zu der Folgerung eines Kurt Tucholsky: Freiheit sei die Fähigkeit, die Gitterstäbe seines Gefängnisses nicht zu berühren, nur ein kleiner Schritt.

Diese ebenso zynische wie profunde Folgerung wollen wir nicht ziehen. *Bekennertum* ist notwendig, aber sie hat auf die Erkenntnis zu folgen, nicht umgekehrt. Gemeint ist damit auch die Erkenntnis der bloss relativen Qualität unserer individuellen Wahrheitsfindung.

Darin drückt sich wirklicher, beständiger Liberalismus aus. Er darf den Vorzug für sich beanspruchen, durch Zuhörbereitschaft die Basis des Einvernehmens unter Trägern unterschiedlicher Meinungen mitzugestalten.

Wir bedürfen seiner im Sinne vermehrter Unvoreingenommenheit auch in Anbetracht bedrängender Fragen, die unsere Gesellschaft, im Gegensatz zu den eben skizzierten Problemstellungen, noch nie hat beantworten müssen. Ich denke vor allem an eine in der ökonomischen Entwicklungsgeschichte begründete Arbeitslosigkeit, die uns auch nach der Bewältigung struktureller Anpassungsprozesse in die Zukunft begleiten wird. Es wird darum gehen, dem Begriff der sogenannten Freizeitgesellschaft den negativen Anstrich des Müssiggangs zu nehmen. D.h. die zunehmende Entlastung von tagesfüllender, von ständig wiederholten Arbeitsgängen geprägter Beschäftigung mit einem neuen Sinn für kollektive Nützlichkeit zu erfüllen. Nichts vermöchte unseren Blick für die Bewältigung dieses Zukunftsproblems unglückseliger zu trüben als die bequeme Abstützung auf ideologische Überzeugungen früherer Zeiten.

Wenn unser Land eine lebenswerte Zukunft hat – und meine Lebenserfahrung bestätigt diese Annahme entschieden –, so in erster Linie deshalb, weil Übersichtlichkeit in der Quantität und Vielfalt in der Qualität uns jeden Tag zwei wichtige Voraussetzungen für das schliessliche Einvernehmen gewissermassen als Morgengabe vor die Haustür legen. Lassen Sie mich betonen; *schliessliches* Einvernehmen. Das ist etwas ganz anderes, anspruchvolleres als unser in den letzten Jahrzehnten aus reiner Bequemlichkeit geübter Herdentrieb, der dem Konsens ebenso eilig zustrebt wie das Vieh dem Stall. Der Einbildung, von vorneherein das allen Zumutbare zu erspüren, eignet etwas Primitives. Sie drückt überdies Intoleranz aus.

Ist die Hoffnung vermessen, der Liberalismus möge sich wieder vermehrt von diesen Einsichten leiten lassen, die den Ruhm der Aufklärung begründeten? Dies würde die Abgrenzung zum Fundamentalismus ganz links wie, unserer Sache gefährlicher, ganz rechts erleichtern. Mich dünkt, die *Schweizer Monatshefte* hätten sich dieser Aufgabe verschrieben. Das sichert keine Massenzuhörerschaft, aber Respektabilität, die auch Andersgesinnte zivilisiert.

Die Frage „Wohin mit 75 Jahren?" ist damit nicht beantwortet, wohl aber die des „Womit?", die Frage nach der Haltung. Grund genug, herzliche Glückwünsche auszusprechen, Zuversicht zu wünschen auch in der Bewältigung ungewisser Zukunft. Mehr bedarf es nicht.

Markus Kutter: Die Schweizer und die Deutschen

Ein Lehrstück

„Was die Schweizer an den Deutschen so stört, ist das Schweizerische an den Deutschen", hat Carlo Schmid, einer der führenden Köpfe der deutschen Nachkriegssozialdemokratie, Freund der Schweiz und einer der wenigen echten deutsch-französischen Brückenbauer im Geistigen einmal gesagt.

Markus Kutter, in Basel wohnhafter Historiker und als langjähriger Werbeberater zugleich mit unserer Zeit vertraut, trifft mit seinem nur 140 Seiten starken Büchlein[1] den wohl blindesten Fleck schweizerischen Geschichtsbewusstseins. In dichter, lapidarer, aber niemals unzulässig verkürzter Form erinnert er uns daran, dass die Zeit Napoleons, also zwischen 1790 und 1815 und, abnehmend, die dreissig darauffolgenden Jahre eminent geprägt waren von der von zahlreichen Persönlichkeiten südlich und nördlich des Rheins getragenen Idee eines gewissermassen alemannischen Staatenbundes. Kutter zeigt, dass die Übersetzung des Namens des heutigen Deutschland von einem Schweizer stammt, dass in der Schweiz der erste Verfassungsentwurf für ein republikanisches Deutschland gedruckt wurde und dass es ein Deutscher – nämlich der spätere Basler Heinrich Zschokke – war, „der in den ersten 40 Jahren des 19. Jahrhunderts willentlich und wissentlich den schweizerischen Nationalcharakter heranbildete". Seine stupende, durchaus allgemeinverständlich dargelegte Kenntnis des ausgehenden 18. und des anhebenden 19. Jahrhunderts eröffnen dem Leser eine ganz andere Kontinuität unserer Geschichte – inklusive ihrer inhärenten Gegenläufigkeit zu den grossen europäischen, politischen Gedankenströmen, als die allermeisten unter uns bisher wahrgenommen haben. Zu den letzteren gehört keinesfalls kulturelle Verschiedenheit; sie lassen sich vielmehr gerade um die Wende des 18. zum 19. Jahrhundert erklären durch das vorherrschend Dynastische auch im süddeutschen Raum. Dieses war letztlich mit dem republikanischen Selbstverständnis unter einen Hut nicht zu bringen. Wer dynastiefeindlich war, war unseren Vorfahren recht. So erklärt sich, dass es der Jenaer Professor Onken war, ein Freigeist, der den Schweizern vorwarf, sie „tobten als halsstarrige Despötlein gegeneinander", der 1833 erster Rektor der eben gegründeten Zürcher Universität wurde.

Bezeichnenderweise ist die kaum bekannte Tatsache, dass ein Peter Ochs, in helvetischen Schulbüchern noch heute als Lakai Napoleons verpönt und nur in dem damals von Basel-Stadt niedergedrückten Baselbiet anerkannt, mit offiziell hochgeachteten Mitschweizern wie Paul Usteri in Brieffreundschaft verbunden war.

Wie kann man sich unsere beinahe gänzliche Unkenntnis einer Epoche erklären, die der Geburt der modernen Schweiz zu Gevatter stand, eine Verdrängung, die durch

---

[1] Amman Verlag, Zürich 1995

die Abneigung des Parlaments, 1998 auch der Helvetik zu gedenken, demonstriert wird? Man denkt unwillkürlich an das Motto: „Was nicht sein darf, kann nicht sein."

Dürfte man nur einen einzigen Grund für solche Wirklichkeitsscheu angeben, so wäre dafür vielleicht an den wenig mehr als 100 Jahre zurückliegenden, durchaus arglosen Entscheid des Bundesrates zu erinnern, als Nationalfeiertag nicht das Inkrafttreten der ersten schweizerischen Bundesverfassung im September 1848, sondern die reichlich nebulöse Gründung der Alten Eidgenossenschaft Anfang August 1291 zu erküren. Der damalige Historismus, gewissermassen bewiesen durch Friedrich Schillers „Wilhelm Tell" und veranschaulicht durch unzählige naturalistische Bronzestatuen in öffentlichen Parks, hat Wesentliches dazu beigetragen, uns von der Geschichte „wie sie wirklich gewesen", abzukoppeln.

In Kutters Buch lässt sich derlei unschwer und einleuchtend nachvollziehen – beides auch deshalb, weil der Verfasser nicht richtet, sondern zu erklären sucht. Der Jurist wird einwenden dürfen, dass der Autor mit Begriffen wie Föderation, föderativ, Konföderation usw. etwas unpräzise umgeht, auch wenn dahinter die respektable Autorität eines Montesquieu steht. Daran wird in unserem Lande kaum jemand Anstoss nehmen, wo die rationale Analyse keinen erheblichen Stellenwert besitzt. Auch wird einem zumindest historisch stark interessierten Laien die kritische Frage erlaubt sein, ob Kutter den Ursprung jenes merkwürdigen Amalgamats von deutschschweizerischer kultureller Affinität und gleichzeitiger Abgrenzung nicht weiter zurückverlegt als die Wahrheitssuche es gebietet. Denn gerade etwa Zürich war ja doch in seinem auch von Kutter attestierten bürgerlichen Biedermeiertum bis in die ersten Hitlerjahre hinein in jeder Hinsicht, auch sprachlich, auf Deutschland ausgerichtet. Im Haus des Generals Wille wurde hochdeutsch gesprochen, und selbst ein so bedeutender Schweizer wie Max Huber empfand in seinen schon Mitte der Zwanzigerjahre verfassten Erinnerungen die Neutralitätsverletzung Belgiens durch die deutsche Westarmee 1914 als einen bedauerlichen Betriebsunfall vor dem Hintergrund der Gefährdung deutscher Kultur.

Die kulturelle Abgrenzung der Schweiz von Deutschland begann erst in den Dreissigerjahren, die sprachliche noch einmal eine Generation später, als gelte es, nachträglich einen Krieg zu fechten, der uns, als er wirklich stattfand, durch eine schwer entwirrbare Mischung von Vorsicht und Voraussehung in seinen schlimmsten Auswirkungen verschont hatte.

Doch dies sind marginale Einschränkungen. Markus Kutters Büchlein (im besten Sinne, denn es erspart dem Leser deutsche Weitschweifigkeit), ist ein Zeugnis baslerischer Neubesinnung, vor allem aber ein Lehrstück für ein geläutertes, unverkrampfteres schweizerisches Selbstverständnis – ein Selbstverständnis der eigenen Spezifizität und Identität im weiten Gehäuse europäischer Zugehörigkeit. Es wäre gut, wenn es von Politikern wie von Rekruten gleichermassen aufmerksam gelesen würde. Man atmet freier in der Wahrnehmung historischer Störung. Denn sie öffnet ein Fenster, gibt der Denkpause ihren wahren Sinn zurück: Pause um nachzudenken anstelle von Pause im Nachdenken.

Köln, den 22. September 1995

Welche Schweiz für Europa?

Manuskript zur Perspektivstudie: „Schlüssel zum 21. Jahrhundert"

Vorbemerkung
Dass eine von unserer Diplomatie angestellte aussenpolitische Analyse aus Anlass der 150-Jahrfeier der ersten Schweizer Bundesverfassung auch einen gewissermassen nach innen gekehrten Teil präsentieren sollte, ist meine persönliche Überzeugung. Ohne selbstkritische schweizerische Standortbestimmung läuft eine aussenpolitische Analyse eine doppelte Gefahr: Von aussen könnte uns entgegengehalten werden, wir seien „too lofty", zu abgehoben, zu sehr darauf aus, „dabei zu sein". Von innen aber hört man, schon bevor man zur Feder gegriffen hat, den Vorwurf: „Vielleicht gescheit, aber mit der Schweiz unvertraut".

Dahinter erhebt sich die einfache Frage, deren Beantwortung eine Kunst ist: Wo liegt der optimale Schnittpunkt der „bottom line" schweizerischer Identitätswahrung und des europäischen Anspruchs auf Einfügung in das Interesse der Mehrung des europäischen Gesamtpotentials? Denn diese ist Vorbedingung für das Überleben nationaler Spezifität in Europa.

Dieses Manuskript ist ein Essay, keine wissenschaftliche Abhandlung, für die einige Seiten ohnehin nicht entfernt ausreichen. Ein Essay verlässt sich – auf Risiko des Autors – auf dessen Eindrücke, und es lässt ein gewisses Mass an Bekennertum zu. Daher bezieht der Titel meines Beitrags – „Welche Schweiz für Europa?" – seine bescheidene Originalität.

Die Wirtschaft als notwendiger, aber unzureichender Gesichtspunkt
„Was bringt's?" ist heute die stets präsente erste (und oft auch die letzte) Frage an jeden, der Reorientierung empfiehlt. Sie drückt zweierlei aus: positiv das Bewusstsein, dass eine gesunde Wirtschaft – was auch immer dies bedeuten mag – die Voraussetzung zu wirklicher Wahlfreiheit ist. Negativ die irreführende Neigung, in wirtschaftlicher Potenz das Mass aller Dinge zu sehen. Solch einseitige Sicht breitet sich in Westeuropa wieder kräftig aus. Sie nimmt Friede, Sicherheit, gutes Einvernehmen in der Verfolgung eines gemeinsamen politischen Ziels, Wohlstand, Bewegungsfreiheit und Pluralismus ein für allemal „for granted". Das war der Irrtum der Gründer des Europa-Gedankens entschieden nicht. Diese kamen auf den Trümmern Europas zusammen. Sie hatten sich einer *politischen* Zielsetzung verschrieben. Auch Konrad Adenauer, Robert Schuman, Alcide de Gasperi und Paul Henri Spaak war die Frage präsent: „Was bringt's?" Aber sie dachten dabei nicht allein an klingende Münze.

Der lange Friede und seine Begleiterscheinungen haben die Europäer im Übermass zu Materialisten gemacht. Für die Schweiz gilt dies einer weitverbreiteten Ansicht zum Trotz nur in einem durchaus partikulären Sinne: Wegen ihrer Ressourcenarmut seit eh und je auf materielle Leistungskraft aus existentiellen Gründen angewiesen, ist sie aus dem Zweiten Weltkrieg unversehrt hervorgegangen aus einer durchaus existentiell-*politischen* Gefährdung. Sie mag dabei zuweilen der eigenen Vorsicht zu hohe Verdienste zugewiesen haben im Vergleich zur Vorsehung. Aber sie bestand den lebensbedrohenden Konflikt nun einmal erfolgreich, und zwar ohne Bereicherungsabsicht. Fast alle Schweizer haben ihren politischen Auftrag erfüllt – besser als ihre europäischen Bruderstaaten, die der totalitären Unterwanderung aus nicht allein topographischen Gründen entschieden willfährigere Opfer wurden als die Schweiz.

In Anbetracht dieses Erfolgserlebnisses kommt den Schweizern das „was bringt's?" in einem den schieren Materialismus weit übergreifenden Sinne begreiflicherweise leichter über die Lippen.

Allzu leicht, wobei der vorerst noch erträgliche wirtschaftliche Leidensdruck des „Andersseins" der latenten Unbekümmertheit oder gar Überheblichkeit immer wieder neuen Sauerstoff zuführt. Die schweizerische Arbeitslosigkeit z.B. ist (noch oder wieder) spürbar geringer als im benachbarten Ausland. Zu diesem Eindruck tragen freilich auch die Täuschungen der Statistik bei sowie die systematisch übersehene Tatsache, dass es sich auch bei der Arbeitslosigkeit weniger um ein nationales als um ein regionales Problem handelt. Man vergleiche etwa Baden-Württemberg mit Mecklenburg-Vorpommern, die Lombardei mit Sizilien. Hinzu tritt, dass die produzierende Exportwirtschaft eminent von der Konjunktur im Ausland abhängt, nicht von unserer eigenen. Nur der Ver-sicherungs- und Bankensektor scheint ungehindert zu gedeihen, und zwar letzterer um so mehr als die Menschen den politischen Entwürfen der europäischen Staatsmänner (der Euro-Währung zum Beispiel) so recht nicht trauen. Nun weiss freilich jeder, dass der Entfaltung der Schweiz als „safe haven" enge Grenzen gesetzt sind. Stichwort: Überbewertung des Schweizerfrankens.

Mit dieser letztgenannten Anspielung ist der „politische Link" hergestellt. Gemeint ist das Erfordernis politischen Zusammenwirkens im Europa der Europäischen Gemeinschaft. (Ein weiter ausgreifendes ist und bleibt vorerst Chimäre.) Bevor wir darauf eintreten, ist der weit verbreiteten Auffassung zu widersprechen, eine politische Gewichtung unserer Solidarität mit dem nun einmal von der Europäischen Union geprägten West- und Zentraleuropa stehe „a priori" im Gegensatz zu unserem traditionsreichen wirtschaftlichen Gebaren. Es ist nämlich quasi naturgesetzlich vorgegeben, dass jede Gesellschaft, sogar innerhalb ein und desselben Staates, aus ihrer Eigenart optimalen wirtschaftlichen Gewinn zu ziehen sucht. Dies bedeutet, dass die vergleichsweise hohe Arbeitsdisziplin der Schweizer, die wöchentliche Arbeitsstundenzahl, der unter dem europäischen Durchschnitt liegende jährliche Ferienanspruch, die viel geringere krankheitsbedingte Arbeitsabwesenheit etwa von einem Beitritt zur EU keineswegs tangiert würden. Zwar fordert eine streng konsequente Verlängerung des Europawährungsgedankens am Ende einheitliche Lohn-Nebenkosten, doch schiesst dieser rein ökonomische Gedanke an der Wirklichkeit vorbei. Denn eine genauere Beobachtung der Verhältnisse zeigt eindeutig, dass angesichts der grundverschiedenen Daseinsbedingungen in Europa jeder zusätzliche Vereinheitlichungsschritt die politisch-ökonomisch führenden Kreise dazu veranlasst, aus ihrer Restsouveränität das Beste herauszuholen und sich weiterführender Vereinheitlichung so lange zu widersetzen, als die heimischen

Bedingungen dies gebieten. Wenn die globale Entwicklung überhaupt einmal europäische Vielfalt unter ihr Joch zwingen sollte, so wird man nicht „Brüssel", vielmehr Europas Ohnmacht wegen ungenügender Bündelung seines Potentials dafür verantwortlich machen müssen.

Innenpolitische Gründe des Zugehörigkeitsmankos
Wir haben das politische Sonderschicksal der Schweiz, das im Bewusstsein seiner Bevölkerung noch nachlebt, bereits erwähnt, ohne Häme. Sein politisches Manko Europa gegenüber macht sich nichtsdestoweniger immer stärker bemerkbar. Wir werden als Sonderfall günstigenfalls noch geachtet, immer öfter aber beargwöhnt. Unsere jahrelangen Bemühungen um ein bilaterales Sonderarrangement, wie immer sie enden mögen, sind – das zeigt ihr Verlauf – bereits Ausdruck unserer zunehmenden Vereinsamung. Wir drohen nun einmal zu scheitern an der Auffassung unserer Verhandlungspartner betreffend des beidseitig vertretbaren Gebens und Nehmens. Man mutet uns mehr zu, weil man uns mehr zutraut. Man hat uns gewogen und – bisher – zu leicht befunden.

Die seelisch-geistigen innenpolitischen Gründe unseres Abseitsstehens wurden bereits skizziert. Sie taugen zu seiner Rechtfertigung „per se" wenig. Wir sind nun einmal die, als die wir unserer Umwelt erscheinen.

Der Hauptgrund für unseren Beharrungswillen liegt zwar auch, aber sicher nicht allein in unserem manifesten, vielleicht doch inzwischen irregeleiteten Selbsterhaltungstrieb, der sich eingedenk der Erfahrung der letzten 70 Jahre dem Festungsdenken verschrieben hat. Andere Völker kennen diesen Konservatismus der Basis ebenfalls. Der Unterschied liegt in unserer Adoration einer durchaus nicht ewigen, vielmehr höchstens 150 Jahre alten institutionellen Ordnung. Das ist die tiefe Verbeugung der Regierenden vor einem allmählich masslosen Föderalismus zu Lasten der (repräsentativen) Demokratie. Der vielgerühmte „Souverän" droht zum Instrument vordergründiger Interessen zu werden. Dem institutionellen Befund der Schweiz und der sich aufdrängenden Therapie seien die anschliessenden Überlegungen gewidmet.

Die Totalrevision der Bundesverfassung als politischer Imperativ
a) *Die Junge Geschichte der Demokratie*
Vielleicht hilft es weiter, zunächst etwas zu wirklich dauerhaften, also wesentlichen Zügen unserer Nation und auch unseres Bundesstaates zu sagen. Die Demokratie, zumal die *direkte*, gehört dazu gewiss *nicht*. Zu Zeiten der Gründung der Eidgenossenschaft und noch lange danach wurden unsere Städte und Talschaften teils von Patriziern, teils von Genossenschaften regiert. Sie wählten sich entweder durch Berufung aus dem eigenen Stand oder durch Wahlen innerhalb der Zünfte. Das Wort „Eidgenossen" drückt präzise auch, dass es eine besondere Eigenschaft, eine Auszeichnung war, „dazuzugehören". Der noch heute bestehende Aufbau der Staatsbürgerschaft „von unten nach oben" ist Ausdruck dieser uralten Ordnung.

Später fächerten sich die Wahlordnungen in Kantonen und Gemeinden auf. Allein das allgemeine (Männer-) Wahlrecht geht auf ausländische Einflüsse zurück, genauer: auf Napoleon I. Direktdemokratische Elemente, in deren Ausmass wir Heutigen uns besonders deutlich vom Ausland unterscheiden, kannte selbst die erste Bundesverfassung noch nicht. Sie sind auf Bundesebene nicht viel älter als 100 Jahre, von Grundrechten des Einzelnen zu schweigen. In den Kantonen war die direktdemokratische Tradition älter. Als vor 150 Jahren ihre Übertragung auf Bundesebene zur Diskussion stand, wurden die Befürworter von den Schöpfern der ersten Bundesverfassung mit Hohn und Spott übergossen. Es hiess: „Wie soll man die direkte Demokratie auf einen ganzen Staat von vier Millionen Einwohnern übertragen?"

b) *Hartnäckiger Föderalismus*
Das eigentlich *konstitutive Merkmal* unseres Landes ist der *Föderalismus*, genauer: die Gemeindeautonomie. Sie war in der deutschsprachigen Schweiz stets besonders fest verankert. In ihrer Verlängerung spiegelte sie sich in der Souveränität der Kantone wider, die dann 1798 mit der Alten Eidgenossenschaft in Kürze unterging und sich nie mehr erholte. Im Gegenteil: Auf den aussichtslosen Versuch der Restauration früherer Zustände folgte in weniger als zwanzig Jahren der entschlossene Aufbruch zum Bundesstaat. Die Entwicklung lässt sich, auf das Essentielle reduziert, wie folgt zurückverfolgen: Die erste industrielle Revolution führte zuerst bei den Ostschweizer Produzenten zur Überzeugung, dass ein erfolgreicher Absatz von Massengütern selbst im engen nationalen Rahmen ein einheitliches Zollsystem und eine einheitliche Währung voraussetzte. Beides rief nach einer Bundesregierung, deren Prärogativen eng umschrieben, aber konsequent gehandhabt wurden.

So kamen wir zu unserer ersten Bundesverfassung in kürzerer Zeit als die, welche zwischen den Römischen Verträgen, die 1958 die Europäische Wirtschaftsgemeinschaft schufen, und „Amsterdam" mitsamt der Euro-Währung liegt. Nebenbei sei erwähnt, dass es gerade die kleinen Schweizer Kantone nicht mehr gäbe, hätten sie sich 1848 nicht ihrer Souveränität begeben und dafür ein hohes Mass an *Autonomie* bewahrt.

Und so wurde die *Revolution* von 1848 (Revolution, weil bei der Abstimmung sechseinhalb Kantone mit Nein gestimmt hatten und dann „einfach" zwangsintegriert wurden) zur Geburtsstunde der modernen Schweiz, mit der denn auch deren Erfolgsgeschichte begann.

Diese durch unsere Schulen noch lange nicht hinreichend vermittelten, einfachen Zusammenhänge legen den Schluss nahe, dass wir Schweizer unseren Föderalismus nach 1848 *verwesentlicht* haben. Nimmt man das oben unter a) Gesagte hinzu, ist doch wohl die Frage erlaubt, woher wir eigentlich unsere noch immer tiefverwurzelte Überzeugung beziehen, unsere Schweiz sei schon immer so gewesen, wie sie sich heute dem Europa von morgen darstellt, und dies müsse unsere europäische Umwelt, ja der gesamte Globus nun einmal begreifen.

Welche Schweiz für Europa? 91

c) *Das Kollegialprinzip als Zeichen des Ungenügens*
Wir bekunden grosse Mühe, über das Kollegialprinzip hinauszudenken. Dies entspricht denn auch alter eidgenössischer Tradition und ist eben institutioneller Ausdruck des überaus hartnäckigen Föderalismus. Indessen werden seine Grenzen infolge seiner Unwirksamkeit von Jahr zu Jahr deutlicher. Immer wieder glauben wir wichtige ausländische Besucher – alleinige Entscheidungsträger – damit besonders zu ehren, indem wir ihnen einen Empfang durch eine „bundesrätliche Delegation", sprich: durch mehrere Bundesräte bereiten. Während wir darin den Beweis landesweiter Akzeptanz des jeweiligen Staatsgastes erkennen zu dürfen glauben, sieht der Besucher darin ein Eingeständnis mangelnder persönlicher Kompetenz, Verantwortung und Urteilskraft des Gastgebers. Man vermutet hinter dem „Empfangskomitee" nicht zu Unrecht eine Verwischung der Zuständigkeit und reist ab mit dem Gefühl, in der Schweiz seien offenbar alle für alles gemeinsam verantwortlich, genauer gesagt: niemand für nichts.

d) *Totalrevision der Bundesverfassung als Selbstkorrektur einer innovativen und zugleich dem Zünftlerdenken verschriebenen Schweiz*
Dass wir von unserem europäischen Umfeld kaum mehr hinlänglich verstanden werden, bedarf nach unseren redlichen, aber wenig ertragreichen Bemühungen der letzten Jahre um Annäherung an die Europäische Union schwerlich eines Beweises. Wir kommen mit unserem perpetuierten Selbstverständnis ganz einfach „nicht an". Dass wir unsere Identität *nicht* als ein- für allemal vorgegeben zu halten brauchen, hoffen die vorangehenden Deutungsversuche dargelegt zu haben. So besteht helvetischer *Handlungsspielraum ohne Selbstaufgabe*. Gewiss ändert sich die Genetik eines Volkes wesentlich langsamer als wirtschaftliche Konjunkturabläufe. Und doch gibt es, wie die Entwicklung vor und nach 1848 zeigt, institutionelle Kanalisierungen, die uns weiter helfen können – weiter helfen *müssen*, weil es nun einmal den viel beschworenen Mittelweg des „Dabeiseins ohne dabei zu sein" nicht gibt.

Der Schluss dieses Essays will aufzeigen, wo institutioneller Handlungsbedarf ohne Gefahr des Verrates an unserem Wesen liegt.

Als wir uns vor 150 Jahren die erste Bundesverfassung gaben, besassen ihre Schöpfer die Klugheit, die vor den Kopf gestossenen, vornehmlich kleinen und ländlichen Kantone in ihrem Schreck über die verlorene Souveränität zu beruhigen. Zu diesem Zwecke wählten sie zum einen für das neue Staatsgebilde, eine klassische Föderation (Bundesstaat), die irreführende Bezeichnung *Konf*öderation (Staatenbund). Zum anderen – bedeutender – schufen sie neben dem demokratisch gewählten Nationalrat eine Kantonskammer, den Ständerat, und sie verliehen ihm exakt dasselbe Gewicht wie dem Nationalrat, was im Streitfall den Verneinern eben ein Übergewicht gibt. Es ist nicht Absicht des Unterzeichneten, die Verdienste der beiden Kammern gegeneinander aufzuwiegen. Aber der Hinweis lässt sich kaum widerlegen, dass der Ständerat alles in allem das bewahrende, konservative Element der gesetzgeberischen Maschinerie ist. Hinzu tritt die Frage, ob es 150 Jahre nach der Gründung des Bundesstaates noch geboten ist, die Betonung derartig einseitig auf die Vielfalt zu Lasten der demokratisch ermittelten, mehrheitsfähigen Einheit zu legen.

Mit anderen Worten: Der Einfluss von Ständemehr und Ständerat ruft nach massvollen Korrekturen zugunsten der Demokratie. Das kann auf vielfältige Weise geschehen und braucht durchaus nicht in einen sterilen Streit zwischen Jakobinern und Föderalisten zu münden. Man könnte etwa ein Nein des Ständerates einer zweiten Lesung mit qualifiziertem Mehrheitserfordernis unterwerfen. Man könnte auch die Zustimmung des Ständerates auf diejenigen Sachgeschäfte beschränken, die eindeutig auch kantonale Kompetenzen berühren. Letztere wäre in etwa die Lösung des deutschen Grundgesetzes.

Desgleichen bedarf die *direkte* Demokratie einer gewissen Verwesentlichung, zuallererst durch die Abschaffung des obligatorischen Referendums. Wer seinen politischen Rechten Nachdruck verleihen will, möge ein persönliches Interesse daran bekunden.

Im übrigen sollte das Zustandekommen auch des fakultativen Referendums wesentlich erschwert werden, um das Parlament endlich vor seine in der Regel *abschliessende* Verantwortung zu stellen. Zur Ergreifung von Initiativen dagegen sollten die Stimmberechtigten durch Zurückhaltung bei der Festsetzung der Unterschriftszahlen eher ermuntert werden; denn gegen Initiativen seitens der „Basis" lässt sich in einer richtig verstandenen Demokratie nicht viel einwenden.

Und schliesslich bedarf unser auf dem Kollegialprinzip beruhendes Regierungssystem einer unvoreingenommenen Prüfung. Der Bundesrat muss im Rahmen des periodisch wiederkehrenden Kontrollmechanismus (Wahlen und Abstimmungen) seine Handlungsfähigkeit dringend zurückgewinnen. Seit Jahrzehnten sucht er, bewusst oder unbewusst, den kleinsten gemeinsamen Nenner, um das geringstmögliche Risiko einzugehen. Die Inkaufnahme des letzteren ist nun aber ein klares Zeichen für die Gesundheit der politischen Verhältnisse. Das stets wiederholte Abstellen auf Schulterschluss mit einer vermuteten Volksmehrheit, verbunden mit referendumpolitischen Exzessen und der retardierenden Wirkung eines im Zeitalter internationaler Vernetzung nicht mehr angemessenen Föderalismus erzeugt genau jene notorische „perte de vitesse", die uns im europäischen politischen Rahmen als Mitgestalter disqualifiziert.

Aber nicht allein der Bundesrat als Kollektiv muss seine Handlungsfähigkeit zurückgewinnen, vielmehr scheint es keine Alternative zu geben in der Notwendigkeit, die Verantwortung an der Spitze unseres Systems genauer zu lokalisieren und zu hierarchisieren. Dazu genügt die in jüngster Zeit herumgebotene Idee, das Amt des Bundespräsidenten zu verlängern und mit minimalen Weisungsbefugnissen zu versehen, in keiner Weise. Vielmehr kommen wir um die zuweilen der Quadratur des Kreises gleichende Überlegung nicht herum, wie wir das Amt eines *Ministerpräsidenten* mit unserem föderalistischen Credo in Einklang bringen. Dabei dürfte es sich um das schwierigste aller Reformprojekte handeln. Allein, wenn die Alternative die allmähliche Selbstdrosselung ist, so ist der Überlebens- und Mitgestaltungswille doch wohl „eine Messe wert".

Welche Schweiz für Europa?

Die hier aus Platzgründen nur angedeuteten Reformen rühren an tief eingefahrene, indessen, wie wir gezeigt haben, durchaus nicht durchwegs wesensbedingte *Gewohnheiten*. *Wir* neigen dazu, daraus den an unsere Umwelt gerichteten Anspruch herzuleiten, Europa müsse halt warten, bis *wir* so weit sind. Derlei kann auf die Dauer nicht gutgehen; denn soweit reicht der gesamteuropäische Goodwill eben nicht mehr. Wir müssen so unfeierlich als möglich die Vorstellung begraben, „dabei zu sein, ohne dabei zu sein".

Welche Schweiz für Europa? Bisher haben wir stets an jenem diffusen Bild eines Staates festgehalten, der sich aus einer Vielfalt von föderalistischen, direktdemokratischen und aus dem Kollegialprinzip hervortretenden Kraftlinien recht ungenau ordnet und definiert, genau wie aus Anlass des Westfälischen Friedens 1648 und des Wiener Kongresses 1815. Mehr und mehr aber will die Welt von uns wissen, wo wir und wofür wir denn nun eigentlich stehen. Diese Frage müssen wir zuallererst an uns selbst richten. Die Antwort darauf wird die Stunde der Wahrheit sein.

Bonn, den 24. November 1997

Vermächtnis und Gestaltungsauftrag

Gedanken zur Bundesverfassung
(„Neue Zürcher Zeitung" vom 29./30. Juni 1996)

Verfassungen sind so etwas wie geronnene Rechtsentwicklung. Sie sind der Aggregatzustand geschichtlicher Erfahrung, eingebracht in bestimmte Institutionen. Dazu gehören beispielsweise die repräsentative und die direkte Demokratie, der Föderalismus, das Ausmass partikulärer Autonomie, Selbstverantwortung der Gruppen, schliesslich und vor allem die persönliche Freiheit. All dies, einmal erfahren und gegeneinander aus- und aufgewogen, soll den trügerischen Winden temporärer Moden entzogen, soll *festgeschrieben* werden. Insofern ist eine Verfassung *Vermächtnis*.

Indessen sind nicht alle politischen Entwicklungen in Bestehendes einzuordnen. Wer hätte beispielsweise 1950 an die entstehende Drittstaatenwelt gedacht, wer an die solide Aussöhnung der Kriegsteilnehmer in Westeuropa, erst recht an die allmähliche Integration seiner Staaten? Wer wagte noch 1985 den Zusammenbruch der Sowjetunion vorauszusagen, der freilich manche der von ihr während 45 Jahren bevormundeten Staaten dazu veranlasste, zunächst einmal ihren nationalen und regionalen Gefühlen Luft zu machen – auf schreckliche Weise in ex-Jugoslawien? Wer hat andererseits noch 1960 die unerhörte internationale Vernetzung so wichtiger Lebensbereiche wie Verkehr, Telekommunikation, Energieversorgung usw., welche die Autonomie der daran Teilnehmenden drastisch einschränkt, mehr als erahnt? Der Zug zur Internationalisierung, ja Globalisierung der gegenseitigen Abhängigkeit kann wohl nur wachsen. Sie macht vor keiner Souveränität halt. Selbst in Granit gemeisselt kann dieses Wort zur unverständlichen Chiffre werden.

Deshalb hat jede Verfassung auch einen *Gestaltungsauftrag* wahrzunehmen.

Verfassungsverständnis und wirkliche Geschichte
Nicht wenige Landsleute, und zwar verteilt über das gesamte politische Spektrum, hegen ein nur schwach ausgebildetes Bedürfnis nach einer Bundesverfassung. Sie denken, wenn man vermittels des Referendums das eine verhindern, mit der Initiative das partikulär Wünschbare durchdrücken könne, sei ihren höheren Werten Genüge getan. Durchgehender, klarer, allgemeinverständlicher Grundsätze bedürfe es nicht.

Dass der Teilrevisionsentwurf des Justizdepartements solcher Verlotterung einen Riegel vorschiebt, verdient schon Anerkennung.

Das Gros der Schweizer sieht in der ersten Bundesverfassung von 1848 so etwas wie den Schlussstein einer konsequenten, mehr als ein halbes Jahrtausend alten politischen Entwicklung, also in weit überwiegendem Masse *Vermächtnis*. Das ist ein arger Irrtum. Es wäre interessant, der Frage nachzugehen, ob daran nicht der bundesrätliche Entscheid aus den Neunzigerjahren des letzten Jahrhunderts Mitverantwortung trägt, als

Vermächtnis und Gestaltungsauftrag – Gedanken zur Bundesverfassung

die Landesregierung, nationalstaatlichen europäischen Bedürfnissen nachgebend, ihrerseits einen Nationalfeiertag zu finden hatte und dabei, das Datum der Inkraftsetzung der Bundesverfassung von 1848 wegen deren jungen Alters scheuend, auf die vor allem beim damaligen Wissensstand einigermassen nebulöse Gründung der Eidgenossenschaft Anfang August 1291 zurückgriff, was den Bronzegiessern im Lande für die Schaffung mancher rührender Parkfiguren eine schöne Konjunktur verschaffte. Die Inschriften beschworen Freiheit, Volksherrschaft, Föderalismus, Genossenschaftlichkeit und einiges mehr.

In Wahrheit ist der *Föderalismus das einzige geschichtlich durchgehende Prinzip unseres Staates*, und dieses hat sich denn auch bis heute als äusserst resistent erwiesen – also wieder Vermächtnis. Dass die anstehende Teilrevision sich mit der Einführung eines Bundesprozessrechts einen besonders grauen Zopf des Föderalismus zu stutzen vorgenommen hat, ist zu begrüssen. Dieses Reformstück dient nicht der Uniformierung, sondern der Rechtsgleichheit, der Klarheit und auch der Einschränkung der Prozesskosten.

In gerafftester Form kann man zur Entwicklung der Schweiz zwischen 1291 und 1848 vielleicht soviel sagen: Am Anfang stand die Demokratie so wenig wie im übrigen Europa. Am Anfang stand – der Name sagt es – die *Eidgenossenschaft*, das lange nicht allen Bewohnern offene Recht, am Eid teilzunehmen. Die Tal- und Gemeindeoberen, umgeben von angesehenen Bürgern, vertraten die Machtfülle, die anderswo der Adel ausübte. Bei auf den heutigen Tag ist davon in der Person des Gemeindepräsidenten in kleineren Gemeinden namentlich des deutschschweizerischen Alpen- und Voralpengebietes manches übriggeblieben. Das immer noch bestehende Vorrecht der Gemeinden in Fragen der Einbürgerung mit allen daraus folgenden Ungleichheiten legt davon weiterhin Zeugnis ab. Ganze Landstriche verfügten über gar keine politischen Rechte, z.B. das Tessin (sogenannte Gemeine Herrschaften), Aargau, Thurgau. In den Städten bildeten sich allmählich korporative oder patrizische Herrschaften heraus, an denen teilzunehmen einen mehr oder weniger langen Aufenthalt – in der Regel einen langen – einschliesslich der Steuerpflicht voraussetzte. Also wenig Gleichheit, wenig Demokratie. Es verdient festgehalten zu werden, dass gerade nach der endgültigen Anerkennung schweizerischer Eigenstaatlichkeit auf dem Westfälischen Frieden 1648 keine wesentliche Entwicklung mehr einsetzte. Droht unserem Land, einmal „in Ruhe gelassen", Erstarrung?

1798 trafen die einfallenden napoleonischen Truppen auf nur noch sporadischen Widerstand. Die Alte Eidgenossenschaft war am Ende. Wie beinahe überall, suchte sie sich 1815 nach der Ausschaltung Napoleons noch einmal zu etablieren – vergeblich.

Was folgte, war wohl der stolzeste Abschnitt unserer Geschichte – und der am wenigsten bekannte: Zu Beginn der ersten kontinentaleuropäischen Industrialisierungswelle wurden sich die Frühindustriellen – hauptsächlich die Zürcher und St. Galler Liberalen – rasch gewahr, dass Massenabsatz einen gemeinsamen Markt voraussetzte. Das war die schweizerische EWG. Diese bedurfte, um zu funktionieren, der Abschaffung der Zölle und der Angleichung der Währungen. Um wiederum dies zu gewährleisten, war eine wenigstens minimal ausgerüstete Zentralbehörde unerlässlich.

So kam es zur ersten Bundesverfassung von 1848 – verblüffend die Ähnlichkeit zur bedeutend gemächlicheren Entwicklung der europäischen Integration von der EWG bis zur Währungsunion. Übrigens ist diese Wandlung vom Staatenbund zum Bundesstaat wieder nicht auf demokratische Weise zustandegekommen: Den im Sonderbundkrieg unterlegenen katholischen Kantonen, die gegen die neue Verfassung stimmten, hat man sie einfach aufoktroyiert. Gereut hat sie dies ein paar Jahrzehnte später nicht. Wo wären heute die innerschweizer Kantone ohne den Bundesstaat?

So ist unser Land eigentlich stets durch äussere Anstösse zu grossen institutionellen Fortschritten gekommen. Darauf wird in Zusammenhang mit der direkten Demokratie zurückzukommen sein. Hier nur soviel: Die Verfassungsschöpfer von 1848 wollten eine Regierung und ein Parlament. Von Volksrechten war damals die Rede noch nicht, vom Staatsvertragsreferendum ebensowenig. Nicht gerade vielen ist diese Tatsache bewusst. Auf jeden Fall räumt sie mit dem landläufigen Bild eidgenössischer Kontinuität auf.

Vermächtnis und Gestaltungsauftrag der ersten Bundesverfassung

Die Schöpfer unserer ersten Bundesverfassung waren, wie der General Dufour, kluge Leute. Dieser befahl seinen Truppen ein schonendes Vorgehen, so dass am Ende des kurzen Bürgerkriegs bloss ein paar Dutzende Tote zu beklagen waren. Die Zivilisten, die den militärischen Erfolg in die Verfassung umsetzten, waren ihrerseits weit davon entfernt, sich ihren Sieg politisch rücksichtslos zunutze zu machen. Die Zusammensetzung des Ständerats und seine völlige Gleichsetzung mit dem Nationalrat, ja die sachlich und staatsrechtlich falsche Weiterbenennung des frischgebackenen Staatswesens als *Konföderation* – obwohl gerade diese eben erst zugunsten des *Bundesstaates*, also der Föderation zu Grabe getragen worden war – sind unmittelbar Ausdruck der Rücksichtnahme auf die Unterlegenen. Gewiss stand der Neuschöpfung auch die um nur rund fünfzig Jahre ältere amerikanische Verfassung zu Gevatter, doch hinkt der Vergleich insofern, als die Amerikaner sich einen mit ganz erheblichen Befugnissen ausgestatteten Präsidenten gaben, der unserem System selbst in Ansätzen fehlt.

Unsere erste Bundesverfassung hat also durchaus ein *Vermächtnis* wahrgenommen, das Vermächtnis nämlich eines uralten Föderalismus. Dessen zunehmende Konfliktgefahr mit dem eben eingeführten Grundsatz demokratischer Mehrheitsentscheide war indessen von vornherein eingebaut. Viele Mitbürger sind sich allerdings bis heute nicht bewusst, dass zwischen *Demokratie* und *Föderalismus* ein unaufhebbarer *Zielkonflikt* besteht. Die 1848-er-Verfassung war eben ein ganz kühner Wurf, und das Teilvermächtnis, das aus der Achtung vor dem Föderalismus hervorging, war unabdingbarerweise *auch* Gestaltungsauftrag, weil Föderalismus (also das Vetorecht der Kantone von geringer Bevölkerungskraft) und Demokratie (also Mehrheitsentscheide) in einem von der Zukunft stark beeinflussten, immer wieder korrigierten Gleichgewicht zu halten waren. Darin bestand der *Gestaltungsauftrag*.

Die seitherige Verfassungsentwicklung

Was danach kam, mögen die einen „Kontrolle des Leviathans", die anderen „Korsettierung der Handlungsfähigkeit des Bundes" nennen. Gemeint ist dasselbe, nämlich die schrittweise Ausweitung der Volksrechte. Die Entwicklung wurde kürzlich in der NZZ sachlich korrekt dargestellt anhand der Einführung des Staatsvertragsreferendums vor 75 Jahren bis zu dessen weiterer Ausgestaltung im Jahre 1977[1]. An der Bewertung freilich sind ernste Bedenken anzubringen. Denn ob man es wahrhaben will oder nicht: das Bemühen, die zunehmende internationale Verflechtung durch deren Einbindung in den innerstaatlichen, nicht nur repräsentativ-demokratischen, sondern gar direktdemokratischen, vorgegebenen Rechtsetzungsvorgang zu „zähmen", ist ja nun einmal nichts anderes als eine *Unterordnung* der Aussenpolitik unter die Innenpolitik, etwas, das noch hundert Jahre zuvor – also zu einem Zeitpunkt, als die Gefahr der Aushöhlung schweizerischer Souveränität noch kaum bestand –, von so bedeutenden Männern wie Alfred Escher und Bundesrat Welti als „bedenklich, ja sogar lächerlich" genannt wurde. Bedenkt man, dass der Anlass zur Einführung des Staatsvertragsreferendums, der Gotthardvertrag von 1909, sich für die Schweiz als äusserst weitblickend und segensreich erwies und den Initianten des ersten Staatsvertragsreferendums, die mit überlieferten Grundsätzen besser umzugehen wussten als mit der Zukunft, in jeder Hinsicht Unrecht gegeben hat; bedenkt man ferner, dass das 1977 erweiterte Staatsvertragsreferendum die Abhängigkeit unseres Landes in keiner Weise geschmälert, wohl aber Träumen Vorschub geleistet und unserer Regierung bei der institutionellen, den Interessen der Schweiz dienenden Ausgestaltung ihrer Beziehungen zu Europa grosse Schwierigkeiten bereitet hat, so darf man wohl fragen, ob dem Ausbau der Volksrechte nicht vielleicht ein weit schmerzlicher Abbau auf anderen Kerngebieten unseres Staatswesens erwachsen ist.

Man muss die Frage stellen, ob der schweizerische Bundesstaat, 1848 so glücklich und erfolgreich entworfen, seit etwa 80 Jahren nicht sukzessive von direktdemokratischen und staatenbündlerischen Tendenzen *zurückgedrängt* wird. Neuerdings entdecken die Kantone gar wieder ihren Appetit auf aussenpolitische Mitgestaltung. Derlei setzt das Landesinteresse als Ganzes aufs Spiel.

Totalrevision der Bundesverfassung zur Herstellung eines neuen Gleichgewichts
Neben der formalen Überarbeitung der geltenden Verfassung und der Einführung eines Bundesprozessrechts setzt sich das Teilrevisionsprojekt wieder mehr aussenpolitischen Handlungsspielraum zum Ziel und sucht diesen durch zusätzliche, direktdemokratische Prärogativen auf innenpolitischem Gebiet zu kompensieren. An der guten Absicht des Bundesrates ist nicht zu zweifeln. Wohl aber ist die Frage erlaubt, ob ein Geben und Nehmen in einem so engen Teilbereich staatlichen Handelns der Sache überhaupt gerecht zu werden vermag. Und „die Sache" ist nichts anderes, als im Lichte der tiefgreifenden nationalen und internationalen Entwicklungen die innerstaatlichen schweizerischen Grundwerte wie Föderalismus, repräsentative und direkte Demokratie *untereinander* sowie alle diese mit ausreichender Handlungsfähigkeit der Behörden nach aussen in *ein neues, vorläufig ausgewogenes Gleichgewicht zu bringen*. Darum geht es, also um Respekt vor dem Vermächtnis, aber mehr noch um den Gestaltungsauftrag. Diesem komplexen Thema sei der letzte Abschnitt gewidmet – auf die Gefahr hin, dass manche, des selbstkritischen Nachdenkens seit langem entwöhnt, gleich wieder von Bau-

---
[1] „Der demokratische Ausbau in der Aussenpolitik", NZZ Nr. 24 vom 30. Januar 1996

ernfängerei sprechen. Ich möchte mich auf das konzentrieren, was jenseits des Teilrevisionsprojekts des Justizdepartements liegt, denn dort liegt der „dicke Brocken".

Die geltende Bundesverfassung hat, unbeschadet ihrer vielen Teilrevisionen, ermöglicht von teilweise mythischen Vorstellungen siebenhundertjähriger Kontinuität, am Verhältnis zwischen National- und Ständerat, also zwischen Demokratie und Föderalismus nie etwas geändert. Sie hat zudem – auch ausserhalb des Staatsvertragsreferendums – das direktdemokratische Element gegenüber der indirekten, repräsentativen Demokratie in einer Weise gefördert, die manche Mitbürger vergessen lässt, dass auch unsere Demokratie, wie diejenige vieler anderer Länder, in der Praxis weit überwiegend indirekt ist. Zu diesen beiden Problemkomplexen die folgenden Überlegungen:

Neugewichtung zwischen Demokratie und Föderalismus
Wie weiter oben erwähnt, haben die Gründungsväter des Bundesstaates National- und Ständerat einander gleichgestellt. Dass sie mit der sehr starken Stellung des Ständerates ein früheidgenössisches Vermächtnis aus der Zeit des Staatenbundes wahrnehmen wollten, ist unbestreitbar, ebenso wie die oft verdrängte Einsicht, dass der Staatenbund der Alten Eidgenossenschaft ja gerade an seiner längst überlebten Schwerfälligkeit zugrunde ging. Sie wollten damit aber auch, wie ausgeführt, den Schock der Niederlage der Sonderbundkantone lindern. Indem sie erstmals und gleichzeitig die Demokratie bundesweit verankerten, lösten sie einen Zielkonflikt aus. Dieser blieb solange gebändigt, als das Mehrheitswahlrecht dem Freisinn weitgehend freie Hand liess.

Die Einführung des Proporzwahlrechts, d.h. der Einzug des Parteienpluralismus ins Parlament nach dem Ersten Weltkrieg, musste den Konflikt zwischen Demokratie und Föderalismus dann aber ausbrechen lassen. Seither wurde er immer stärker akzentuiert durch das Wachstum der Städte, dass sich in einer überproportionalen Bevölkerungszunahme der städtischen Kantone niederschlägt. Hätte am 6. Dezember 1992 die wichtige EWR-Abstimmung auch nur ein halbes Prozent mehr Befürworter hinter sich vereinigt, so wäre es gewissermassen zum Eklat gekommen. Vieles spricht dafür, dass es *tatsächlich zum Eklat kommen wird*, sollte über den EWR noch einmal abgestimmt werden.

Nachdem der schweizerische Bundesstaat sich mittlerweile während 150 Jahren konsolidiert hat, drängt sich die Frage auf, ob es nicht an der Zeit sei, der *Demokratie im Bund gegenüber dem Föderalismus etwas mehr Gewicht zu verschaffen*. Das müsste mit Augenmass geschehen, denn es kann nicht darum gehen, das föderalistische Vermächtnis auszulöschen. Denkbar wären: eine bereits vorgeschlagene Staffelung der Zahl der Ständeräte in Funktion kantonaler Bevölkerungsstärken, das Erfordernis eines qualifizierten Nein im Ständerat bei Vorliegen eines einfachen Ja im Nationalrat und dies möglicherweise in Verbindung mit dem Erfordernis einer zweiten Lesung referendumspflichtiger Erlasse. Auch wäre zu überlegen, ob unsere Ständeräte nicht im Auftrag ihrer Kantonsregierungen tätig werden sollten. Das bestehende Erfordernis, auch Ständeräte seien einzig ihrem Gewissen verpflichtet, wirkt doch reichlich fiktiv und entspricht im Grunde auch nicht der Natur der kleinen Kammer, die nun einmal die Kantone vertritt.

Ist der Trend einmal vorgezeichnet, so lasst er sich durch eine Anzahl *massvoller Korrekturen am bestehenden System* verwirklichen. Leider verschreiben sich allzu viele Schweizer einem *merkwürdigen Fundamentalismus*, sobald es um institutionelle Reformen geht. Befürworter derselben gelten dann allesamt als dem Zentralismus verfallene Jakobiner. Wer in solcher Verdammung eigene Standhaftigkeit zu erkennen glaubt, sei an die *Brüche in der Geschichte der schweizerischen Institutionen* erinnert, noch dringender vielleicht daran, dass letzten Endes die Schweiz mit der Welt fertig werden muss, nicht die Welt mit der Schweiz. Die Empfehlung etwa, Aussenpolitik in unserer Innenpolitik „zu verankern", klingt schön, indessen nur insoweit, als auch die Innenpolitik sich nach der Decke zu strecken gewillt ist.

Indirekte (repräsentative) und direkte Demokratie
Dass die Demokratie auf höherer Ebene in der Schweiz nicht über eine viele Jahrhunderte alte Tradition verfügt, wurde gezeigt. Der Gedanke als solcher hat ja weltweit von seiner kurzen Blüte im alten Griechenland bis ins 19. Jahrhundert überwintert. Bedeutsamer ist die Erkenntnis, dass noch die erste Bundesverfassung von 1848 *direktdemokratische Rechte überhaupt nicht kannte*. Die Verfassungsschöpfer wollten eben einen nach aussen und innen *handlungsfähigen Staat*. Seither hat das direktdemokratische Element Schritt für Schritt zusätzliches Terrain besetzt. Ein Blick auf manche banale Abstimmungsvorlagen muss recht nachdenklich stimmen.

Der offensichtliche Grund für die Inflation der Volksabstimmungen liegt natürlich darin, dass die Unterschriftenzahlen für Referendum und Initiative von Jahrzent zu Jahrzent prozentual abgenommen haben, so dass heute nicht etwa einzelne Bürgergruppen, sondern finanzstarke Lobbies beide direktdemokratischen Instrumente gewissermassen aus dem losen Handgelenk heraus zu manipulieren imstande sind.

Mit „Wahrung der Volksrechte" hat dies wenig gemein.

Eine Reform im Sinne der *Verwesentlichung* müsste sich, bevor an Einzelmassnahmen gedacht wird, über folgende Grundgedanken einig sein:

- Regieren (visiert sind hier Bundesrat und Parlament) kann nur, wer sich dem Volk nicht alle paar Monate zur Rechenschaftsablegung stellen muss. Insofern ist eine vierjährige Legislaturperiode der Parlamente, welche die Regel darstellt, kein Zufall, die direkte Demokratie demgegenüber ein Feld voller Stolpersteine.

- Die Regierenden können zu *seriösem* Handeln angehalten und dafür verantwortlich gemacht werden nur, wenn sie *grundsätzlich in abschliessender Kompetenz beschliessen*. Es trifft zweifellos zu, dass unsere Parlamentarier die Ausgabenschleuse entgegen den Warnungen des entschieden seriöseren Bundesrats immer wieder weit öffnen. Nur wird ihnen dies leicht gemacht durch eine übermarchende direkte Demokratie, die sich allzu oft das letzte Wort vorbehält und die sich zudem zwangsläufig *hinter ihrer eigenen Anonymität verbergen* kann. Man kann eine tüchtige Verwaltung, eine gewissenhafte Regierung und einen verantwortungsvollen, jederzeit persönlich eruierbaren Gesetzgeber haben, dann aber nicht noch Referendumsabstimmungen in ständiger, rascher Folge, die Verwaltung, Regierung und Parlament in ihrer Tätigkeit überschatten und dadurch gerade sachlich gute Lösungen gar nicht geboren werden lassen. Oder man kann sich eine gute Verwaltung, eine gewissenhafte Regierung und eine allgegenwärtige, aber anonyme Volksstimme leisten – so macht man das Parlament überflüssig. Was man sich auf Dauer *nicht* leisten kann, ist unser gegenwärtiges System, *denn es generiert auf keiner Ebene ein hinreichendes Mass an „kritischer Masse"*, derer ein funktionstüchtiges Staatswesen heute mehr denn je bedarf.

Niemand missverstehe dies etwa als ein Plädoyer gegen das Subsidiaritätsprinzip. Zwischen diesem und dem eben Gesagten besteht kein thematischer Zusammenhang.

Worin also könnte die Verwesentlichung der direkten Demokratie bestehen? Auch hier bietet sich wieder eine Mehrzahl von Lösungen und deren Kombination an. Am offenkundigsten empfiehlt sich eine entschieden kräftigere Anhebung der für ein Referendum erforderlichen Unterschriftenzahlen an, als dies der Entwurf des EJPD vorsieht. Wenn man bedenkt, wie breit in unserem Lande das dem Gesetzeserlass vorgeschaltete Vernehmlassungsverfahren angelegt ist, in dessen Verlauf Hundebesitzer auch über Katzen und umgekehrt mitbefragt werden (die einen oder anderen Kantone z.B. äussern sich oftmals überhaupt nicht mehr – es ist ihnen einfach zuviel), so sollte es doch wenigstens 10% der Stimmberechtigten bedürfen, um gegen einen so breit abgestürzten Konsens noch einmal anzugehen. Das bedeutete etwa 450.000 Unterschriften und wäre Verwesentlichung zu nennen. Offensichtlicher Schindluderei wäre ein Riegel vorgeschoben.

Das *obligatorische Referendum* verdient als Institution überhaupt in Frage gestellt zu werden. Es kommt den Schläfern entgegen und erweckt Zweifel an der Qualität einer wachen Stimmbürgerschaft. Das Zeitalter umfassender Telekommunikation erlaubt jedem, sich sofort über den Gesetzgebungsprozess in Bern, auch auf Verfassungsstufe, ins Bild zu setzen und zu entscheiden, ob gegen eine Verfassungsänderung oder ein Bundesgesetz mit direktdemokratischen Mitteln opponiert werden soll.

Andererseits verdient die *Initiative*, auch die Standesinitiative, in Umkehrung der bestehenden, auch vom Teilrevisionsprojekt Koller weitergeführten Ordnung gegenüber dem Referendum *erleichtert* zu werden; denn während das Referendum eine bereits gründlich beackerte Materie noch einmal in Frage stellt, ist die Initiative definitionsgemäss *Anregung* zur Bearbeitung in der Regel noch brachliegenden Landes. Solche Anregungen sollten den Stimmbürgern nicht unnötig schwer gemacht werden, um so weniger als dem Gesetzgeber hinsichtlich des Ob und des Wie der Weiterverfolgung die Hände nicht gebunden sind. 250.000 Unterschriften erscheinen ausreichend.

Manches an diesem Beitrag bleibt unangesprochen. Ich war bemüht, ein Ziel für die nächsten Jahrzehnte und einige Akzente auf dem Wege dorthin aufzuzeigen. Es ist höchste Zeit, die Verfassungsreform als Herausforderung und *Chance* zu begreifen, unser komplexes Staatswesen durch *massvolle Verschiebung einiger Gewichte* wieder auf sicheren Grund zu stellen, oder besser: unser Schifflein für die Reise in eine von uns nur in bescheidenem Masse zu steuernde Zukunft flott und sicher zu machen. Die Alternative, d.h. die Einigelung käme einer Abdankung gleich. 1998 hat mit 1938, allen üblen Unkenrufen zum Trotz, nichts gemein. Hören wir endlich damit auf, jede Reformdiskussion nach einer Viertelstunde in solch kleinliche Überlegungen münden zu lassen wie, ob die Erhöhung der Zahl der Ständeratssitze der sogenannten Halbkantone von 1 auf 2 nicht dieser oder jener politischen Partei zu einer unverdienten Vorrangstellung verhelfen könnte. Solche Glasperlenspiele enttäuschen, ja verbittern die Jugend, von der unsere Zukunft ja doch abhängt. Es gelte, die Diskussion einer neuen, totalrevidierten Bundesverfassung „aus dem Schwerebereich der täglichen eidgenössischen Querelen herauszubefördern", schrieb der Verfasser einmal in diesem Blatt, und zwar in der Fernausgabe vom 25.Februar 1968. Ja, 1968. Man wird ihm also zumindest nicht vorwerfen können, er habe seine Gedanken voreilig übers Knie gebrochen.

Vielleicht sollten wir Rat suchen bei der vielen von uns abhanden gekommenen Einsicht des alten Seneca. Der bemerkte vor 1900 Jahren: „Nicht weil es schwer ist, wagen wir's nicht, sondern weil wir's nicht wagen, ist es schwer."

Köln, im Februar 1996

Not kennt kein Gebot?

Die Schweiz und das „Nazigold"

1. Juli, Kanadas Nationalfeiertag. Der Ministerpräsident wendet sich in öffentlicher Rede an das kanadische Volk: „Wir haben Probleme wie andere auch; wir sind da, um sie zu lösen. Und wir lösen sie für das wunderbarste Land der Welt – Kanada." Der frankophone Ministerpräsident von Quebec sekundiert. Die Zuhörer jubeln.

Ende März. Ich unterhalte mich mit einem jungen Slowaken. Er arbeitet für ein Jahr „au-pair" bei einer Familie nahe bei Bonn. Er stammt aus der Ostslowakei, 100km von der ukrainischen Grenze entfernt, ebensoviele von Polen, kaum zwanzig von Ungarn. Er berichtet von Massenarbeitslosigkeit daheim, von Umweltschäden, von grenznahem Gaunertum. „In ein paar Tagen reise ich für eine Woche über Ostern heim. 25 Stunden Busfahrt in das schönste Land der Welt."

Im Zug zwischen Bern und Zürich, irgendwann 1997. Ein älterer mit einem jungen Schweizer im Gespräch. Der Ältere: „Ich bin stolz auf unsere Leistung im Zweiten Weltkrieg. Wem's nicht passt, soll auswandern." Der Jüngere: „Meine Grosseltern waren Schergen der Nazis, ohne es zu wissen, die Naivlinge. Wir haben eine schwere Schuld abzutragen.".

Irgend etwas stimmt mit uns nicht. Was war, was ist, was muss sein?

Tatsachen und ihre Verdrängung
Die Schweiz war ab Beginn des Zweiten Weltkrieges, spätestens nach ihrer Einschliessung durch die Achsenmächte, in ihrer Existenz bedroht. Ihre ganze gesellschaftliche Lebensphilosophie *musste* dem Nazi-Regime unerträglich sein. Gemeint ist alles, was auf dem Ausgleich zwischen mehreren Kulturen und Sprachen gründet, der in der weitgehenden Autonomie der Kantone seinen Ausdruck fand und ihn noch immer findet. Daraus ergaben sich zu wenigstens zweien Malen während des Krieges auch militärische Bedrohungslagen, die in dessen nie in unmittelbare, konkrete Aktionsvorbereitungen deutscherseits mündeten. Die überwältigende Mehrzahl der Schweizerinnen und Schweizer war fest entschlossen, einer militärischen Aggression mit der Waffe in der Hand zu begegnen. Sie wussten, was sie zu verteidigen hatten, *auch* an materiellen Gütern. Diese waren in weitestem Ausmass die Frucht jahrzehntelanger Arbeit und ökonomischen Haushaltens. Von Gold- und Bankreserven, erst recht von der Grenze zwischen ehrlich und unehrlich erworbenen Geldmitteln wussten den ganzen Krieg über nur die wenigsten.

Diese Tatsachen, obwohl klar zutage liegend, werden von einer grossen Zahl Schweizer der heutigen Generation, und von noch viel mehr Nichtschweizern aus den unterschiedlichsten Gründen verdrängt. Von Schweizern, weil eine allgemeine Atmosphäre der Selbstzufriedenheit auch verärgert und nach Gegenbildern mit Aufforderung zur

Selbstgeisselung ruft. Von Ausländern zur Schuldminderung an der eigenen Mitwirkung bei der Verbreitung totalitären Schreckens, aus versteckter Scham über unrühmliche Niederlagen, auch aus ganz gewöhnlichem Neid. Verdrängt wird von dieser Kategorie auch die Tatsache, dass die Schweiz Juden nicht nur abgewiesen, sondern auch beherbergt hat, sowie all die enormen Spendeleistungen, die das Schweizervolk *aus Dankbarkeit* über seine Kriegsverschonung schon 1945 in Gang setzte.

Und dann gibt es noch zwei ganz wesentliche Tatsachen, deren teilweise Verdrängung wir uns selbst zuzuschreiben haben: Die eine besteht darin, dass, wie allzu lange verschwiegen, die Nationalbank von der Deutschen Reichsbank im Weltkrieg weit mehr Gold übernommen hat als die deutschen Reserven, aufgestockt durch das völkerrechtlich dem Sieger gehörende offizielle Vermögen der besiegten Staaten, ausmachten. Darüber hinaus waren auch Schweizer Privatbanken am Horten von individuellen Vermögenswerten offensichtlich zweifelhafter Herkunft beteiligt. Dass die entsprechenden im Ausland, namentlich in den Vereinigten Staaten herumgebotenen Beträge die Wirklichkeit um ein Vielfaches übersteigen, enthüllt eine schon nicht mehr fahrlässige Unterstellung, welche deren Urheber diskreditiert. Dies ändert indessen nichts an der korrekten Bezeichnung des Tatbestandes als solchem.

Das andere Faktum ist ein zurückliegendes gesellschaftliches, mit dem Schweizer Mittelschüler endlich vertraut gemacht werden sollten:

Der Erste Weltkrieg hatte das Selbstverständnis der Schweiz erschüttert. Seit 1848 war unser Land auf Bundesebene jahrzehntelang vom Freisinn, der bürgerlichen Rechten, beherrscht worden. Danach kam es zu einer behutsamen Öffnung gegenüber den Katholiken, welche die Bundesverfassung von 1848 endlich absorbiert hatten. Der Krieg macht den Feldeinsatz einer grossen Zahl von Soldaten notwendig, die ihre Familien ohne sozialen Schutz zurückliessen. Am Ende, 1918, stand in Russland die Machtübernahme der Kommunisten, in der Schweiz der Generalstreik und anschliessend immerhin die Einführung des Proporzwahlrechts anfangs der Zwanzigerjahre, wodurch Sozialdemokraten – damals fast ausnahmslos armeefeindliche Pazifisten – und Kommunisten in das Bundesparlament Einzug hielten.

Beide Vorgänge – diejenigen in der Sowjetunion, die bekanntlich auch das Deutsche Reich erschütterten, und die heimischen, obwohl in der Schweiz gewissermassen aufgefangen – was auch eine Leistung bedeutet –, wurden von weiten Teilen des Bürgertums als Existenzbedrohung gewertet. Die Schweiz unterhielt denn auch bis 1947 keine diplomatischen Beziehungen zur Sowjetunion! In der katholischen Zentralschweiz und im französisch sprechenden Teil machten sich hauptsächlich von kulturell führenden Kreisen getragene ständestaatliche Vorstellungen breit, die den Schweizer Bundesstaat in Frage stellten. Sie waren Mussolini zugeneigt. Das Grossbürgertum der deutschsprachigen Schweiz, zumal Zürichs, verharrte seinerseits in einer derartig resoluten Abwehrhaltung gegenüber allem „Roten", dass nicht wenigen Vertretern aus seinen Reihen *jede* Herausforderung gegenüber der Sowjetunion recht erschien. Ihnen war Hitler keineswegs verdächtig, jedenfalls nicht bis zur „Kristallnacht", spätestens bis zum Anschluss Österreichs, die beide ur-schweizerische Reflexe wachriefen.

Ab 1943, als der Krieg entschieden schien, wurde aus all den leicht Schwankenden der Dreissigerjahre aufrechte Patrioten. Dies ist alles nachvollziehbar und sei ohne Häme gesagt. Aber dies war der den Heutigen längst aus dem Bewusstsein entschwundene Nährboden für ein lange währendes Sympathisieren einer geringen Minderheit mit Hitler wie über die anschliessende, bis heute nachwirkende Entrüstung über entsprechende Vorwürfe. So hat denn z.B. eben dieser Minderheitssektor im deutschschweizer Grossbürgertum den Stab über unseren Kriegsgesandten in Berlin, Hans Frölicher, mit besonderer Unerbittlichkeit zerbrochen, war er doch einer der Ihren. Und genoss er doch bis beinahe zuletzt (!) die Unterstützung der Landesregierung. Es sind denn auch die aus solchem politischem Erbgut emporgewachsenen Kreise, die unter Berufung auf vorwiegend legalistische Argumente, gegen eine über das Bisherige hinausgehende Herausgabepflicht sind und einen zufälligen Bund eingehen mit der Masse der Rechtschaffenen, der bei der Verteidigung des Vaterlandes während des Zweiten Weltkrieges Hintergedanken fern lagen und die bessere Gründe haben, ihr Gewissen zu schonen.

Regierungspflichten nach innen und aussen

Die teilweise penetranten und wider besseres Wissen gegenüber der Schweiz erhobenen Angriffe rufen nach einem Verhalten auf Regierungsebene, das der Atmosphäre der von der Schweiz erlebten Kriegszeit und der internationalen Kritik *in den Grenzen der Selbstachtung gleichermassen gerecht wird*. Gegen *innen* macht dies eine gewissenhafte Selbstforschung unerlässlich, die keineswegs die Aussonderung und Verunglimpfung bestimmter, kleiner Bevölkerungsteile, genauer: Vertreter offizieller Eliten, zum Ziele hat. Freilich waren es nun einmal vor allem Vertreter dieser Schichten, die, obwohl numerisch gering, einflussreich genug waren, um unsere Nationalbank und Teile des Grossbankensystems bis hinauf zur Regierungsebene geneigt zu machen, gegenüber dem Nationalsozialismus langezeit „ein Auge zuzudrücken".

Von Kollektivschuld des Volkes kann schlechthin die Rede nicht sein, es sei denn, man verstiege sich zu der sich selbst desavouierenden Anmassung, die Schweiz müsse als Ganzes Busse tun dafür, dass ihre entschlossene Politik der Abwehr des Totalitarismus heute nach Kompensation ruft. Not tut vielmehr die Einsicht, dass es neben politisch wachsamer Vorsicht auch noch so etwas wie *Vorsehung* gibt, wofür wir indessen eben dieser Vorsehung und nicht dem US-Senator d'Amato Dank schulden.

Eine solche Gewissensforschung sollte nicht auf die aseptischen Untersuchungsergebnisse einer Geschichtskommission warten. Ihr Nachvollzug (dem reichlich späten) ist *politische Pflicht* und bedingt schon heute die klare Unterscheidung zwischen dem zumindest fahrlässigen, im Ausnamefall vorsätzlichen Fehlverhalten einer kleinen Minderheit und der Entlassung der Masse des arglosen Volkes aus einer Art von Untersuchungshaft.

Dieser Selbstreinigungsprozess müsste jenen Kulturschaffenden, ja selbst vereinzelten Politikern Respekt bekunden, die in teilweise künstlerisch, dialektisch, pädagogisch oder auch demagogisch spitzer Form die Tribüne der Ankläger oder doch der Mahner besteigen. Der ausländische Verdacht, wir fassten mit glühenden Zangen alle jene an, die unsere durchgehende Honorigkeit von innen in Frage stellen, hat wohl mehr für sich als reine Diffamationsabsichten.

Nach aussen müssen Ernsthaftigkeit und Grenzen unserer Selbstforschung unmissverständlich klar gemacht werden. *Die Gewinnung tieferer Einsichten schuldet die Schweiz nur sich allein*, nicht einem selbsternannten Weltgericht. Dieses wäre nämlich beinahe ausnahmslos aus Mitgliedern zusammengesetzt, die in Sachen Entfesselung, Förderung und profitables Ausstehen des Zweiten Weltkrieges zu Lasten von Millionen Hingeschlachteter sämtlicher Lager mehr auf dem Gewissen haben als die Schweiz, die ihrerseits als Ganzes in der Not keineswegs alle sittlichen Geboten über Bord geworfen hat. Denn der Widerstandswille unseres Landes hat, nebenbei sei es gesagt, ein Stück europäischen Kulturpluralismus gerettet, das Beste vom Besten also.

Eine Regierung, welche die Wahrnehmung des Unterschieds zwischen Arglosigkeit und zumindest fahrlässiger Komplizenschaft sich zur täglichen Sorgfaltspflicht macht, riskiert kaum, des Vertrauens der *Volksmehrheit* verlustig zu gehen. Um dieses Vertrauen zu mehren, muss die Landesregierung *zugleich zupackender und stoischer werden*: Zupackender in dem oben skizzierten Sinne nach innen.

Nach aussen ist nur ein weit höheres Mass an wortloser Gelassenheit mit unserer Selbstachtung vereinbar. Die unablässige Beantwortung oftmals bewusst provokativer Vorwürfe enthüllt ein peinliches Mass an Servilität, ein Stück jener alten Wirtementalität, der dem Kunden stets recht gibt – welcher Art seine Beanstandungen auch seien –, wofern er nur wiederkommt. Das Bild liegt nahe, wir führten einem allmählich verglimmenden Feuer immer neues Stroh zu. Dadurch verlöscht das Feuer nie und weist uns, nebenbei gesagt, immerfort die unvorteilhafte Stellung des Angeklagten zu.

Eine Lanze für die „Stiftung solidarische Schweiz"
Im Widerstreit der Eiferer haben Nationalbank und Landesregierung im vergangenen Februar die Idee einer Solidaritätsstiftung lanciert, einer Stiftung, deren langfristig wirksame, erhebliche Erträge der materiellen Entschädigung für zurückliegende wie der Linderung bestehender und inskünftiger Not ausser- und innerhalb der Schweiz dienen sollen. Der Gedanke verdient nicht etwa in erster Linie deshalb uneingeschränkt positive Aufnahme, weil das erforderliche Kapital durch nichts weiter als eine buchhalterische, längst fällige, höchst konservative Neubewertung der nationalen Goldreserven geschaffen würde, mit anderen Worten auf Mittel zurückgreift, die wir bisher gewissermassen unter der Matratze versteckt hielten und beinahe vergessen haben. Vor allem anderen ist er exemplarisch, weil er jedem Verdacht eines „Sühnegeldes" die Spitze bricht. Vielmehr knüpfen wir mit der auf eine ganze, noch vor uns liegende, generationenlange Zeitspanne angelegten Leistung an eine *humanitäre Tradition an, die der Schweiz nach dem Urteil der Welt besser ansteht als etwa eine bloss bewahrende Neutralität*.

Kaum geboren, erfährt der Gedanke selbstverständlich Kritik aus verschiedenen Lagern. Die allererbärmlichste stammt von jenen, die daran erinnern zu müssen glauben, der Bundesrat anerkenne damit die Rechtmässigkeit nicht nachgewiesener Forderungen. Dabei trifft doch gerade das Gegenteil zu: Die „Operation Solidaritätsstiftung" bedarf keines legalistischen Anspruchsnachweises, ja sie ist nicht einmal jemandem anders geschuldet, als unserer eigenen, auf Dankbarkeit gegenüber dem Schicksal beruhenden *Grosszügigkeit* – genau wie vor einem halben Jahrhundert die „Schweizer Spende". Darüber hinaus erbrächten die Erträge einer „Solidaritätsstiftung Schweiz" Mittel in einem Umfang, der die Welt in Staunen versetzt und uns vor dem allzu oft gehörten Vorwurf des Geizes für lange Zeit zu schützen geeignet wäre. Dieser verbirgt sich ja so gerne hinter der harmlos erscheinenden Frage: „Warum denn gerade jetzt?" Der lapidaren Antworten zwei bieten sich an. Erstens die Gegenfrage: Warum hatte denn niemand die Idee schon früher? Zweitens und vor allem: „Es gibt nichts Gutes, ausser man tut es" (Erich Kästner dixit).

Die Schaffung der Solidaritätsstiftung Schweiz erfordert bekanntlich eine dem obligatorischen Referendum unterstellte Verfassungsänderung. Diese stellt deshalb eine formidable Hürde dar, weil es „Miesmacher" zu Hauf gibt. Landesregierung, Parlamentarier und Eliten sollten sich nachhaltig dafür einsetzen.

Geht die Operation nämlich schief, so dürfte nicht nur auch das Schicksal der vom Bundesrat bereits verabschiedeten, sehr beschränkten Teilrevision der Bundesverfassung negativ besiegelt und Bundesrat wie Parlament damit desavouiert sein. Vielmehr droht der Schweiz ein Ansehensverlust von vielleicht schicksalhaftem Ausmass, ein internationales Verdikt, vor dem dann auch weder die „Bundeslade" noch unser Land überhaupt sicher wären.

Not kennt kein Gebot? Vielleicht. Ist aber die Not einmal überwunden, so sind Gebote um so dringender wieder gefordert, als diese in der Not schlafengelegt wurden.

Fürchten wir doch die Stunde der Wahrheit nicht! Andere Völker haben sie viel bitterer erfahren als wir. Dazu gehört auch die ernüchternde Erkenntnis, dass nun einmal jede Generation Leistung und Versagen ihrer Eltern und Grosseltern im Koordinatensystem ihrer kollektiven Wertordnung ziemlich unbekümmert immer wieder neu ansiedelt. Ausser der Selbstachtung und dem Verzeihen ist nichts von Dauer.

Eine Schweizer Ewigkeit, in Granit gemeisselt wie sie war, geht zu Ende, nicht die Schweiz. Wie schliesst doch Hermann Hesses berühmtes Gedicht „Stufen"?

Wohlan, mein Herz, nimm Abschied und gesunde!

Bonn, Ostern 1997

Death Valley

Ein Trockental, tief unterm Meeresspiegel,
Der Eiszeit Abschied nahm den Regen heim,
Nur Alluvionen münden in den heissen Tiegel,
Feurige Sedimente glühn im Urgestein.

Ein starrer See aus Kochsalz, chemisch abgebaut,
In Boraxfurchen wühlten Menschenkrallen,
Ein Saum von dürren Kissen: Distelkraut,
Worein nachts lautlos Meteoriten fallen –,

Flüchtlinge des Sterns, den einst ein Wasser spiegelt',
Bevor, wie durch Verfügung des Herodes,
Ein Schoss verurteilt – oder bloss versiegelt? –
Zu unbedingt amorphem Dasein: Tal des Todes.

Da streift ein leiser Schauer das Gebirge,
Ein Rinnsal weckt im Schlaf die scheue Blume,
Und die Natur, erlöst von Darben und Gewürge,
Lebt momentan zu irgendeines Ruhme.

Und wieder Wüstenglut und kein Erbarmen.
Der letzte Vogel senkt die Schwingen matt –,
Doch die Erinnrung hält in starken Armen
Die alte Hoffnung, die Erfahrung hat.

Denn aus der Totenstille wächst die Brandung,
Die wiederkehrend alles Sein bewegt
Und ohne Rücksicht auf des Augenblicks Gewandung
Dereinst ein neu Gestade aus der Tiefe hebt.

Furnace Creek, Death Valley, Kalifornien
10. Februar 1990

Auf der Suche nach dem sicheren Hort

Ein Modewort behauptet, die Welt sei klein geworden wie ein Dorf; nationale Aussenpolitik sei nichts weiter als Welt-Innenpolitik.

Die Behauptung ist manifest irrtümlich, denn der Globus in seiner ganzen Vielfalt ist ja nicht geschrumpft. Sie ist darüber hinaus gefährlich, denn sie legt den Schluss nahe, eine klein gewordene Welt sei auch leicht zu begreifen. Daraus leitet sich viel Oberflächlichkeit ab, viel Unkenntnis des „kleinen Unterschieds" und manch globaler Entwurf, der keine Gefolgschaft findet.

In Wahrheit führt uns die wachsende Reisegeschwindigkeit im Gegenteil vor Augen, wie schwierig in der Tat der Brückenbau ist zwischen multilateraler Abhängigkeit und tief in die Geschichte zurückgreifender Eigenprägung. Die einen ziehen sich, von solcher Wahrnehmung erschreckt, auf den innersten Kreis des von Kindesbeinen her Vertrauten zurück. Sie verschrebern. Anderen ist jede Passheimat zu eng. Sie sind ein Leben lang auf der Suche nach jener geistigen und seelischen Heimat, die ihnen teuer ist, nach dem sichern Hort, „dem dunklen Grund, auf den du angewiesen" (Gottfried Benn).

Dies gilt insbesondere für denjenigen, der seine Aufmerksamkeit auf so nahe Verwandte und doch so verschiedene Nationen richtet, wie die Schweiz und Deutschland es sind. In dem reichen Bildteppich suchen sie, um mit Thornton Wilder zu sprechen, nach einer vorbestimmten Zeichnung. „Manche sind sicher, sie sehen sie. Manche sehen, was zu sehen ihnen gesagt worden ist. Manche erinnern sich, dass sie sie einst sahen, aber haben sie aus den Augen verloren."

Auf lichten Höhn

Von Vöglein singt das Volkslied und von Wolken,
Die durch des Himmels Bläue endlos ziehen,
Von Fels und Bergwies, wo das Vieh gemolken –
„Dahin, dahin will euch die Sehnsucht ziehn".

Auch ich stand dort – ein Schatten streift das Tal,
Der Nebel dann, der zudeckt und verschweigt.
Kein Licht, kein Laut, nur anonyme Qual,
Das Schwarz der Äste, blattlos und verzweigt.

Gewiss, der Weltraum flimmert, und du kennst den Mond,
Wie er, ost-westwärts schwebend freundlich dich bescheint.
Kein Bitten rührt ihn, nichts, was in dir wohnt
Treibt ihn von seiner Bahn. Und unbeweint

Suchst du den Abstieg, müd auf schmalem Pfad
Zu jenen Hütten, Hort von Lust und Wahn,
Erkennst den Brunnen und das Karrenrad,
Der Bäume Kronen nacktes Filigran.

Doch aus dem Schweigen wächst dir jenes Hoffen,
Das nur das Dunkel einem Mensch beschert –
Ist doch nach oben nur der Himmel offen,
Zeuge des Jenseits, fern und unbeschwert.

Ersehn' die Höh', doch lass sie oft verwaist,
Gib dich gelassen vor der Sterne Glänzen,
Das Firmament wird durch sich selbst gespeist.

Wir sind das Ufer, Hüter unsrer Grenzen –
Und doch im Bunde mit den gold'nen Lenzen
Im tiefen Meer, das keine Wunden reisst.

Köln, den 18. Februar 1995

Thomas Mann und Europa – ein deutsches Schicksal

Vortrag anlässlich der Jahresversammlung
der Thomas Mann Gesellschaft
1./2. Juni 1996 in Zürich

Jede Generation fabriziert sich ihre Vorstellungen vom Platz des Menschen in der Geschichte selbst – heute mehr denn je, denn weit zurück liegt das Anliegen eines vor 100 Jahren gestorbenen Leopold von Ranke, Geschichte so darzustellen, "wie sie eigentlich gewesen". Wir glauben zu wissen, was Europa ist und was Deutschland – und schon bekommt man sein Schicksal verpasst, hat seine Position im Koordinatensystem für immer gefunden – leicht zu orten, leicht zu beurteilen, leicht zu missdeuten.

Ganz so einfach wollen wir es uns nicht machen. Wir wollen zunächst der Frage nachgehen, was Europa, was Deutschland zu Lebzeiten des jungen und dann reiferen Schriftstellers waren und erst danach einige Schlüsse wagen zu dessen Schicksal. Ich sage: „wagen", denn allem Bemühen um Redlichkeit zum Trotz interpretieren wir stets, fordern zur Diskussion heraus. Solche Erwartung nehme ich vorweg. Wer weiss, vielleicht steckt gar ein Körnchen Mut darin, gewiss aber die Hoffnung, das Publikum möge mitmachen und seinerseits jenen in Granit gehauenen, „ewigen" Wahrheiten misstrauen, die unterm Wind der Geschichte verblassen und deren Aussage schliesslich zur Chiffre wird.

Nun also, was war Europa in den früheren Mannesjahren des 1875 zu Lübeck geborenen Thomas Mann? Und was war Deutschland?

Kontinentaleuropa war nach dem Sieg über Napoleon in der ersten Hälfte des 19. Jahrhunderts ein adelig-konservatives. Es war die Zeit des österreichischen Fürsten Metternich, der Europa seine vorrevolutionäre „Ruhe" zurückzugeben gedachte. Uns Schweizern wurde derlei schon bald zuviel, so dass unser Land zum Port junger Freigeister Europas wurde, sicher für sie, ein Ärgernis für die Potentaten ringsum. Lange ist's her.

Nationalstaatlichkeit mit eigener Kultur und durchgehend eigenständigem Regierungssystem war damals in Europa noch die Ausnahme; sie begann sich in Deutschland erst nach der Jahrhundertmitte zu formieren. Bismarck, der eiserne Kanzler, war Preusse und vor allem seinem König zugetan, kein „Grossdeutscher".

Wir sehen: es gab vor hundert, vor hunderzwanzig Jahren kein einheitliches Europäertum, einfach weil auch das Nationale von Land zu Land von ganz unterschiedlicher Färbung war. Erst der Ausgang des deutsch-französischen Krieges 1870/71 legte den Weg frei zu deutscher Gesamtstaatlichkeit. Allein, selbst diese war noch der uralten, partikulären Gliederung Deutschland verpflichtet. Das eigentliche wilhelminische Zeitalter mit seinem deutscher Geschichtlichkeit eigentlich zuwiderlaufenden Tschinderassa-Staatsgehabe brach sich Bahn erst, als Wilhelm II. soziale Ausgleichspolitik an Bismarcks konservativem Widerstand scheiterte, so dass er 1890 dessen Rücktritt veranlasste und dem Deutschen Reich seinen eigenen Stempel aufdrückte. Gefördert vom französischen Vergeltungsgedanken für 1871, von der Nachbarschaft des von wachsender Unruhe erfassten, hinfälligen Zarenreichs und dem schicksalhaften Bündnis mit der ebenfalls untergehenden österreichisch-ungarischen Monarchie, glaubte Deutschland, das seinen Stolz an kolonialen Eroberungen als Spätberufener nicht mehr zu befriedigen vermochte, Scharnier und Zentralmacht in Kontinentaleuropa werden zu müssen. Sie kennen den Ausgang, dessen Unwiederholbarkeit – wie oft wird es doch vergessen – die europäische Gemeinschaft, allen voran Deutschland, heute zu garantieren trachtet.

Der Deutsche Thomas Mann wurde in diese Metamorphose hineingeboren, nicht als typisch Deutscher, vielmehr als Sprössling einer Lübecker Patrizier- und Kaufmannsfamilie hanseatischen Hintergrundes. Die Atmosphäre, in der er heranwuchs, war keine deutsch-nationalistische; sie war dem Stadtstaat wie der Welt in gleicher Weise verpflichtet, ähnlich wie es dem Basler Jacob Burckhardt erging. In dem grossen Jugendroman, den „Buddenbrocks", der Thomas Manns europäischen Ruhm schon mit 26 Jahren begründete, spielt der Untergang des Partikulären, dargestellt am Beispiel Frankfurts am Main, eine erhebliche Rolle.

Soviel zu Thomas Manns frühem Deutsch- und Europäertum, das etwa von französischem und englischem Selbstverständnis sehr verschieden war. Europäer zu sein war für Seinesgleichen Bildungsmerkmal, Deutschtum ein solches der Humanität. Politik war Sache der Politiker, direktdemokratische Steuermechanismen waren unvertraut. Man ist gut beraten, sich dieses Grundmuster stets vor Augen zu halten. Es hat das ganze Leben des grossen Schriftstellers geprägt. Und sie hat unmittelbaren Eingang gefunden in die 1918, also am Ausgang des für das offizielle Deutschland menetekelhaften Ersten Weltkriegs, geschriebenen „Betrachtungen eines Unpolitischen". Als Bekenntnis zu einem bürgerlich-national gesinnten Kaiserreich darf man dieses Buch, ohne ungerecht zu sein, als eine viel zu späte, antithetische Befassung – Thomas Mann war damals 43-jährig – mit dem Menschen als Bürger, als Zoon Politikon betrachten. Das war nun tatsächlich des Schriftstellers „deutsches Schicksal". Hier erst und endlich sind Thomas Manns persönliches Deutschtum und dessen kollektive Einbettung zusammengeflossen. Die „Betrachtungen" trafen nämlich bei vielen gebildeten deutschen Zeitgenossen ins Schwarze, wurden zu einer Art von höherwertigen Berufung.

Unter Bezugnahme auf das gestern und heute an diesem Ort Gesagte folgende Klammerbemerkung: Thomas Mann, wie mehrere seiner Familienmitglieder in auf- und absteigender Linie auch, war unpolitisch, oder vielleicht genauer: war politisch naiv. Von seinen „Betrachtungen eines Unpolitischen" bis zur Aversion gegen Adenauer spannt sich eine Bogenbrücke, die auf etwas schwachen Widerlagern ruhte. Manns politisches Credo hinkte hinter der Wirklichkeit nach, und es war – typisch für manche Intellektuelle – allzu „lofty", um praktikabel zu sein. Sollte, ja sollte es zutreffen – oder zugetroffen haben –, dass ein Teil der westdeutschen Intelligenzia in dem grossen Schriftsteller einen „Ersatzkaiser" erblickte, so äusserte sich darin genau jene merkwürdige Verehrung für den „über dem garstigen Tagesgeschäft Schwebenden", eine Verehrung, die das Unglück hereinlässt. Ich sehe jedenfalls keinen Grund zum Nachvollzug solcher Todessehnsucht, die Konrad Adenauers historische Leistung geringschätzt. Übrigens wurde der Kummer Manns über die runden 300000 Franken, die er auf dem Altar westlichen Pluralismus geopfert haben soll, als Seufzer rasch übertönt von der Heiterkeit über das wieder hereingeholte „lucrum cessans" in Form eines Nerzmantels von Stalins Gnaden!

Was an Thomas Mann damals typisch deutsch war – wir werden darauf gleich zurückkommen, war für das übrige westliche Europa wiederum durchaus untypisch. Dieser Gegensatz kam dem Nationalsozialismus zugute, indem sich ein spätberufener deutscher Nationalismus mit dem Ideal sozialistischer Gerechtigkeit verband. Die Verpflichtung auf einen Idealismus, der solcher Haltung zu Gevatter stand, war Europa eher fremd, für Frankreich, das den sozialen Ausgleich noch immer hinter seine eigenartige nationale Grösse zurücktreten lässt – zumindest an nationalen Feiertagen –, für Grossbritannien, das sich nach wie vor, wenn auch abnehmend und ungeachtet seiner internen Probleme, uneingeschränkter Weltgeltung rühmen zu dürfen glaubt.

Gestatten Sie mir an diesem Punkte, zunächst vor der kurz skizzierten Grundierung von Thomas Manns persönlichem Europäer- und Deutschtum die Frage zu stellen, worin denn die typisch deutsche Art bestand, was denn aus dem deutschen Nationalismus von vor 1918 geworden ist. Nun, er ist als kollektive Absonderungshaltung von der in Versailles erlittenen Schmach stark geprägt worden – ich erinnere an die „Betrachtung eines Unpolitischen". Das leistete dem Nationalsozialismus der Deutschen Vorschub.

Vor dem Hintergrund seines unpolitischen Humanismus musste Thomas Mann dieser Nationalsozialismus mit seinem den Einzelnen vereinnahmenden, totalitären Anspruch dagegen persönlich zutiefst zuwider sein. Er beleidigte das Ideal des Schriftstellers. Dieser hat das Infame daran schon in den ersten Jahren des Regimes erkannt – freilich nicht so unerbittlich wie sein Bruder Heinrich und seine Kinder Erika und Klaus. Ich werde darauf noch kurz zurückkommen. Er mied Deutschland schon nach 1933, verbrachte die Jahre bis 1939 am Zürichsee, den Krieg und die Nachkriegszeit in den Vereinigten Staaten. Erst 1952 kehrte er endgültig nach Europa zurück, zuerst nach Küsnacht, 1954 nach Kilchberg, „um zu sterben", wie er mir bei der Begegnung zwischen dem beinahe achtzigjährigen Literaturgiganten und dem zwanzigjährigen Studenten 1954 bezeugte. „Um zu leben", erwiderte ich mit dem Blick auf das lichte Blau des Zürichsees. Es war das einzige Mal, dass er während unseres anderthalbstündigen Gesprächs in seinem Wohnzimmer andeutungsweise lächelte. Der Meister erzählte von Amerika, von den Widerwärtigkeiten einer von McCarthy geprägten politischen Atmosphäre, mit der die Amerikaner dann allerdings selbst aufräumten, und von der Bestimmung der beiden Teile Deutschlands, im Geiste eines beispielhaften Europäertums wieder zusammenzukommen.

Das war damals weder in der Bundesrepublik noch in der Schweiz populär, da kaum vereinbar mit unsern NATO-Sympathien 1953 anlässlich des Ostberliner Aufstandes,

1956 aus Anlass der sowjetischen Unterdrückung des Ungarnaufstandes, oder 1968 beim sowjetischen Einmarsch in Prag. Der Meister blieb aber unpolitisch, d.h. einem geistigen Europäertum verpflichtet. Ich habe das erst viel später begriffen. Und doch hat mein seitheriges Interesse für Thomas Manns politische Überzeugungen nicht jeden Zweifel ausgeräumt an seiner Empfänglichkeit für Ruhm und Ehrung von verdächtiger Seite. Hier lag sein Hauptgegensatz zu den viel prinzipientreueren, und deshalb unglücklicheren Heinrich, Erika und Klaus begründet. Begnügen wir uns hier mit der immerhin zu Nachdenklichkeit einladenden Vermutung, dass die nationalsozialistischen Potentaten dem Geistesfürsten die Wahl des inneren und äusseren Exils leicht gemacht haben.

Und weiter zum Gegensatz zwischen dem deutschen und etwa französischen und britischen Nationalismus: Thomas Manns Begriff von Freiheit und Menschenwürde nicht weniger als der antinationalsozialistisch deutsche war kein parlamentarisch-politischer. Ich habe in seinem Schrifttum – aber das mag nicht viel bedeuten – wenig gefunden über die Institutionen der Demokratie. Vielleicht hat ihn gerade der amerikanische Parlamentarismus McCarthy'scher Prägung darin bestärkt. Wie dem auch sei – Thomas Manns Europäertum war gleichermassen unangreifbar wie impraktikabel, ein Rettungsfloss, entfernt von abgedrifteten Inseln.

In diesem Punkte war Thomas Manns Demokratie- und Freiheitsbegriff kein westlicher, vielmehr ein eminent deutscher. (Ich spreche nicht vom Deutschland der Zeit nach dem Zweiten Weltkrieg, das endlich zum Westen gefunden hat.) Sein gesellschaftlicher Freiheitsbegriff war stark emotional gefärbt, war der Humanität verpflichtet. Daher sein Insistieren auf dem bei gleicher Gelegenheit getätigten Besuch in Frankfurt am Main *und* Weimar zur Entgegennahme des Goethe-Preises. Das war schon 1949 in Anbetracht des Zeitgeistes ein gewissermassen unerhörter Vorgang. Für Thomas Mann war der Hort von Freiheit und Würde die Gemeinschaft, nicht die Gesellschaft, die stimmige „Togetherness", nicht der pluralistische Kompromiss, mehr Emotio als Ratio, mehr Wagner als Bach, mehr Naphta als Settembrini. Wir haben dieses Phänomen nach der Vereinigung Deutschlands 1990 bei nicht wenigen Künstlern, Pfarrern usw. aus der ex-DDR wieder beobachten können, denen in den Katakomben des versteckten Lebens wohler war als im Licht einer offenen Gesellschaft.

Damit sind wir an einem entscheidenden Punkt angelangt: Weit über Thomas Manns persönliches politisches Credo hinaus war er als Europäer die Verkörperung nicht eines traditionsreichen deutschen Nationalismus, vielmehr eines durchaus *deutschen* Schicksals. Der hellsichtige Schweizer Karl Schmid – freilich noch geprägt vom Deutschland der Reichsgründung und der beiden Weltkriege, das denn doch qualitativ hinten den seitherigen Erfahrungen zurückbleibt – bemerkte 1954 in einem programmatischen Winterthurer Vortrag, die geistige Entscheidung sei in Deutschland „gegen die Aufklärung" gefallen. Diese Entscheidung – ich zitiere Sigmund Widmer – habe drei Faszinationen hervorgebracht: Erstens die *Einsamkeit* des Auserwählten, zweitens die Neigung zum *Absoluten*, drittens schliesslich die *Pflicht* im Dienste des Absoluten. Man könnte erläuternd hinzufügen, die Einsamkeit beziehe ihre Kraft aus dem Ideal, das Ideal erfordere Absolutheit und die Absolutheit ein besonders hohes Mass an Pflichterfüllung. All dies ist primär nicht der Toleranz förderlich, und diese ist doch die Essenz der Aufklärung.

Ich bitte Sie, in dieser Analyse keine Verurteilung zu sehen. Sie dient einzig der Lokalisierung eines grossen Europäers deutscher Prägung in dem grossen Bildteppich der europäischen Geistesgeschichte. Sie unterlässt die Einbeziehung des Deutschland der letzten 40 Jahre, des Deutschland *nach* Thomas Mann also, dem allein man Bände widmen könnte.

Hinzu tritt ein weiteres, das die Ortung erschwert. Thomas Mann überblickte sich. Er war nicht ohne Eitelkeit, gewiss Ruhm und Huldigung zugetan, auch persönlichem Komfort, den er selbst auch bei grundsätzlichen Optionen mit in Rechnung stellte, schliesslich auf sein materielles Wohlergehen bedacht. Nur ist ihm dabei nicht auf die Schliche zu kommen, denn er wusste von all dem ganz genau, hat diese Schwächen auch selbst an sich denunziert – und danach so weitergelebt. Aber Verrat an seinen Idealen hat er nicht verübt. Seine Rechtfertigung, die er weit weniger als Leistung denn als das ihm vom Schicksal Zugemessene empfand, war seine kompromisslose, disziplinierte Schaffenskraft – wieder Ausdruck der von Karl Schmid zitierten Faszination. Sie liess kein genüssliches Verweilen bei angenehmer Selbstgefälligkeit zu. Sie hat ihn zur Leistung verurteilt, hat ihm keine Ruhe gegeben, hat die Familie als Objekt der Zuneigung zurücktreten lassen und dadurch Probleme geschaffen.

Auch an diesem Punkt begegneten sich in Thomas Mann individuelles und deutsches Schicksal. Die Frage sei erlaubt, ob seine kürzlich herausgegebenen Beobachtungen und Aufzeichnungen stets relevanten Gegenständen galten. Nur: Was ist irrelevant, wenn es den grossen Zusammenhang bereichert? Ein kluger deutscher Freund bemerkte kürzlich zu mir, es gebe Personen, bei denen man alles Mögliche zugeben müsse, und dennoch bleibe etwas Überwältigendes zurück. Wieder eine auf Thomas Mann passende Aussage, die keines Kommentars bedarf.

Hier wollen wir den Kreis schliessen. Der Titel dieser Betrachtungen: „Thomas Mann und Europa – ein deutsches Schicksal", führt leicht in die Irre. Denn Europa besass vor 100 Jahren weder ein identisches Gemeinschaftsgefühl noch einen gemeinsamen Nationalismus – es sei denn gemeinsame Arroganz gegenüber dem, was man heute die Dritte Welt nennt. Und selbst in diesem Gefühl hielten die Deutschen sich für humaner. Das Nationalgefühl war in Europa eben von Land zu Land von ganz unterschiedlichem Stoff. Auf beides stiess der Einzelne, reagierte nach Massgabe seiner Herkunft, seiner unterschiedlichen Erfahrungen, reagierte national im Sinne der Abgrenzung. Figuren wie Romain Rolland bildeten die Ausnahme; sie verwarfen den Chauvinismus und bekannten sich zum Humanismus. Kein Wunder, dass Rolland gerade Tolstoi und Beethoven verehrte.

Thomas Manns Leben kannte bis zuletzt kein beispielhaftes Europa, ein vorbildliches Deutschland ebensowenig. Und was ihn mit den Deutschen verband, hatte mit Politik wenig zu tun. Sein Schicksal war schwierig, nicht vorbildlich – dazu entstammte er einer allzu weit zurückliegenden Welt. Aber Thomas Mann hielt sich im Zaum.

Das war eine grosse Leistung, ein Anfang, der eine bessere Zukunft zuliess, weil sie auf Nachdenklichkeit, nicht auf Vorwitz beruhte.

Es ist mir, verehrte Zuhörer, ein Privileg, heute Ihr Gast zu sein. Vielleicht schulde ich Ihnen noch ein Wort, warum Thomas Mann sein europäisches Exil zweimal, und jahrelang, in der Schweiz gesucht und gefunden hat. Lesen Sie dazu vor allem das auch im Stimmungshaften vortreffliche Buch von Thomas Sprecher, dem Leiter des Thomas Mann Archivs: „Thomas Mann in Zürich". Auch dort begegnen wir einer Schweiz, die unser Land und das europäische Umfeld vielfach anders empfand als die meisten Heutigen, die allzu vieles haben „kommen sehen" – mit Ausnahme ihrer eigenen Gefährdungen.

Wenn es noch etwas hinzuzufügen gibt, so verdanke ich es der Erzählkunst und dem intensiven Erleben von Golo Mann, mit dem mich während 15 Jahren eine enge Freundschaft verband und der, jüngster der Familie, das Kilchberger Haus seines Vaters noch lange nach seiner Eltern Tod bewohnte. Golo, sonst von seinem Vater so verschieden, machte sich zu dessen Sprachrohr, als er es als eine besondere Qualität unseres Landes bezeichnete, dass man dort auch in seiner Berühmtheit in Ruhe gelassen werde. So wenig wir Deutschschweizer geneigt sind, den in die Ferne ziehenden eigenen, jungen Musensohn mit Aufmunterung zu begleiten, so wenig erblicken wir in dem erfolgreich, ja berühmt Eingekehrten oder Heimgekehrten ein Wesen grösseren Zuschnitts. Daraus spricht Mässigung, die Mutter der Fähigkeit zur Moderation, zur Vermittlung. Bleiben wir dessen eingedenk wie Thomas Mann.

Immerhin: Erblicken wir in solcher Nüchternheit nicht allein eine Tugend. Wir vergeben uns wenig, wenn wir den, der sich anschickt, mit Geist und Künstlertum versehen, sein Glück anderswo zu suchen, mit einem aufmunternden Schulterschlag verabschieden. Damit vermöchten wir Beispielhaftigkeit vorzuleben, würdig unserer Ansiedlung an der europäischen Nahtstelle zwischen Geist und Gemüt, deren beider unser gutes, altes Europa bedarf und von dem Thomas Mann zwei Jahre vor seinem Tode 1953 in seiner Rede vor Hamburger Studenten sagte: „Enger im Raum ist das Leben hier, aber weiter in der Zeit."

Schafft aber nicht auch Zeit Raum, Raum zu reifen, indem wir begreifen?

Ein Abendessen in Lübeck

Begrüssungsrede zu Ehren von Prof. Hans Wysling (†)
Lübeck, 17. September 1994

Für lange werde ich Ihnen die kulinarischen Köstlichkeiten dieses Hauses nicht vorenthalten. Aber wenn schon keine Rechtfertigung, so schulde ich Ihnen vielleicht doch eine Erklärung; denn ich sehe mich ausserstande, mich in alleiniger Verantwortung vor die edle Kumpanei jener zu stellen, die das Überrumpelungsmanöver dieses Abends zu verantworten haben.

Auf Prof. Hans Wysling bin ich gestossen, als unser hier anwesender Freund, Rechtsanwalt Dr. Ernst Walder, irritiert, aber nicht hinreichend angeschlagen von meinen europapolitischen Provokationen, in der Person und Dienstkameraderie des Zürcher Literaturprofessors eine Art von Ersatzheer aufbot, das sich dann als beinahe noch formidablere Herausforderung an den Sprechenden erwies. Das war mir zuviel. Als Diplomat pflichtgemäss stets auf der Suche nach einem höheren Prinzip, das Meinungsverschiedenheiten gewissermassen ertränkt, stiess ich auf Thomas und Golo Mann. Als Deutschstämmiger zudem immerfort auf Gralserlebnisse bedacht, fand ich mich im Oktober 1993 gemeinsam mit meiner Frau folgerichtig in diesem Hause vor Ihrer Kulturdezernentin. Hans Wysling, dem als langjährigem Leiter des Thomas Mann-Archivs in Zürich ein herausragendes Verdienst an der Ausstattung des neuen Heinrich- und Thomas-Mann-Zentrums in Lübeck zufällt, war im Geiste unter uns. Was fehlte, war so etwas wie eine greifbare Präsenz auch „in absentia".

Die Hans Wysling-Vitrine, die uns eben vorgestellt wurde und deren Inhalt Thomas Manns Schweizer Exiljahre veranschaulicht, hilft diesem Mangel ab. Dass ihr dies inhaltlich in so eindrücklicher Weise gelingt, ist das Verdienst der Lübecker Zentrums-Leitung. Dass die erforderlichen Geldmittel unschwer beizubringen waren, verdanken wir einer kleinen Zahl hier anwesender schweizerischer und deutscher Zeitgenossen, die hiermit Gutes getan und für unsere Länder Ehre eingelegt haben.

Zu lösen blieb die heikelste Aufgabe, nämlich den so bescheidenen, jedem öffentlichen Betrieb und Geschiebe abholden Hans Wysling erneut in die Hansestadt zu locken. Sein Amtsnachfolger, der listenreiche Thomas Sprecher, fand sich zur ruchlosen Tat bereit, was freilich nicht genügt hätte, wäre es ihm nicht gelungen, Frauen einzuspannen – unsere Ehefrauen –, versteht sich.

Und so gelangte der Ball ins Tor. Mein Dank gilt dem Einsatz der Stürmer und Läufer, der Zurückhaltung der Verteidiger und der Abwesenheit eines ernstzunehmenden Torhüters. Schiedsrichter wird die Zukunft sein.

Meine Wünsche, die wohl auch die Ihren sind, gelten dem Wirken der Institutsleiter in Lübeck und Zürich. Unser aller Dankbarkeit aber fliegt Hans Wysling entgegen, ihm und seiner Frau, die für manches gutsteht.

Die Anwesenheit verschiedener schweizer Bundesbeamter verleiht unserm frohen Anlass jene Legitimität, woran seine Dynamik zu zerbrechen droht. Genug also. In Frankreich wartet immer ein Abendessen, in Deutschland ein schicksalsträchtiger philosophischer, zumindest ein dialektischer Abgrund. Rechnen wir nichts gegeneinander auf, greifen wir vielmehr zu. Zählen wir uns weder zu den Abtretenden noch zu den Kommenden. Wir stehen einfach im Strom der Zeit und suchen, in der Regel vergeblich, die Botschaft seines Raunens zu entziffern. Mehr wollte ich, Kind des Rheins nun einmal, in das kleine Gedicht nicht hineindeuten, in den Gruss, mit dem ich mich von Ihnen verabschiede:

Abends am Rhein

Von Spätlicht und Herbst übergossen
Sucht er, schon dunkelnd, sein Meer,
Stolz in sich selbst beschlossen,
Wenn der Tag, den kein Schatten verdrossen,
Noch leuchtet vom Abend her.

Aus der Tiefe undeutbares Schäumen
Der Wasser, die eben noch rauschten,
Und der Wind spielt in Lindenbäumen,
Die wie wartend die Ufer säumen,
Als flüsterten sie und belauschten

Den Wechsel der selten harten
Laute gewohnter Stimmen,
Die aus dem nahen Garten,
Wo Menschen das Dunkel erwarten,
Freundlich herüberdringen.

Bis die schimmernden Farben verbleichen,
In die dämmrige Bläue münden,
Die Ufer unmerklich entweichen
Und Laternen als schweigende Zeichen
Die sinkende Nacht verkünden.

Unter den kalten Sternen
Das letzte Licht verfliegt.
Die Stimmen sich sachte entfernen,
Den vergangenen Tag verlernen
Und der Morgen im Osten liegt.

Golo Mann zum 80. Geburtstag
Kilchberg/Zürich, 27.3.1989

Mataruc

Das Onsernone, in dessen Mitte Berzona liegt – leicht abseits und oberhalb der Landstrasse, zugewandt der Sonne und der südlichen Voralpenkette, die das tief eingeschnittene Tal vom Centovalli trennt –, kennen auch heute nur wenige. Als ich, eingeladen von „Mussia", einer längst verstorbenen, welterfahrenen baltischen Freundin, an einem warmen Augusttag des Jahres 1958 mit dem Abendbus von Locarno hinauffuhr, fühlte ich mich durchaus dem gleichaltrigen Leutnant Drogo verwandt, der in Dino Buzzatis Roman „Il Deserto dei Tartari" zu Pferd einer schicksalhaften Bestimmung entgegenreitet. Jedenfalls hatte ein flüchtiges Studium der vorhandenen, spärlichen Quellen über die in den Bergen hinter der Provinzstadt auslaufenden Täler des Sopraceneri mir nichts von jener Entdeckerfreude zu nehmen vermocht, die den jungen Mann erfüllt, wenn er als Eroberer auszieht, um erobert zu werden.

Quellen? Die geben allemal eher den Zeitgeist wieder als zeitlose Wahrheit. Karl Viktor v. Bonstetten, der Berner Patrizier, der kurz vor dem Untergang der Alten Eidgenossenschaft Ende des 18. Jahrhunderts im Verein mit allen Gesandten der zwölf Aufsichtskantone die „Gemeine Herrschaft" Tessin besuchte, glaubte im Untertanengebiet des Onsernone vor allem Roheit, Familienfehde und Prozessiersucht vorzufinden. Er schloss, gleichsam mit letzter Kraft das dahinsterbelnde Regime der „gnädigen Herren von Bern" verteidigend, mit der Erkenntnis: „Der Einfluss der französischen Revolution hat die Moralität der Onsernoneser vollends verdorben".

Ein gutes Jahrhundert später rief das Anliegen des jungen Bundesstaates, den Fortschritt bis in die entferntesten Landesteile zu tragen, bei konservativen Zeitgenossen bereits so etwas wie den Wunsch nach Abkehr hervor. Die „Neue Zürcher Zeitung" veröffentlichte im Sommer 1912 auf der ersten Seite den ersten einer Serie von vier langen Artikeln aus der Feder des Dr. C. Täuber über das „Val Onsernone". Unterm 29. Juni war zu lesen: „Wer, ermattet von der Hetzjagd grossstädtischen Tuns, vom Hinstürmen zur Spitze der Zivilisation einige Tage oder Wochen ruhiger Beschaulichkeit widmen möchte, wird hier seinen Zweck erreichen. Hier, aber auch erst hier, verstummt die nicht enden wollende Klage über die gewaltige Daseinsverteuerung, welche im Grunde doch von nichts anderem herrührt als der ins Ungemessene gesteigerten Beanspruchung der materiellen Güter von Seiten der grossen Masse."

Welche Einsicht! Ein halbes Jahrhundert danach empfand der müde Wanderer jedenfalls entschieden wie der Volkskundler Täuber, nur dass seine Distanz zur „grossen Masse" so ziemlich dahingeschwunden war...

In Berzona, spät abends in der Hut der dreibogigen Loggia eines alten, geduldigen Hauses, scheinen soziale Begehrlichkeiten und Abgrenzungen bedeutungslos. Der Mensch ist klein und dankbar, die Natur mild und grossmütig. Derlei stimmt ein, macht empfänglich, fördert Zutrauen und verbannt Eitelkeit.

Mataruc ist ein über den höchstgelegenen Häusern emporgewölbter Felsbuckel, eine von Kastanien umstandene, kleine Bergwiese, fünfzig Schritte bergan neben der auf einem Geländesattel errichteten, über dreihundert Jahre alten Kapelle, von wo der Weg zunächst abwärts, dann wieder ansteigend den Kaskaden des Bergbachs zustrebt. Bei meinem ersten Besuch vor dreissig Jahren sass ich dort oben im hohen Gras und träumte, wie wohl viele von mir, von einer eigenen, kleinen Steinhütte an dieser bevorzugten Lage. Zwei Jahre später erhob sich an derselben Stelle ein niedriges, vom Hügelfuss her beinahe unsichtbares Haus – keine selbstbewusste Manifestation, viel eher eine Reverenz vor der Natur. „Il Professore Mann", informierte mich Marta Regazzoni, die, einer festen Einrichtung gleich, das Dorflädelchen führt und alle lokalen Erregungen mildert, habe es errichten lassen. Und in ihrer Stimme lag für einmal ungeminderte Zustimmung.

In Berzona also begegnete ich dem späteren Freund, indem er, mit Hund, Rucksack und Stock die kurze, aber steile Wegstrecke von der Dorfkirche zum Haus zurücklegte, in der Sommerhitze zuweilen ein halblautes „ach ja" ausstossend – weniger ein Seufzer als zögernd eingestandene Befriedigung darüber, dass ja nun eben alles gut angetroffen und insoweit beim alten war.

Mataruc, Berzona sind dann zum Ausgangs- und Fluchtpunkt gemeinsamer Unternehmungen geworden, körperlicher und geistiger Wanderungen, die den Horizont der umliegenden, lichten Voralpen abschreiten und eindringen in die schattenreiche Kühle der Bergbäche. In dieser schon zur Römerzeit zivilisierten Welt zwischen 700 und 1.500 Metern über Meer, in die während und nach heftigen Gewitterregen Rinnsale zu reissenden Wasserfällen werden wie das Leben, das nun einmal von den Rändern her einströmt – in diesem zugleich begrenzten wie grossartigen Lebensraum, dessen Enge einen Christoph Kolumbus erdrückt hätte, richteten wir uns ein in der Freiheit des Geistes und der Selbstbeschränkung des praktischen Anspruchs, die der Berge Kranz nahelegt und die das Augenmass bewahren hilft.

Wir: das war ja nun keineswegs etwas natürlich Vorgegebenes. Ich bin nämlich Beamter, also nicht notwendig Teilhaber einer Weggenossenschaft mit einem Historiker und Schriftsteller, dessen Welt gewissermassen dort beginnt, wo die meine bei pflichtgemässem Verhalten eigentlich enden sollte. Hier der Vertreter staatlicher Ordnung, die sich fortentwickelt etwa wie eine Tropfsteinhöhle, dort der Geprüfte, der bestanden hat und daraus seinen Wagemut bezieht. Würden wir uns finden?

Vielleicht war es ein glücklicher Zufall, dass sich Geist und Gemüt bei der Sicherung von Lebensnotwendigem gegenseitig Zugang verschafften. Berzona erlebte in den späten Sechzigerjahren eine Krise seiner Wasserversorgung, der ich mit der Aufgeklärtheit eines Viktor v. Bonstetten zu Leibe zu rücken gedachte, wobei ich mich der unterschriftlich garantierten Rückendeckung der gesamten modern gesinnten, hauptsächlich ortsfremden Aufenthalterschaft zu versichern wusste. Die Antwort der Gemeindeoberen auf unsere Petition war eine etwas dumpfere Version der Darstellung Siziliens durch Giuseppe Tomasi die Lampedusa in dessen unvergänglichem Roman „Il Gattopardo", worin der Fürst Salina dem Abgesandten des „neuen Italien" gegenüber rationalistische Reformen als Verirrung und damit als aussichtslos verwirft. Wir wurden belehrt, der Trinkwassermangel sei eine natürliche Folge der Wasserknappheit überhaupt, der vermutlich wiederum die Trockenheit des Sommers zugrundeliege. Und damit basta.

Zu Ehren des Tessins sei festgehalten: Seither hat es in Berzona nie mehr an Wasser gefehlt, auch nicht in sehr trockenen Sommern. Autonomen Nachvollzug nennt man das.

Oberster, unausgesprochener Grundsatz unserer Verbindung war von Anbeginn Offenheit, also auch jene Freiheit der Rücknahme, die sich so oft als die dauerhafteste Basis der Freundschaft erweist. Gemeinsamkeit nicht in Kasteiung und Abkehr, vielmehr als gelebtes Angebot an jene, die sich nicht von der Welt abwenden, noch sie bekriegen, sondern sich freundlich in ihr behaupten wollen. Dabei lernte ich von reiferen Teilhabern geschichtlicher Erfahrung, zuerst von der baltischen Freundin, der als ehemaliger Angehörigen der adligen Oberschicht der Zar aller Russen entschieden näher stand als die Dirigenten der zwischen den beiden Weltkriegen unabhängigen baltischen Republiken – für einen jungen Republikaner eine unerhörte Provokation! Später von dem Hausherrn auf Mataruc, dessen Gespür für das historisch Gewachsene unfehlbar ist, wo aufgezwungene politische Verhältnisse, wie in Osteuropa, die alten Kräfte der Geschichte vergeblich zurückzustauen suchen. Mein eigener Beitrag bestand im Vertrauen auf die wirtschaftliche und politische Integration Westeuropas, wo aller bürokratischen Technikalien zum Trotz vielleicht doch ein qualitativer Durchbruch zu einer Einigung historischen Ausmasses sich vollzieht, gerade weil den Betroffenen ungestraft Vorbehalte anzubringen freisteht.

Berzona, genauer: die Häuser jener, die dort „ermattet vom Hinstürmen zur Spitze der Zivilisation", ins Lot zu kommen wünschen, sind nur ausnahmsweise ständige Wohnstätten. In der Regel ist ihr Aufschliessen im Frühling vergleichbar der Rückkehr zu einer im Vorjahr provisorisch versiegelten archäologischen Grabung. Man hilft sich aus mit Sicherungen, Glühbirnen und Mäusefallen, akkomodiert sich mit Siebenschläfern, schafft Mundvorräte in Form von Salami und Fontina herbei und robbt sich so gewissermassen an den zurückgelassenen, bescheidenen Komfort des letzten Herbstes heran, bis der von Martas Laden heraufgetragene Merlot und das prasselnde Kaminfeuer jenes luxuriöse Gefühl der Weltverbundenheit vermitteln, das einen merkwürdigerweise meist dann befällt, wenn man sich gerade bequem eingerichtet hat und von Entgegenkommen keine Rede mehr sein kann.

Wie manches Mal hat Mataruc so die Bühne zu Ouvertüren abgegeben, die noch mehr hielten, als ihre Schwestern aus der Opernwelt versprechen! Hast du nicht, Golo, dort Teile Deines Meisterwerks komponiert, des „Wallenstein"? Und waren es vielleicht nicht Blitz und Donner des nächtlichen Onsernone, „die rings den regnerischen

Abendhimmel entzünden", welche Dich Friedrich Schillers eingedenk machten, als er seinen Helden zu Eger ans Fenster treten und die unheilvolle Nacht hinaussprechen liess:

> Am Himmel ist geschäftige Bewegung,
> Des Turmes Fahne jagt der Wind, schnell geht
> der Wolken Zug, die Mondessichel wankt,
> Und durch die Nacht zuckt ungewisse Helle,
> – Kein Sternbild ist zu sehn! Der matte Schein dort,
> der einzelne, ist aus der Kassiopeia,
> Und dahin steht der Jupiter – Doch jetzt
> Deckt ihn die Schwärze des Gewitterhimmels!

Nach Gewitternächten, die Schauer weiterziehend wie ein geordnet Heer, während hochgehende Bergbäche das Bewusstsein wachhalten an unser Ausgesetztsein, erheben sich glanzvolle Morgen über dem Häuflein Häuser, aus dem der Campanile der grossen Kirche, Zeuge einer volkreicheren Dorfvergangenheit, unerschüttert herausragt. Auf meiner Loggia bin ich mit dem Glockenstuhl höhenmässig auf Du und fühle mich jedesmal bestätigt bei der Entdeckung, dass auf dem Zifferblatt mit seinen römischen Zahlen seit der Mitte der Fünfzigerjahre vorgenommenen Renovation auf die Sieben wieder eine Sieben folgt. Vielleicht ist's ja nun einmal gar kein Irrtum, denn in Berzona scheint die Zeit stillezustehen. Der Kirchturm freilich ist anderer Meinung: Auf seiner dem Tale zugewandten Fassade wird dem heraufsteigenden Wanderer die Bedeutung des Stundenschlags durch eine Inschrift ins schaudernde Bewusstsein gerufen:

„Feriunt omnes, ultima necat."

Der strahlende Sommermorgen verrät nichts von solcher Bedrohung. Droben auf Mataruc empfängt Bjelka, die Labradorhündin, den vertrauten Besucher mit freudigem Gebell. Der Hausherr trägt schon die braunen Wanderschuhe, unterhält sich mit Freunden – Guti, Francisco, Alberto – auf spanisch über ein entlegenes Thema, Etymologie zum Beispiel, bis man sich aus Rücksicht auf den Dazugetretenen des Deutschen, Englischen oder Französischen bequemt. Thematisch ist ein gemeinsamer Nenner leicht zu finden; schaffen's Bildung oder Übung nicht, so eben die von allen geteilte Überzeugung von der erträglichen Ungunst der Zeit. So geht's mit Stock und vorzeitlichem Rucksack bergan, der in unwandelbarer Varietät Brot, Salami, Käse und Landwein umschliesst. Bei der Rückkehr nach Hause erwartet uns, ein irgendwie bemerkenswerter Anlass vorausgesetzt, die „Witwe Klicko". Die ist bekanntlich eine Kreation von Wilhelm Busch, dessen wir eigentlich auf keiner Wanderung ganz entbehren. Auf ebenen Wegstrecken oder beim Rasten im Blick auf das Rund der dichtbewaldeten Tessiner Voralpenwelt geben wir des Meisters unsterbliche Verse zum besten. Noch ist unentschieden, welcher Passage die Krone gebührt, dem ersten Kapitel der „Frommen Helene", wo es heisst:

> Schweigen will ich von Lokalen
> Wo der Böse nächtlich prasst,

Golo Mann zum 80. Geburtstag 123

> Wo im Kreis von Liberalen
> Man den heil'gen Vater hasst

oder der Schlussbetrachtung in „Maler Klecksel":

> Hartnäckig weiter fliesst die Zeit,
> Die Zukunft wird Vergangenheit.
> Von einem grossen Reservoir
> In's andre rieselt Jahr um Jahr;
> Und aus den Fluten taucht hervor
> Der Menschen bunt gemischtes Corps.
> Sie plätschern, traurig oder munter,
> 'n Bissel' 'rum, dann gehen's unter
> Und werden, ziemlich abgekühlt,
> Für längere Zeit hin weggespült. –
>
> Das Fräulein freilich, mit erboster
> Entsagung, ging vorlängst in's Kloster...

Geschichte und Sprache sind wiederkehrende Themen unserer Ausflüge. Dabei immer wieder diese Erfahrung, in Golo Mann einen Gelehrten und Künstler zu kennen, der wie kein anderer die Leistung Vorausgegangener wie von Zeitgenossen mit soviel echter Bewunderung würdigt. Das unverstellte Bekenntnis zur Grösse, die Fähigkeit, von sich selbst abzusehn – gibt es eine bezwingendere Einladung zu Freundschaft und Weggemeinschaft? Berzona freilich hat das Seine dazugetan. Es genügt, von den Alpweiden, von Colmo, von Agliasco hinabzublicken auf die eng zusammengekauerten Häuser, die unter ihren schweren Steinplattendächern an einen Familienrat von Schildkröten erinnern, um zu erfahren, dass der Mensch hier nicht als Beherrscher, vielmehr als die Vorherrschaft der Natur willig akzeptierender Gast lebt. Daraus wächst die Serenität des Endlichen ebenso schön hervor wie die Solidarität jener, die, von zuweilen weit entfernten Gestaden hier zusammengekommen, Gefährten sind im Strom der Zeit, Gefährten auch des eingebornen Wegmachers oder Ziegenhirten.

Die Natur wiegt uns in ihren Rhythmus – gleich übrigens wie die Kirchenfeste, deren ehrwürdigstes in Berzona dem Heiligen Rocco gilt. Am zweiten Augustsonntag wird unter Mitwirkung der Einheimischen wie der des Entrinnens unfähigen Feriengäste selbst dem Einfältigsten klar, wie einfach und sinnvoll die Ökonomie des Wertzuwachses funktioniert: In den Tagen vor dem Fest entrümpelt jeder sein Haus, trägt durchgesessene Liegestühle, bodenlose Papierkörbe und zerlesene Bücher zu Martas Laden und hinterlässt daselbst eine runde Summe zur Garnierung des Abgestossenen durch einschlägige Spirituosen. Ist San Roccos Fest endlich da, so steigt man von seinem von allem unnützen Zierat befreiten, seither freilich etwas nüchtern wirkenden Heimwesen hinab zum Kirchplatz, wo Guerra (eigentlich Guerino, da am Tag des Ausbruchs des Ersten Weltkriegs geboren und damals naturgemäss noch sehr jung) die aufgehäufte Beute der Vorwoche mit dröhnender Stimme versteigert. Bei sengender Nachmittagshitze glaubt man durch einen Schleier von Schweiss und Tränen seinen bequemen Ruhesitz, den treuen Papierkorb, vor allem aber jene geliebten Bände wiederzuerkennen, die sich in die kürzlich gerissene Lücke der eigenen Bibliothek zurücksehnen.

Obzwar nicht jedermann im Dorf liest, weiss man den Prestigewert des Gedruckten zu schätzen – erst recht die Herkunft der Ware, die doch erst vor wenigen Tagen unter gespielter Gleichgültigkeit der Dorfbewohner in zwei abgeschabten Koffern von Mataruc herabgeschleift worden ist. Der Wiedererwerb des Entäusserten erweist sich daher trotz mässiger Steigerungsraten als ein Unterfangen von einiger finanzieller Ernsthaftigkeit. Doch wen reut's – verbringt man doch den lauen Abend in Angedenken San Roccos und inmitten zurückeroberter Accessoires, zu Geschmack und Zugriffigkeit gleichermassen beglückwünscht von Freunden, die übrigens dem bei gleicher Gelegenheit gegen teures Geld ersteigerten Whisky geschmacklich vertrauen.

Mataruc – Felswiese heisst das wohl. Wie oft bin ich des nachts von dort abgestiegen, indem das niedrige Haus mit dem erleuchteten Fenster Deines Arbeitszimmers allmählich in jenen „Kranz von alten Bäumen" versank, den Rilke in einem seiner frühen Gedichte verewigt hat. Und wie oft hab ich Dir nachgeschaut von meiner Tür, wie Du das kurze Wegstück hinauf unter die Füsse nahmst in der Dunkelheit des späten, den Grillen gehörenden Abends, die zuerst die schwarze Bjelka umfing und dann Deine Gestalt, bis auch das regelmässige Geräusch Deiner eisernen Stockspitze verstummte und anzeigte, dass Du droben bei der Kapelle vom Steinweg in den Hügelpfad eingetreten und also eins geworden warst mit Deinem geliebten Haus.

Lieber Golo, hab dieses Bild oft in mir evoziert an den Küsten ferner Ozeane, im Spätjahr zumal, wenn man sich heimsehnt. Am stärksten in Japan, als mir ein Gedicht zufiel, „Damals in Kamikochi", das am Ende zurückfindet zu unserer Heimat. Nimm's noch einmal mit den Glückwünschen dessen, der von Dir vieles empfangen:

....

Und mich erhört des Herbstes sterbende Zikade;
Ihr Todesschrei sinkt in des Steinmeers Resonanz,
Dort, wo das ewig Echolose Myriade,
Zeigt die Natur noch einmal ihrer Schwingen Glanz –

Und sie entlässt ein Rinnsal, das uns nimmt
Als Strömende; gesucht und hingegeben,
Sind wir dem Nichts entnommen und bestimmt,
Jenseits der Trauer schweigend zu erleben
Die Nacht. Bis endlich unser Boot geladen
Und auch das Sternbild klarer, das die Fahrt ihm zeigt.
Setz ihm ein Segel, Bruder, grüsse die Kykladen
In jenem andern Meer, aus dem Europa steigt.

Funeral Blues

Hält an die Uhren, schweigt ins Telephon,
Hindert der Hunde Bellen – Knochen sei'n ihr eigen;
Klaviere laßt verstummen und der Trommel Ton
Gedämpft dem Sarge rufen und dem Trauerreigen.

Flugzeuge soll'n am Himmel kreisend klagen,
Ins Blau die Botschaft künden: Er ist tot.
Lasst weiße Taubenhälse Kreppflor tragen,
Und schwarzer Baumwollhandschuh sei der Polizei Gebot.

Er war mein Ost und West, mein Nord und Süd,
Werktag und Sonntagsruh, die unverwirrte,
Mittag und Mitternacht mir, Wort und Lied,
Ewiger Liebe Künder – doch ich irrte.

Kein Wunsch nach Sternen mehr – so löscht sie bald,
Verbannt den Mond und brecht der Sonne Glut,
Giesst aus die Meere und kehrt fort den Wald;
Denn nun und immerdar wird nichts mehr gut.

nach dem englischen Original
von Wystan Hughes Auden, 1936

Köln, den 12. Januar 1996

Sprache und Macht

Einführungsreferat am 5. Sinclair-Haus-Gespräch
am 8./9. Dezember 1996

Es ist mir eine Ehre und darüber hinaus angenehm, erneut Gast dieses Hauses zu sein und zudem ein ernstes, von der Menschheitsgeschichte beladenes Thema kurz vorstellen zu dürfen. Weil der Gegenstand so komplex ist, erlauben Sie mir bitte drei kurze begriffliche Erläuterungen, damit wir uns in der Diskussion nicht missverstehen:

Der Titel meines Einführungsreferats enthält zwei Hauptwörter. Unter „Sprache" verstehe ich das gesprochene oder geschriebene Wort. Schillernd ist das Wort „Macht". Macht kann gut oder böse sein, kann der Repression dienen wie der Freiheitswahrung.

Ziel meiner kurzen Ausführungen ist es denn auch, stichwortartig zu erläutern, wozu die Sprache als Machtmittel gut oder eben böse sein kann. Und da wir uns nicht in akademischen Betrachtungen verströmen lassen, vielmehr uns Aktuellem zuwenden sollten, möchte ich an der deutschen Sprache das eben Gesagte exemplifizieren. Denn innerhalb weniger Jahrzehnte hat sie Übel angerichtet und will und wird nun doch wieder ihren Platz einnehmen. Womit eigentlich schon bewiesen ist, dass Sprache tatsächlich = Macht ist.

Dass die Sprache ein vorzügliches Mittel der Machtbehauptung durch Dialektik ist, wissen Verteidiger so gut wie Staatsanwälte. Die Menschheitsgeschichte liefert berühmte Beispiele für die Überzeugungskraft eines einzigen der Sprache Mächtigen gegen eine erdrückende Mehrzahl von Widersachern.

Wird die Sprache dagegen als kollektives Machtmittel im Sinne etwa der Regierungspolitik eingesetzt, so wird sie fast stets zum Mittel der Repression einer Mehrheit gegen Minderheiten. Die europäische Zeitgeschichte ist leider reich an Beispielen. Man denke nur an die Germanisierung des Elsasses und Teiles des europäischen Ostens, die Französisierung des Elsasses nach dessen Wiedereinverleibung durch Frankreich, an den Sprachenstreit in Südtirol, zu schweigen von all dem, was die Russifizierung in den Dreissiger- und Vierzigerjahren unseres Jahrhunderts hervorgebracht hat. Belgien ist ein Sonderfall, weil in Ermangelung klarer machtpolitischer Mehrheitsverhältnisse die Sprache als Zwangsmittel nicht eingesetzt werden kann und deshalb „nur" zur gegenseitigen Ab- und Ausgrenzung taugt. Besonders traurig sind die Zustände im ehemaligen Jugoslawien. Dass die Sprache als Machtmittel auch ausserhalb Europas ein zweischneidiges Schwert ist, können wir hier vernachlässigen, da die europäische Geschichte durchaus hinlängliches Anschauungsmaterial liefert.

Und nun aber gleich hin zu der zentralen Frage: Warum „kehren Sprachen zurück"? Warum lassen sie sich weder beliebig verbreiten noch auf Dauer komprimieren? Meine These ist, dass Sprachen ein naturgesetzliches Machtpotential innewohnt. Sie

Sprache und Macht

stossen in Leerräume vor, lassen sich nicht erdrücken, finden indessen ihre Grenzen am Potential, am Gewicht, an der Bedeutung anderer Sprachen, die sich ihrerseits weder erobern noch auf Dauer verdrängen lassen.

Aus diesem naturgesetzlichen Grund lässt sich der Missbrauch der Sprache als Machtmittel auf längere Zeit hinaus auch nicht durchhalten.

Lassen Sie mich dies, gerade auch aus meiner Sicht als Schweizer, am Beispiel des Deutschen erläutern:

Eine Weltsprache ist Deutsch nie gewesen – schon deshalb nicht, weil die Kolonien fast alle schon verteilt waren, als Deutschland 1870 ein Staat wurde. Dagegen war Deutsch in ganz Zentraleuropa lingua franca, die Art von Kulturklammer. Hitlers Herrschaft versuchte, die Gültigkeit der deutschen Sprache über Gebühr auszudehnen. Wir kennen die Folgen der Niederlage. Das Englische wurde Weltsprache, das Französische meldete seinen Anspruch als Hauptsprache des europäischen Kontinents unermüdlich an. Das Deutsche versank ins Provinzielle. In den ersten Nachkriegswochen 1945 durfte in Köln mit den amerikanischen Besetzungstruppen nur englisch gesprochen werden. Es ist noch heute in keiner einzigen internationalen Organisation, auch nicht im Europarat, auch nicht in der OECD, offizielle Arbeitssprache.

Den deutschsprachigen Schweizern war dies so unrecht nicht. Sie hatten das Französische zu ihrer Verfügung, und in Erinnerung an die mannigfachen Bedrohungen durch den nationalsozialistischen Totalitarismus begannen die Deutschschweizer sich sprachlich vom Hochdeutschen abzukoppeln.

Sie glaubten, sich damit nach der politischen Souveränität von 1815 bzw. 1848 und der ökonomischen, die um die Jahrhundertwende eintrat, endlich auch die kulturelle zu erobern.

Nun, was geschah? Drei persönliche Erfahrungen: Die erste erlebte ich 1989 als Botschafter bei den Vereinten Nationen in New York. Man sprach so gut wie nur englisch, gelegentlich auch französisch mit Franzosen, öfter mit Italienern und Iberikern sowie mit einer Minderheit der Vertreter von Oststaaten, Polen und Rumänen. Fürs Deutsche war als Schweizer Platz im Gespräch mit Deutschen, Österreichern und Lichtensteinern, allenfalls mit Luxemburgern.

Es kam der Herbst 1989, und mit ihm das Donnergrollen der sich ankündigenden „Wende". Am Rande der in der Regel von Ministerpräsidenten und Aussenministern beschickten Generaldebatte, die jeweils Mitte September beginnt, trafen sich west- und osteuropäische Protagonisten, zuweilen auch Neutrale, zu Diskussionen über das Krisenmanagement. Und siehe da, meine osteuropäischen Botschafterkollegen und deren Chefs aus den Zentralen waren urplötzlich des Deutschen mächtig. Das war genau dann, als der damalige Aussenminister der Bundesrepublik, Genscher, in Prag auf dem Balkon der dortigen deutschen Botschaft stand.

Sodann meine Erfahrung als Schweizer, dass ein Land mit deutschsprachiger Mehrheit, die eine Grosszahl unterschiedlicher deutscher Dialekte spricht, sich kulturell von den benachbarten Hochsprachen ganz einfach nicht abkoppeln kann, ohne überhaupt nicht mehr verstanden zu werden, auch nicht von den eigenen Landsleuten französischer und italienischer Zunge.

Und schliesslich, drittens, eine Erfahrung aus meiner Bonner Botschafterzeit, die zeigt, dass sich die Dinge folgerichtig weiterentwickeln: Frankreich, bis vor kurzem beinahe blindlings auf die Förderung der Francophonie fixiert, unterstützt neuerdings deutsche Bestrebungen, das Deutsche als Arbeitssprache in internationalen Organisationen europäischer Provenienz zu fördern. Man hat in Paris erkannt, dass es das Französische *und* das Deutsche sind, die in West- und Zentraleuropa vorherrschen. Ein sprachlicher Bruderkrieg würde einfach das Englische zur dominierenden Sprache auch auf dem Kontinent noch weiter fördern.

Dass durch diesen Gesinnungswandel die französisch-deutsche sprachliche „cohabitation" in West- und Zentraleuropa bereits gesichert wäre, ist allerdings unwahrscheinlich. Die italienische Diplomatie steht nämlich unter der strikten Weisung, auch das Italienische unbedingt mit einzubringen, falls eine zusätzliche Sprache in irgendwelchen internationalen Organisationen Einzug hält. In etwas abgeschwächter Form gilt dies auch für das Spanische. Auf französisch nennt man dies „noyer le poisson" – den Fisch ersäufen. Gerade die Regierung eines mehrsprachigen Landes wie der Schweiz kann in dieser Lage kaum vermitteln.

Trotzdem gehen mehr und mehr Beobachter davon aus, dass das Deutsche in angemessenem Masse Schritt für Schritt auf die Bühne zurückkehren wird. Darin zeigt sich seine Macht. Es handelt sich dabei nicht primär um das wachsende politische und wirtschaftliche Gewicht Deutschlands, sondern um die Macht der Sprache, also um das Phänomen, das uns hier beschäftigt.

Welcher Art ist diese Macht? Da ist zunächst einmal der quantitative Aspekt. Vom Russischen abgesehen, das keiner rein europäischen Kultur zugehört, ist Deutsch nämlich die in Europa am weitesten verbreitete Sprache. Eher noch gewichtiger sind qualitative Gesichtspunkte: Deutsch ist die gemeinsame Sprache der Bildungsschichten in Zentraleuropa, eine eigentliche Sprachklammer, jedenfalls was die ältere Generation betrifft. Im deutschen Sprachraum hat die allgemeine Schulpflicht die längste Tradition. Da, im Gegensatz zum Englischen, Französischen, Spanischen und Portugiesischen der deutschen Sprache die Bevölkerungen ehemaliger Kolonien nicht zugehörig sind, erhält diese Sprache als Erstsprache ein zusätzliches, erhebliches intellektuelles Gewicht.

Folge davon ist, dass in keiner andern Sprache die Anzahl der jährlichen Veröffentlichungen pro 100.000 Menschen an die auf deutsch herausgegebenen herankommt. Würde man noch deren Umfang berücksichtigen, so wäre das Übergewicht des Deutschen zweifellos noch grösser, was freilich weniger ein Qualitätsmerkmal ist, als dass es deutscher Neigung entspricht, Publikationen von weniger als 800 Seiten Umfang als nicht ganz seriös zu empfinden ...

Noch ein interessantes Beispiel: Als ich 1975-1980 auf Posten in Paris weilte, fiel mir auf, dass auffallend viele Schüler im Gymnasialalter Deutsch als erste Fremdsprache belegten. Das war zu einer Zeit, als die Franzosen andere Fremdsprachen als das Englische kaum zur Kenntnis nahmen, und über die Wirkung des deutschen Sprachstudiums auf 15- bis 18-jährige schweige ich mich aus Höflichkeit aus. Die Entscheidung mancher Eltern, ihre Kinder in Deutschklassen zu schicken, hatte einen andern, ebenso merkwürdigen wie eindeutigen Grund: Deutsch gilt als schwer, die jungen Leute, die sich an das Erlernen dieser Sprache machen, stehen im Geruch, fleissiger, wenn nicht gar intelligenter zu sein. Kurz, man bewegt sich in Deutschklassen in den gehobenen Quartieren von Paris offenbar in elitären Kreisen. Die Pariser Regierung scheint dies ungern zu sehen.

Das seltsame an dem Phänomen ist, dass am Erlernen des Deutschen damals in Frankreich – und wohl auch heute noch – gar kein primäres Interesse bestand bzw. besteht. Umgekehrt enttäuscht mich auch in Deutschland die immer wieder gemachte Feststellung, dass selbst im Rheinland, das Frankreich in vielerlei Hinsicht so nah ist, nur wenige das Französische beherrschen. Und was mein eigenes Land betrifft, so wird im deutschsprachigen Teil, der mehr als 70% der Bevölkerung umfasst, das Französische mehr und mehr durch Englisch ersetzt, während die Welschen ihr nie sehr starkes Interesse am Deutschen weiter abbauen, seitdem sich die deutschsprachige Schweiz überwiegend dem Dialekt verschrieben hat. Als wir vor einigen Monaten die welschen Schwiegereltern unserer Tochter besuchten, sagte meine Frau zu mir etwas, was unter uns bleiben sollte. Sie sprach also englisch. Unsere Tochter zischte sie an: wenn sie nicht verstanden werden wolle, so solle sie doch deutsch reden. Nun, unsere Gastgeber wohnen südlich von Fribourg, 10km von der Sprachgrenze zur deutschen Schweiz entfernt...

Wirklich mehrsprachig sind in der Schweiz nur die 5% Tessiner, denn sie verfügten bis vor kurzem über keine eigene Hochschule. Ausgerechnet daher bezieht der tessinische Bevölkerungsteil ein zusätzliches Potential.

Dass Sprache Macht bedeutet, weiss jeder, der mehr als eine Sprache beherrscht. Denn die Sprache ist nun einmal nicht nur das weitaus wichtigste Kommunikationsmittel; sie enthüllt auch das Genie des Volkes, das sie spricht. Die Türkei, wo wir sieben Jahre verbrachten, glaube ich begriffen zu haben, weil Türkisch für den Deutschsprachigen unschwer zu erlernen ist. Die Seele Japans blieb mir verschlossen, weil mir die Sprache fremd blieb. Kontinentaleuropa wird erst dann solide zusammenwachsen, wenn seine Bewohner hinlänglich Französisch und Deutsch beherrschen. Dies gilt in überragendem Masse für die Kernländer Deutschland und Frankreich. Die gemeinsame Vorliebe der politischen Führung beider Länder für Leckereien wie Schweinehals verschafft einige gemütliche Stunden. Zur Abstimmung in heiklen Fragen – und in Europa ist beinahe alles heikel – genügt sie nicht.

Das Bekenntnis zur Mehrsprachigkeit entbindet keineswegs von der noch dringenderen Pflicht, vor allem andern seine eigene Muttersprache zu beherrschen. Sie ist der geistige Sockel unserer Existenz. Ohne ihn ist Sprache nicht Macht, sondern Ohnmacht.

Ich danke Ihnen.

Zwei österreichische Romane von hohem Rang

Die Verfasser: Robert Schneider aus dem westlichen Vorarlberg, beinahe in Hörweite der Schweizer Grenze, Christoph Ransmayr aus Wels in Oberösterreich, Teilhaber also des böhmisch-österreichisch-deutschen Kulturraums von hoher Strahlungskraft. Schneider schrieb den bloss 200-seitigen Roman „Schlafes Bruder"[1] im Alter von 31 Jahren. Von vielen Verlagen abgewiesen, liegt er heute auf deutsch in sechster Auflage vor, ist eben verfilmt worden und wird in zwei Dutzend Sprachen übersetzt, eine Erzählung, gleichsam von den Menschen vieler Länder erwartet, ähnlich Giuseppe Tomasi di Lampedusas „Il Gattopardo" Ende der Fünfzigerjahre. Christoph Ransmayr hatte Schneiders Alter, als er 1982 sein „Die Schrecken des Eises und der Finsternis" herausbrachte. Vier Jahre danach der gerühmte Roman „Die letzte Welt". Und nun, gleichsam als Morgengabe aus Anlass der Ehrung Österreichs als Gastland der Frankfurter Buchmesse, „Morbus Kitahara"[2].

Beide Erzählungen sind „erfunden" – bei Schneider das schon in jungen Jahren ausgelöschte Leben eines unschuldigen, jugendlichen Musikgenies, das an der heute kaum mehr nachvollziehbaren, kruden sozialen, inzüchtigen Wirklichkeit eines Vorarlberger Bergdorfs im 19. Jahrhundert zugrundegeht. (Den Buchdeckel ziert ein Bildausschnitt Albert Ankers – wie sinnfällig!) „Die Geschichte des Musikers Johannes Elias Alder, der zweiundzwanzigjährig sein Leben zu Tode brachte, nachdem er beschlossen hatte, nicht mehr zu schlafen." Eine Rückblende also. Bei Ransmayr dagegen eine Art von Projektion des nie verwirklichten Planes des amerikanischen Finanzministers Henry Morgenthau aus der Zeit des Zweiten Weltkriegs, der danach trachtete, das besiegte Deutschland zu entmachten, indem es auf die Agrarwirtschaft zurückgeworfen würde. Der Hass des im Kriege von den Deutschen gepeinigten Lagerkommandanten der Steinbruchmannschaft, Ambras, und das Schicksal seines eigenen Nachkriegsopfers, Bering, finden viele Jahre später Vereinigung in Freiheit durch den Tod an der Küste des fernen Brasilien.

Das Gemeinsame? Vielleicht dies: Die Wirklichkeitsnähe der Utopie, der Umgang mit der Erkenntnis, dass auch das individuelle, ja das erfundene Schicksal des Einzelnen im sozialen Gefüge stets bereits angelegt ist und deshalb glaubhaft bleibt. Daraus spricht Sicherheit im Schosse einer in der eigenen Seele verankerten Nation.

Dieselbe Zuversicht generierende Sicherheit bewirkt, dass das Endgültige, das beiden Romanen eignet – das Aussterben eines ganzen Dorfes bei Schneider, der Tod der Protagonisten bei Ransmayr – nicht als eigentlich tragisches Geschehen schockiert, sondern sich vielmehr als eine Art von Ebbe mitteilt, welche die nächste Flut erwartet.

---

[1] Reclam, Leipzig, 1992
[2] S. Fischer, Frankfurt am Main, 1995

Gemeinsam schliesslich und vor allem die Sprachmeisterschaft, die Poesie bei Schneider, die in „Schlafes Bruder" über eine harte soziale Wirklichkeit hinwegzieht wie ein Teppich von Juniblumen über die dünne Humusschicht kantiger Bergwiesen, die geradezu sinnlich erfahrbare Beobachtungsstärke bei Ransmayr, die schon „Die letzte Welt" beherrschte und in „Morbus Kitahara" neue Höhepunkte erreicht, ohne im geringsten lautmalerisch konstruiert zu wirken: „Dort, unter Luftwurzeln und schaukelnden Trieben, kniet sie am Wasser, das kühler, viel kühler als der Ozean ist, und öffnet den Fischen mit einem Messer die Bäuche, kratzt Schuppen ab, die so gross wie Münzen aus Perlmutt sind, und schwemmt die leeren Bauchhöhlen aus, als sie ein krachender Schlag in den Rücken trifft und ihr den neuen Mantel, die Haut, das Herz zerreisst. Gebückt, wie sie war, fällt sie ins Wasser. Es ist nichts geschehen. Aber als sie sich aufrichten will, sieht sie, wie aus einer Quelle in ihrer Brust das Blut hervorkocht und sich über einen der Fische ergiesst. Nein, das sieht sie schon nicht mehr. Der Fisch liegt blutüberströmt noch eine Zeitlang im sandigen Bett des Rinnsals, bis ihn ein Wasserschwall, der sich vor der Toten gestaut hat, ein zweites Mal wäscht und zurückspült ins Meer."

In „Schlafes Bruder" stellt Cosmas Alder, der letzte Bewohner von Eschberg, als Bub die Frage: „Frau Mutter, was meint Liebe?" Hinter der kindlichen Formulierung verbirgt sich der Doppelsinn: Was *ist* Liebe? Und: Was hat die Liebe mit uns im Sinn? „Was Liebe meint?, lachte die Lukasin, küsste ihm sein glänzendes Knollennäschen und zog ihm die Kapuze über den Kopf. Denn der Regen hatte wieder eingesetzt."

Das Meer bei Ransmayr, der Regen bei Schneider, beiläufige Hinweise auf nie endende Kontinuität. Österreich. Unverwechselbar österreichisch auch die Sprache, aber nicht als bemühende Abgrenzung, sondern als bereichernde Variante inmitten des deutschen Sprachstromes. (Das diskret Österreichische der geschriebenen Sprache tritt gerade aus der Verfilmung von „Schlafes Bruder" nicht hervor, wo das Hochdeutsch der Schauspieler einigermassen gekünstelt wirkt. Einmal mehr ist das Buch der bessere Film.)

Das sollte uns Schweizer aufhorchen lassen. Österreich war 1995 Gastland der Frankfurter Buchmesse. Unser Nachbarland hat sich da eindrücklich vorgestellt. 1998 ist die Schweiz an der Reihe – nicht wegen der bei uns wieder herbemühten 350 Jahre der „Unabhängigkeit", vielmehr aus Anlass der 150. Wiederkehr unserer ersten Bundesverfassung, jener sowohl endliche wie erste und erfolgreiche Versuch, alle Schweizer in der Schweiz zu *integrieren*. Man kann nur hoffen, dass unsere literarische Selbstdarstellung auf der bedeutendsten Buchmesse der Welt in knapp drei Jahren diesen Erfolg, dieses Erbe und diese in die Zukunft weisende Aufgabe widerspiegeln möge. Denn Identität bedeutet nicht Einzigartigkeit. Sie lässt vielmehr Eigenart in der Zugehörigkeit erkennen. Die Romane Robert Schneiders und Christoph Ransmayrs sind dafür beispielhaftes Zeugnis.

Köln, den 20. November 1995

In Aachen bei der Verleihung des Karlspreises

„Wir waren die Leoparden, die Löwen:
unseren Platz werden die kleinen Schakale einnehmen,
die Hyänen; und alle zusammen, Leoparden, Schakale
und Schafe, werden wir weiter daran glauben,
dass wir das Salz der Erde seien."
(Guiseppe Tomasi di Lampedusa: „Il Gattopardo", 1958)

Der Aachener Karlspreis geht auf eine fünfzig Jahre alte, private Initiative zurück, und er hat sich diesen Charakter auch nicht nehmen lassen. Dennoch ist er europaweit zu hohem Ansehen gelangt als Auszeichnung für Verdienste um die Einigung unseres geplagten Kontinents. Dazu hat der Ort der Vergabe gewiss viel beigetragen. Aachen, die Wiege in der Morgendämmerung des Abendlandes, dutzendfache Krönungsstadt der grossen Einiger, von denen manche die Grablegung ihres eigenen Entwurfs noch erlebten, Karl der Grosse zumal, um dessen nationale Zugehörigkeit sich noch heute grosse Nationen streiten – klägliche Versuche, die Narrenkappe der Passheimat weit bedeutenderen Affinitäten überzustülpen. Im herrlichen Oktogon des Doms, schon um 800 fertiggestellt, steht der einfache, aus römischen Bruchstücken gefertigte Thron, auf dem von den Ottonen anwärts so viele Könige sassen. Der Kirche gegenüber das mächtige Rathaus aus der Mitte des 14. Jahrhunderts. Darin auf der ganzen Länge sich dahinziehend, mit Blick auf den Dom, der Reichssaal, Ort des Geschehens.

Der Würde des Anlasses entsprechend entfaltet das lokale Protokoll seine besten Absichten, die auch im 50. Jahr der Repetition in Wirrwarr münden. Vorsichtshalber hat die Aachener Polizei Kollegen aus Nachbarstädten zu Hilfe gerufen. Von der Physis her ist der Unterschied kaum zu erkennen: grüne Windjacken, unter den Mützen hervorquellende, überlange Haarsträhnen, insbesondere bei den weiblichen Kolleginnen. (Die Wahl der Frisur als unentziehbares Menschenrecht?) Die Unterschiede im Revier werden erst erkennbar, wenn ortsfremde Chauffeure ihrer Herrschaft den ihnen zugewiesenen Parkplatz suchen. „Josefinenplatz, gleich hinterm Rathaus? – Kenn ich nicht – bin aus Köln."

In Gedanken versunken über die Tragweite der Reichsidee betritt man den Festsaal, nimmt die zugewiesenen Plätze ein. Die eigene Anciennität verhilft unweigerlich zu einem guten Überblick und gestattet einen Händedruck mit Grösseren, die sich in unterschiedlicher Rüstigkeit auf die Ehrentribüne zu bewegen. Unter ihnen einige frühere Karlspreisträger, so der einstmalige deutsche Bundespräsident Walter Scheel, als 78-jähriger ewig jung, in hellgrauem Prince-de-Galle Anzug, als wäre er eben auf einen Sprung aus Mallorca zurückgekehrt. Den in Deutschland angesehenen CDU-Politiker Kai-Uwe von Hassel, eben 84 geworden, einstmaliger Bundestagspräsident und engagierter Europapolitiker, hat das Schicksal härter angefasst. Er hat den kurzen Weg vom

Dom zum Rathaus nicht mehr geschafft, ist am Fusse der Treppe tot zusammengebrochen. Ein würdiges Ende.

Feierliche Eröffnung der Zeremonie unter den Klängen des obligaten Beethoven, bei der jedermann dem gleissenden Licht der fernsehgerechten Halogenscheinwerfer ausgesetzt ist. Es spricht der Aachener Oberbürgermeister und SPD-Politiker. Nach kurzer Verbeugung vor Karl dem Grossen gibt er sich gleich als dessen natürlicher Willensvollstrecker zu erkennen: Europaweite Steuerkoordinierung und Sozialcharta als allerdringlichste Aufgabe. Dünner Beifall.

Von ganz anderer Qualität dann die Laudatio des spanischen Königs Juan Carlos, sportlich gestählt, dabei adelig oder auch nur würdig in der Abgemessenheit seines Gestus, das Gegenteil gewisser heimischer Parlamentarier, die mit weit ausgebreiteten Armen der rechtschaffenden Menschheit ihren Mantel anzubieten scheinen, ohne sich seiner zu entledigen. Juan Carlos entwirft mit dem ganzen Aplomb des unauffälligen Ernstes seines spanisches Idioms ein Bild Europas, das demjenigen des grossen Karolingers weit näher steht als dasjenige der Schafe: Spanien als nun einmal vorgegebene europäische Ausprägung, bereit zuzuhören, zu lernen, entschlossen zugleich, sich Gehör zu verschaffen. Reverenz nicht nur vor dem Ausgezeichneten, sondern auch vor der Stadt Aachen. Der spanische König unterscheidet die Vision von blosser Utopie, eine unaufdringliche Lektion in feiner Abtönung.

Schliesslich der Preisträger Roman Herzog. Schwergewichtig, wenn auch nicht im Grade des Bundeskanzlers, aber ganz die Verkörperung deutscher Vielfalt von vor der Reichsgründung. Dabei, wie fast alles Deutsche wie Schweizerische, zwar in den Augen mancher Lateiner womöglich etwas schwerfällig, jedoch eingedenk der Endlichkeit des eigenen Strebens und dabei volksverbunden, anders als sein Vorgänger, der Olympier von Weizsäcker, auf den Deutschland das Bild des singulären Trägers Goetheschen Geistes projizierte, Heilsalbe für alle deutschen Wunden (wie Verdi und Bellini für die Italiener, bemerkte Lampedusa). Schönes Beispiel für die eigene Zurücknahme dieser Passus aus Herzogs Rede: „Die Liste der früheren Preisträger – Winston Churchill, Jean Monnet, Robert Schumann, Paul Henri Spaak, Alcide de Gasperi, Konrad Adenauer – muss einem Neuling wie mir den Atem verschlagen. Aber ich glaube verstanden zu haben, dass der Karlspreis ein politischer Preis ist und dass sein eigentliches Ziel jenseits der Ehrung einer Person liegt. Es geht, wenn ich recht sehe, vielmehr darum, den europäischen Einigungsprozess in Bewegung zu halten, ihn immer wieder aufs neue anzuspornen und ihn vor allem aus seinen periodisch auftretenden Versandungen zu befreien."

Schade, dass Herzog Jacques Delors, auch er ein Karlspreisträger, unerwähnt liess, zum Vergnügen wohl mancher Schweizer, die freilich nicht mit von der Partie waren. Die Laudatio aus dem Munde eines, der aus Würde und Verantwortung des „Ré" kein Hehl macht, die Antwort des höchsten Repräsentanten eines Landes, das an Gewicht wächst und wächst – da haben zwei Leoparden gesprochen. Ihre Zuhörer begriffen sehr wohl.

Zum Abschluss ein Satz aus Mozarts Klarinettenkonzert, der Komponist ein Kind Europas vor „Schengen", vor nationaler Kulturförderung, beargwöhnt von Etablierten, Produkt eines Augenblicks abgründiger Serenität, naiver (?) Künder einer humanen Vision, 1791 verscharrt in Wien, als der Totalitarismus sich anschickte, Europa zu bündeln.

Im breiten Treppenhaus zwischen Reichssaal und Freitreppe zum Marktplatz die Photographien aller Karlspreisträger: Engländer, Franzosen, Belgier, Niederländer, Spanier, Deutsche und manch andere. Das Treppenhaus ist lang. An seinen Wänden fehlt die Schweiz. Wir hätten unsere Leoparden gehabt, einen Denis de Rougemont zum Beispiel, einen J.R. von Salis. Wir haben sie nicht vorgeschlagen; sie waren uns ein wenig zu unschweizerisch, weil zu europäisch.

Man täusche sich nicht: Politische Preisträger im Sinne des deutschen Bundespräsidenten sind wir nicht. Wir vereinsamen auf unserm Planeten. Noch vernehmen wir eine Art von stellarem Rauschen. Aber vergeblich suchen wir darin nach einer Botschaft.

Auf der Freitreppe über'm Aachener Marktplatz befreit mich der Anblick einiger wackerer Bundesbürger aus der Beklemmung. Sie skandieren: „Spanien Ja – Stierkämpfe Nein". Als der König vorbeischreitet, entfalten sie ein gleichlautendes Banner und ziehen, dieses sorgfältig einrollend, geordnet ab.

Die Welt der Schafe als praeceptores mundi hat uns wieder.

Bonn, den 8. Mai 1997

Die Alamannenausstellung in Stuttgart

Begrüssungsrede zur Eröffnung am 13. Juni 1997

Nun also halt auch noch die Alamannen! Jahrhundertelang verspürten wir keine Lust, uns ins Rampenlicht der Menschheit zu rücken. Dass wir fleissig sind, ist allgemein bekannt und wirkt bei den heutigen Verhältnissen eher als störend. Auch unsere Präzision hat sich ihren Namen gemacht, zuerst in der Herstellung von Speeren und Äxten, später im Hang zum Pädagogischen, schliesslich durch Mercedes, Brown Boveri u.a. Heisst es nicht von alters her, der Teufel stecke im Detail?

Im übrigen wurden wir im Lauf der geschichtlichen Bewertung immer wieder hin- und hergeschubst. Einer der Autoren des vor kurzem von Andres Furger, dem Direktor des Schweizer Landesmuseums, herausgegebenen, vorzüglichen Bild- und Textwerks „Die Schweiz zwischen Antike und Mittelalter" spricht von den Alamannen unverhohlen als von „einem Fall verfehlter Integration". Zumindest mussten wir immer wieder für irgend etwas herhalten: Zur Zeit des Nationalsozialismus etwa, und auch noch danach, erkannten die Deutschschweizer in sich die feingliedrigen, urbanen Römer. Ein weit verbreitetes Jugendheft, das, als ich Bub war, auch meine volle Approbation fand, zeigte als Titelblatt einen halbnackten, axtschwingenden Germanen im Kampf gegen den geharnischten römischen Legionär um das bei Basel gelegene Augusta Raurica. Wenige Jahre zuvor hatte ein deutsches Jugendheft das Gegenteil dargestellt: Germanische Mannen ziehen ebenso diszipliniert wie entschlossen in den Krieg. Der dazugehörige Text sprach von „Freiheitsgefühl und Hingabe". Die schweizerische Version hatte den Vorzug, sich der tadellos schönen Antiqua-Schrift zu bedienen, während die deutsche sich natürlich für die Fraktur entschied, die auch ich, wie mein Schullehrer, als „ein Häuflein zerbrochener Streichhölzer" empfand.

Heute liest man es nördlich und südlich der Rheingrenze etwas anders: Die Alamannen sehen sich unbeschadet ihrer jeweiligen Passheimat als die bürgernahen Föderalisten und Pragmatiker, also als die, welche man in anderen Kontinenten als Stammesangehörige bezeichnet. So stehen im Kampf gegen die flächendeckenden Planer und Gleichmacher aus anderen Gegenden Deutschlands wie in der Brüsseler EU-Kommission, die schon zur Römerzeit nichts von den Sehnsüchten des Volkes verstanden.

An all diesen belustigenden Aspekten ist mehr als ein wahrer Kern, der in den politisch glücklicherweise ruhigen Zeiten, derer wir in Westeuropa heute teilhaftig sind, klarer hervortritt. Dass die Völkerwanderungszeit die Konfrontation von anfänglich noch nicht sesshaften Germanenvölkern mit den Nachfahren der Galloromer einleitete, impliziert heute kein Werturteil mehr. Einer während Jahrhunderten zentralisierten, mittlerweile geschwächten Gesellschaftsform, der von der Antike hergeleiteten Idee persönlicher Verantwortung gegenüber dem Gesamtstaat und seinen Vertretern –

man könnte sagen: seinen Präfekten – trat ein neuer, kollektiver Wille entgegen. Dieser beruhte auf Geben und Nehmen in engerem Raum: Landgabe oder Lehen gegen kriegerische Gefolgschaft. Die zunehmende Verschmelzung an den Rändern und der Sieg des christlichen Glaubens brachten allmählich die Versöhnung und öffneten das Tor zum Mittelalter.

Die Alamannen lagen auf dieser Grenzlinie, die auch im Europa des ausgehenden zwanzigsten Jahrhunderts noch überall erkennbar ist. Ich erachte es daher als ein grosses Verdienst des Baden-Württembergischen Landesmuseums, die Initiative zu der heute eröffneten Ausstellung ergriffen zu haben. Dass sie nacheinander in Stuttgart, Zürich und Augsburg gezeigt wird, ist nur natürlich, und es darf mit Freude erfüllen, dass das von beidseits des Rheins zusammengetragene Ausstellungsgut den Blick freilegt auf einen Kulturraum, dem die innere Differenzierung – auch hinsichtlich seiner zeitlichen Entwicklung – ebenso eigen ist wie die Gemeinsamkeiten.

Grenzgebiete besitzen den Vorzug, dass sie Neues, Andersartiges früher aufnehmen als einheitlich strukturierte Grossreiche. Der Schweizer Schriftsteller Peter Bichsel hat einmal zutreffend den Satz gesprochen: „Das Leben strömt von den Rändern ein". Darin liegt doch das Faszinosum, dem wir am Bodensee, im Engadin, hinter den Quellen des Rheins und entlang der deutsch-französischen Sprachgrenze auch heute noch begegnen.

Einem Berufenen sei es überlassen, die Alamannenausstellung sachkundig zu erläutern. Sie legt hervorragendes Zeugnis ab auch von der Schweiz als germanischem Siedlungsraum im Frühmittelalter. In Vertretung des Schweizerischen Bundesrates spreche ich allen denen, die zur Alamannenausstellung beigetragen haben, meinen Dank aus, den Wunsch auch, wir alle möchten uns wiedererkennen als die Angehörigen von Grenzländern, die im friedlichen Alltag jenseits lärmiger Jubiläen erleben, dass Grenzen nicht allein trennen, vielmehr auch das nahe Beieinanderliegende anzeigen.

Deshalb: Zeigen wir uns Alamannen ruhig der europäischen Umwelt, der wir angehören. Nicht im Sinne des „auch noch", weil uns sonst etwa nichts mehr einfiele, sondern als beständig gelebte Offerte dessen, wie man einen europäischen Alltag sinnvoll gestalten kann, auch wenn die grossen Würfe sich langsamer als erhofft verwirklichen.

Die Welt als unheimliches Dorf – Chancen und Grenzen der Globalisierung

Vortrag vor dem Schweizerischen Institut für Auslandsforschung
in Zürich, 29. Oktober 1997

Die Ehre, die „keynote speech" Ihres renommierten Instituts zu Beginn des Wintersemester 1997/98 halten zu dürfen, ist das Letzte, was ich hätte erwarten dürfen. Schon ein kurzer Blick auf die Liste der illustren Redner der vergangenen Jahre lässt mich die Kühnheit Ihrer Wahl bewundern, sind doch eine lange Berufserfahrung als Diplomat, die Kenntnis einer Anzahl Länder und der Mentalität ihrer Bewohner sowie die Bereitschaft, zuerst hinzuhören und hinzuschauen, bevor man „loslegt" das einzige, was ich anzubieten habe. Dies sind bekanntlich die Eigenschaften des Dilettanten. Präzisieren wir noch im Sinne eines Entgegenkommens an die Massenmedien, dass ich als Botschafter auch noch der Generalist im Nadelstreifenanzug bin , so erscheint die Disqualifikation offen zutage zu liegen.

Darauf habe ich Herrn Professor Ruloff, den Delegierten Ihres Instituts, schicklich aufmerksam gemacht. Ich spreche also auf sein eigenes Risiko und auf meine eigene Hoffnung. Ihr zahlreiches Erscheinen scheint der Hoffnung wenigsten marginale Chancen einzuräumen. Dafür möchte ich Ihnen danken.

Im übrigen ist es höchste Zeit: Seit der Ausarbeitung meines Referats im vergangenen Sommer ist die „Globalisierung" zum Dauerbrenner geworden. Zuletzt hat vor wenigen Tagen mein Freund David de Pury unter dem Titel: „Auswege aus der Globalisierungsfalle" Kluges dazu gesagt.

Vielleicht ist eine Begriffserklärung zu Beginn geboten, damit wir nicht aneinander vorbeireden. Im vergangenen Sommer fragte ich einen sachkundigen Freund, der jahrelang in der Weltbank gearbeitet hat, was er unter Globalisierung verstehe. Seine spontane Antwort lautet kurz und bündig: „Globalisierung ist der Konkurs der Geographie." Nun, so leicht mag ich es mir in der Abrechnung mit der Globalisierung nicht machen, ganz davon abgesehen, dass es ja um Abrechnung auch gar nicht geht, sondern um die Darlegung der Chancen *und* der Grenzen. Dies ist heute abend unser Thema. Bezeichnen wir mit Globalisierung also einfach den ungehinderten Wettbewerb von Unternehmen auf den Weltmärkten. Mit „Unternehmen" waren zunächst diejenigen gemeint, die in den Finanzmärkten operieren. Heute wird jede Dienstleistung, werden insbesondere auch die Produzenten, die industriellen wie die agrarischen angesprochen. Ich möchte, ohne das Ganze aus dem Auge zu verlieren, das Hauptaugenmerk auf den Sektor der Industrieproduktion richten, weil hier die meisten gesellschaftlichen und individuell-menschlichen Folgen ins Auge fallen. Denn zu tun haben wir es mit Menschen, nicht mit aseptischen Begriffen.

Zunächst: Woher empfängt die Globalisierung ihre Impulse? Ich denke, diese Frage ist unschwer zu beantworten: Die Weltwirtschaftskrise der Dreissigerjahre und die unnatürlichen Zwänge des Zweiten Weltkrieges hatten unseren Planeten in einen Zustand bedrängender wirtschaftlicher Abschottung versetzt. Dem Ziel, diese zu durchbrechen, galt bis heute der Schweiss der Edlen. Stichworte: GATT/WTO, OECE/OECD, EWG/EFTA/EG/EU. Die Fortschritte in Richtung auf Liberalisierung waren denn auch gewaltig, aber einige Holzwürmer leben hartnäckig weiter, etwa in Form des europäischen Agrarprotektionismus. Verstehen Sei dies bitte nicht als Welturteil – wir befinden uns noch in der Phase der Diagnostizierung.

Dem Drang nach Öffnung, nach Verzahnung wurde seit Beginn der Achtzigerjahre aufs Kräftigste Nachhilfe geleistet durch die Globalisierung der Finanzmärkte, die ihrerseits erst möglich wurde durch weltumspannende, äusserst effiziente Kommunikationssysteme. Diese Entwicklung legte dann auch den Begriff der Welt als Dorf nahe. Seine lineare Verlängerung brachte das Bild des „Konkurses der Geographie" hervor. Dies allerdings muss stutzig machen.

Vollbeschäftigung, ja Arbeitskräftemangel und ungebrochenes Wachstum liessen der Globalisierung freien Lauf, bis zu Beginn unseres Jahrzehnts, als der tiefe Konjunktureinbruch in der westlichen Welt schliesslich schwerwiegende Strukturschwächen blosslegte. So entstand im Trauma folgender, mittlerweile doch erschreckender und schon jahrelang andauernder Arbeitslosigkeit und der Belastung der öffentlichen Finanzen ein ganz anderes Bild, das Bild von den herbeigerufenen Geistern, die wir nicht mehr loswerden.

Und so wurde das Weltdorf ein unheimliches Dorf, so kehrte sich das Gefühl endlich gewonnener Freiheit im weitesten Sinn in jenes des Gefangenseins.

Ich möchte dies etwas näher ausführen: In der „Financial Times" vom 3. Juli dieses Jahres erschien ein Artikel von Stephen Roach, dem Chefökonomen und Direktor für Weltwirtschaftsfragen von Morgan Stanley. Er trug den Titel „Angst in the global village" – „Angst im Weltdorf". Ich begnüge mich mit der Wiedergabe einiger Originalzitate: Vom sozialistischen Wahlerfolg in Frankreich ausgehend bemerkt der Autor: „In all cases, the electoral revolt has its roots in the angst of hard-pressed workers ... They are demanding relief ... Cultural restructuring has stretched the fabric of the social contract that had long held in check the power struggle between workers, managers and elected politicians. The worker has lost out." Roach fürchtet als Folge ein Zurückschlagen der Arbeitschaft. Da das vertraute Sachvokabular der Gewerkschaften nicht länger adäquat erscheint, kommt es vermehrt zur ersatzweisen Zuflucht zu populistischen und opportunistischen Verlockungen, mithin zu protektionistischen und „reflationary fiscal and monetary policies." Soweit Stephen Roach.

Wieder: Wir haben es vorerst mit Befunden zu tun. Dazu gehört für mich unverkennbar auch das merkwürdige und wachsende Ohnmachtsgefühl zwischen wirtschaftlich globalem Ausgeliefertsein und dem um so stärkeren, durchaus unrealistischen Verlangen nach politisch kleinen, überschaubaren Räumen, nach Bürgernähe, nach Abkehr

Die Welt als unheimliches Dorf – Chancen und Grenzen der Globalisierung

von entfernten, anonymen und unkontrollierbaren Bürokratien, kurz die überall in Europa, in der Schweiz wie in Deutschland sichtbare Sehnsucht nach Provinzialisierung, ja Verschrebung, die glaubt, die wirtschaftliche Globalisierung gewissermassen wegdenken zu können. Nationalrat Blocher hat dies genau begriffen, das sich wieder ausbreitende Sektenwesen auch.

An diesem gefährlichen *politischen* Phänomen, das schon die Widerstände gegen den *europäischen* Wirtschafts- und Währungsraum wachsen lässt, könnten unsere konstruktiven *Antworten* auf die Globalisierung scheitern. Denn die wirtschaftliche Globalisierung lässt sich nicht zurückdrehen. „Die neue Technik kehrt nicht in die Flasche zurück", bemerkte der deutsche Bundesbankpräsident Professor Hans Tietmeyer in einem Vortrag in Münster/Westfalen am 10. Mai dieses Jahres.

Nun, wenn man die Technik nicht zurückdrehen kann, was gewiss zutrifft, wenn man zugleich wahrnimmt, dass sie Angst erzeugt, so kann es doch wohl nur um die Frage gehen, wie wir mit der unumkehrbaren Technik fertig werden. Hier aber ist ein *politisches* Vokabular gefragt, kein unterkühlt ökonomisches. „Einkommensdifferenzierung" z.B. ist keine politisch akzeptable Umschreibung für „ungebremstes Lohngefälle".

Bevor wir uns bemühen, den Spuren politischer Aktionsmöglichkeiten nachzugehen, sollten wir uns vielleicht einer Analyse der Gründe zuwenden, welche die latente und sich verschärfende politische Misere nähren, genau wie halt jede Therapie eine hinlänglich verlässliche Diagnose voraussetzt. Diese ist den Ökonomen überbürdet, jene den Politikern. Ich denke, wir sind uns alle einig, wessen Aufgabe vordringlich Rückenstärkung verdient. Noch einmal: Wir haben es mit fertigen Menschen, nicht mit der Chemie zu tun, die sie ausmacht.

Wenn wir von Globalisierung sprechen, so meinen wir damit doch im Grunde die seit kaum zwanzig Jahren gebotene Chance, den Standort der Gewinnoptimierung weltweit frei zu bestimmen. Dies ist eine durchaus neue Situation und verweist damit die klassische ökonomische Lehre in ihre Schranken. Lassen Sie mich dies exemplifizieren: Schon immer und ganz besonders im Zuge der ersten industriellen Revolution, also was Kontinentaleuropa betrifft, vor 140 bis 150 Jahren, war Gewinnoptimierung ein ganz natürliches und legitimes Ziel des Unternehmers. Nur: Im vorgegebenen Rahmen einer im Vergleich zu heute sehr engen Aktienstreuung galt die Reinvestition am traditionellen Produktionsstandort als ebenso natürlich. Globalisierung gab es damals halt noch nicht. Die Welt war Essen, war Winterthur. *Dieser* sehr viel kleinräumigeren Welt als heute fühlten sich Familien wie Krupp und Thyssen nicht weniger als ihre schweizerischen Zeitgenossen verbunden. Sie reinvestierten an Ort und Stelle, schufen neue Arbeitsplätze, bauten Arbeitersiedlungen und schufen Sozialwerke. Länder wie Deutschland und die Schweiz machten sich so einen erstklassigen Namen durch Arbeitsfrieden und soziale Verantwortung, noch bevor eine starke Gesetzgebung existierte. Es gab eine innerbetriebliche und eine Branchensolidarität. Dies waren die Etiketten unserer nationalen Qualität, des „made in Switzerland" oder „made in Germany".

Und heute? Unsere weltweit operierenden Grossfirmen im Produktions- wie im Dienstleistungssektor sind einem kleinen, im Grunde genommen genossenschaftlich gesinnten Land wie dem unsrigen gewissermassen über den Kopf gewachsen. Sie haben vor allem bei ihren jüngeren Managern genau dieser „coolness" Vorschub geleistet, die das Geld dort holt, wo es zu finden ist und die dort investiert, d. h. Arbeitsplätze schafft, wo noch mehr Geld zu holen ist.

Dies ist Globalisierung minus diejenige nationale, meinetwegen gar patriotische Verantwortung, der die westeuropäischen Industrienationen, zumal die unsrige, ihren Ruf verdanken. Und eben, um Stephen Roach zu wiederholen: „The worker has lost out". Die Folge ist die bereits beschriebene soziale Unrast, die politische Verschreberung, das Mistbeet populistischer Verführer.

Wollen wir etwa den Klassenkampf, gekennzeichnet durch den Massenzulauf für populistische Verführer, die „Stallwärme" verheissen, und damit eine fortschreitende Schwächung des westeuropäischen Produktionsstandorts im weitesten Sinne? Zur Zeit ist man versucht, diese Frage mit „ja" zu beantworten. Denn wenn renommierte Ökonomen uns Strukturanpassung, Mobilität, Flexibilität und was die dem einfachen Bürger unvertraute griechisch-römisch-angelsächsische Begriffswelt so alles als Remedur empfiehlt, so bleibt nicht ihnen, sondern den Chefbeamten und den zu ihren Häuptern angesiedelten Politikern das Problem zur Lösung überlassen: „Wie sag ich's meinem Kinde?"

Damit stehen wir im Zentrum der Fragestellung von heute abend.

Man kann ihr nicht ausweichen durch Hinweise wie den, die Globalisierung sei wie der Regen, der halt vorgegeben ist, oder sie bedeute den Konkurs der Geographie. Als gewöhnlicher Bürger, der berufsweise gewisse grenzüberschreitende soziale und politische Einblicke gewonnen hat, kann ich mich über so viel Mangel an politischer Verantwortung nur wundern. Die Probleme eines frühgeborenen Babys sind mit der Feststellung nicht abgetan, es sei halt der mütterlichen Plazenta zu früh entglitten. Wir müssen dieses Baby lebensfähig machen, und dies dauerhaft.

Kurz und bündig: Wie kann eine *politische Antwort* erfolgen auf ein *globalwirtschaftliches*, bisher unbekanntes *Problem*?

Um auf diese Frage eine auch nur annähernd brauchbare Antwort zu finden, sollten wir vielleicht zunächst denjenigen Erscheinungen nachgehen, welche die Weltwirtschaft in den nächsten zehn Jahren mit Bestimmtheit kennzeichnen werden.

- Innerhalb der Europäischen Union gehört dazu in erster Linie die Einführung des „EURO" am 1. Januar 1999, ein Datum, an dem selbst engagierte Kritiker der gegenwärtigen Voraussetzungen nicht mehr zweifeln. Die Meinungen gehen auseinander, ob man besser warten sollte, bis die makroökonomischen Voraussetzungen vorliegen, die das eingegangene Risiko soweit als möglich reduzieren, oder ob der politische Wille die Teilnehmer der ersten Beitrittsrunde zwingt, sich an wirtschaft-

Die Welt als unheimliches Dorf – Chancen und Grenzen der Globalisierung 141

lichen Stabilitätskriterien zu orientieren. Naturgemäss vertreten manche angesehene Ökonomen die erste, vertrauenserweckende Politiker eher die zweite Meinung.

Vor diese Alternative gestellt, nehmen die meisten Schweizer für sich in Anspruch, gewiefte Ökonomen zu sein, obwohl die mittlerweile vierzigjährige Entwicklung der europäischen Integration ihren Skeptizismus so gut wie immer widerlegt hat. Zuweilen gewinnt man den Eindruck, wir Schweizer – dasselbe gilt für manche Deutsche – fänden nichts faszinierender als die Zeugen – nur ja nicht die Opfer – von Weltuntergängen zu sein.

Selbst die angesehensten Ökonomen räumen ein, das institutionelle Umfeld der Europäischen Zentralbank sei ein günstiges, indem die EZB eindeutig der internen Preisstabilität verschrieben sei. Vergessen wir doch nicht, dass sich traditionell so etatistische Länder wie Frankreich der deutschen Forderung nach einer von den Regierungen unabhängigen Zentralbank gebeugt haben. Ebenso unverkennbar ist, dass diese Länder, gerade auch Italien, sich in der Folge auf eine Stabilitätspolitik eingelassen haben, die bereits ihre Erfolge zeitigt. Dass dieser gelungene Anfang von althergebrachten europäischen Sozialvorstellungen her vorderhand noch gefährdet ist, zeigt freilich der Ausgang der französischen Wahlen. Indessen bekundet bei näherem Hinsehen auch dort der Sozialist Jospin, dass die wirtschaftliche Zielrichtung des EURO, der Frankreich sich aus politischen Gründen nicht entziehen kann, ihn zu einem Stabilitätsverhalten zwingt, das der sozialistischen Gedankenwelt eher unvertraut ist.

Was ich mit diesem Hinweis ausdrücken will ist eine gewisse Zuversicht, dass allen gegenwärtigen Wackeligkeiten zum Trotz der EURO eine Stabilitätswährung sein wird, und zwar zuallermindest die drittgrösste der Welt. Damit werden die innereuropäischen Währungsspekulationen nach kurzem Aufbäumen gebändigt, und es entsteht ein Binnenmarkt von formidablem Ausmass, innerhalb dessen, erstreckt sich der EURO einmal über die ganze EU, gegen 90 Prozent des Warenaustauschs sich konzentrieren. Dies sind dann durchaus amerikanische Verhältnisse, minus die Steuer- und die Sozialgesetzgebungsverhältnisse.

Wie nicht anders zu erwarten, ist nun sogleich wieder ein Streit entbrannt, ob deren Harmonisierung, die auch die Strukturpolitik mit einbeziehen muss, Vorbedingung oder Folge einer gemeinsamen Währung ist. Dies ist, mit Verlaub gesagt, ein reichlich akademischer Sängerstreit. Betrachten wir doch einmal die Wirtschaftsgeschichte der Schweiz: Die Schöpfer der ersten Bundesverfassung von 1848 waren realistischerweise der Einsicht verschrieben, dass industrielle Produktion einen einheitlichen Markt, einheitliche Zölle und eine einheitliche Währung voraussetzt, mithin eine Zentralregierung mit beschränkten, aber klar umrissenen Befugnissen. Von Volksrechten war damals die Rede noch nicht. In bloss 18 Jahren, zwischen 1830 und 1848, haben unsere Vorväter also auf nationaler Ebene gewissermassen eine Entwicklung vorweggenommen, die in Westeuropa von der Gründung der Europäischen Wirtschaftsgemeinschaft 1958 bis zu „Maastricht II" 1997 bisher mehr als doppelt soviel Zeit in Anspruch genommen hat. Das helvetische Wettern gegen

„ungewachsene Einigungsentwürfe" widerlegt sich also selbst. Was uns hier interessieren sollte ist, dass die Schweiz à la Maastricht 2 bis heute weitgehend *ohne* Harmonisierung der direkten Steuern ausgekommen ist und dass es auch, von Ausnahmen abgesehen, keine sogenannten flächendeckenden Tarifverträge gibt – eine Einsicht, die man in Deutschland eben erst zu gewinnen sich anschickt. Man kann sich gewiss zu solch fehlender Harmonisierung stellen wie man will – dem Sprechenden geht sie allzu weit –, aber man kann wirklich nicht behaupten, sie mache das Funktionieren einer gemeinsamen Währung unmöglich.

Mit anderen Worten: Die Angleichung der wirtschaftlichen Rahmengesetzgebung innerhalb des EURO-Raums kommt bestimmt, aber nicht so bald und nicht so durchgehend, wie die Jakobiner unter den Ökonomen glauben. Auf die Folgen für unser Land wird noch einzugehen sein.

- Dass Strukturanpassungen überfällig sind, ist unbezweifelbar und hat mit dem EURO so gut wie nichts zu tun. Europa sieht sich hier mit *nationalen Aufgaben* konfrontiert, die tief in der Geschichte unserer Nationen wurzeln. Auch hier ist vor rein ökonomisch inspirierten Folgerungen zu warnen. Auch hierauf komme ich noch zurück.

- In Deutschland befassen sich sowohl Wirtschaftsverbände wie manche Einzelfirmen mit der entscheidenden Frage, wohin die Strukturanpassungen zu zielen haben und wieviel Zeit Europa diesbezüglich zur Verfügung steht. Die Antwort auf diese Frage wird den politischen Handlungsbedarf ganz wesentlich bestimmen, und dabei spielt der Zeitfaktor, den der westliche, zumal der amerikanische Mensch sich kaum mehr zunutze macht, eine erhebliche Rolle.

Ein kluger, erfolgreicher baden-württembergischer Unternehmer, Chef einer mittelgrossen Familien-Akteingesellschaft der Metallbearbeitungsbranche bei Stuttgart, die auch in der Schweiz mit Erfolg produziert, gab sich vor wenigen Monaten mir gegenüber als genauer Japankenner einigermassen optimistisch. Er sagte, die europäischen, zumal die deutschen und schweizerischen Betriebe seiner Branche hätten mittelfristig gute Bewährungschancen, unter der Bedingung, dass die Produktionskosten um rund 30% gesenkt werden. Dies sei unter drei Bedingungen durchaus möglich, nämlich durch:

- zehnprozentige Senkung der gesamten Personalkosten. Dieses Ziel sei innerbetrieblich vermittels vorgelebter Genossenschaftlichkeit durchaus erreichbar, wenn damit die Arbeitsplätze am angestammten Standort gewährleistet werden;

- zehnprozentige Produktionssteigerung durch vermehrtes Eingehen auf Kundenwünsche anstelle des Bestehens darauf, das raffinierteste Produkt anzubieten;

- zehnprozentige Kostensenkung durch konsequenten Abbau der wuchernden bürokratischen Produktionsgenehmigungshürden.

Mein Bekannter bemerkte, die erste Bedingung sei in Baden-Württemberg wie in der Schweiz unschwer innerbetrieblich erfüllbar, indem sogar die Gewerkschaften be-

Die Welt als unheimliches Dorf – Chancen und Grenzen der Globalisierung

reit seien, mehr als ein Auge zuzudrücken. Mit der zweiten Bedingung, also mit dem Eingehen auf Kundenwünsche, die generell auf Vereinfachung und damit auf Verbilligung abzielten, tue sich die perfektionistische Schweiz schwerer als Deutschland.

Demgegenüber sei das übertrieben bürokratische Genehmigungsverfahren in Deutschland Problem Nr.1, die Schweiz damit verglichen „ein quasi Paradies". (Die Schweizer unter meinen Zuhörern werden zweifellos gewahr, wie schwierig selbst im Paradies zu produzieren sein kann.)

Hinsichtlich des Zeithorizonts gehen manche meiner deutschen Informanten davon aus, dass die Produktionskosten unserer Hauptkonkurrenten im Lohnsektor schon bald stark ansteigen werden, da die Industrialisierung einen enormen infrastrukturellen Nachholbedarf erzeuge. Ausserdem werde das rasch steigende Lebensniveau bei den europäischen Konkurrenten die Nachfrage nach europäischen Spezialitäten von selbst provozieren. Er verwies dabei auf den hohen Aussenhandels- und Investitionsaustausch zwischen Baden-Württemberg und der Schweiz, die doch bei oberflächlicher Betrachtung eine sehr ähnliche Produktionspalette anbieten. Ob die in ferner Zukunft noch nachfolgenden Billigproduktionsländer keine ernsthafte Gefahr mehr verkörpern, bleibe dahingestellt. In the long run we are all dead.

Zumindest die westlichen Erfahrungen mit Japan scheinen einem vorsichtigen Optimismus Recht zu geben. Wer spricht heute noch von japanischem Preisdumping – eine Hauptsorge noch zur Zeit meiner Botschaftstätigkeit in Tokio von 1983 bis 1987.

Mehr oder weniger absichtlich haben wir nun einige *ökonomische* Richtpunkte genannt, die das Verhalten der *politischen* Behörden bestimmen sollten. Wir gehen dabei von zwei unverrückbaren Tatsachen aus: die eine besteht darin, dass die Globalisierung nicht aufzuhalten ist, die zweite darin, dass unsere Bevölkerungen, unsere Gesellschaften, letztendlich der Staat derzeit noch nicht in der Lage sind, die Globalisierung gewissermassen zu umarmen. Denn eine Bärenumarmung tut weh.

Damit kommt dem Zeitfaktor hohe Bedeutung zu. Die Ökonomen neigen dazu, die Globalisierung als ein bereits verwirklichtes fait accompli zu betrachten, die Politiker, die Zeitachse der Hinnahme übermässig zu verlängern. Das eine dünkt mich zu dogmatisch, das andere enthüllt Ratlosigkeit. Ein sehr grosser europäischer Binnenmarkt mit einheitlicher Währung und immer stärker konvergierender Wirtschafts-, Steuer- und Sozialpolitik würde unter dem Blickwinkel der ihm innewohnenden Potenzen eine Politik vorübergehender, massvoller Abgrenzung nach aussen zulassen. Gewiss wäre dies so etwas wie ein Sündenfall, aber es wäre gewiss noch kein Akt von „Not kennt kein Gebot" und noch kein Rückzug in die sogenannte Festung Europa, obgleich die entsprechenden Gefahren erheblich sind, wie die Erfahrung zeigt. Auf manchen Gebieten des Kulturaustauschs, der nur allzu leicht in ein amerikanisches Kulturmonopol umschlagen könnte, gilt ein gewisses Mass an Regulierung auch ausserhalb Frankreichs als salonfähig. Voraussetzung ist, wir nutzen die Zeit, um uns fit zu machen, ohne uns aufzugeben.

Hierzu nun ein Wort: Es gilt keinesfalls allein für den sattsam bekannten „Sonderfall Schweiz". Dieser ist allenfalls graduell noch ausgeprägter als alle anderen Sonderfälle. Beinahe jede Gesellschaft ist ja nun einmal ein Sonderfall, was den Begriff einigermassen banalisiert, aber auch das Dogma der Globalisierung in seine Schranken weist im Sinne von „geography strikes back, and so does cultural history". Lassen Sie mich dies erläutern:

Die europäischen Nationen, insoweit als sie die Deregulierung und die Globalisierung ernst nehmen – was zu hoffen ist – werden Opfer bringen müssen, mehr Opfer als etwa Japan, das ganz dem „corporate spirit" verschrieben und damit auf das globalisierte Morgen gut vorbereitet ist, mehr Opfer auch als die Vereinigten Staaten, die eine junge Gesellschaft verkörpern und der Versuchung bisher noch nicht so recht ausgesetzt waren, ihre Häuser durch Unterkellerung fest im Boden zu verankern – im weiten Sinne. Die Europäer andererseits sind schon sehr lange keine Nomaden mehr; die aufeinanderfolgenden Erfahrungen mit Plato, Jesus Christus, der Renaissance und der Aufklärung haben uns individualisiert, haben nicht liberalisiert, vielmehr die Gruppenbildung gefördert, also die Genossenschaftlichkeit und damit den Protektionismus. Das Zürcher Grossmünster und der Kölner Dom wurden nicht von Baumwollpflückern, sondern von zünftigen Handwerkern erbaut, geduldig und für die Ewigkeit.

Dies ist, einmal mehr, zunächst ein Befund, für viele unter uns indessen auch ein Wertmassstab. Und als Wertmassstab liegt die Globalisierung, die wir als Doktrin ein wenig hastig uns zu eigen gemacht haben, quer zu unserer gesellschaftlichen Tradition.

Für die extrem kompartimentierte, meeresferne, karge Schweiz gilt dies noch mehr als für andere europäische Nationen. Unsere Anziehungskraft beruht letzten Endes auf einem sehr weitgefächerten, der grösstmöglichen Mehrheit der Gesellschaft zugänglichen Komfortangebot. Die Feinverteilung aller relevanten Güter und Dienstleistungen ist naturgemäss kostspielig.

Ein einziges Beispiel: Wenn wir in einer kleinen Stadt wie Schaffhausen drei oder vier Buchläden mit einem breiten, also platzaufwendigen Sortiment wünschen, so müssen wir dafür einen höheren Preis bezahlen als in den USA, wo der einzige Buchladen für Schaffhausen in Winterthur oder gar Zürich läge.

Hinter diesem beliebig vermehrbaren Beispiel steht eine reale gesellschaftliche Wahlentscheidung, die gerade auch jene internationale Kundschaft von uns erwartet, der die Schweiz lieb ist, wo von den Telefonkabinen über die Eisenbahnwagen bis zum Angebot der Zeitungskioske so gut wie alles höherwertig ist.

Wenn wir diese Einzigartigkeit der total deregularisierten Globalisierung opfern, so stellt sich dann halt die Frage, ob Kalifornien nicht eben doch der bessere Standort für so ziemlich alles ist, was das Leben ausmacht.

Soviel den *Dogmatikern zum Nachdenken*. Und nur soviel um darzulegen, warum die Globalisierung für rein wirtschaftlich orientierte Diagnostiker ein soviel leichter vertretbares Anliegen ist als für die politischen Therapeuten.

Hinzu tritt, dass die spezifische Qualität jeder europäischen Gesellschaft und ihrer Produkte definitionsgemäss auf der Unverkennbarkeit des Hauptproduktionsstandorts beruht. Damit stellt sich unerbittlich das Postulat einer hinreichenden Arbeitsplatzerhaltung. Soviel jenen *Unternehmern zur Erinnerung*, die sich einer allzu kurzfristig wahrgenommenen shareholder value Philosophie verschrieben haben. Sie vergessen nämlich, dass ein Gutteil ihre Profite auf der – gerechtfertigten oder nicht gerechtfertigten – Überzeugung der weltweiten Abnehmer beruht, wonach „made in Switzerland" oder „made in Germany" eine *Wertgarantie per se* bedeutet.

Und schliesslich sei nicht unterschlagen, dass dies beides so etwas wie einen Restpatriotismus voraussetzt, der auch die Arbeitnehmer nicht länger unberührt lassen kann. Dies den *Gewerkschaften zur Ermahnung*, deren ganze Philosophie bisher auf dem – geschichtlich zweifellos nachvollziehbaren – Dogma des „Werktätige aller Länder, vereinigt Euch" gründete.

Und uns allen dieser *Zuruf*: Ein Klassenkampf wäre für Europa das schlimmste aller Schicksale. Was not tut, ist vielmehr *grenzüberschreitende Solidarität zwischen Arbeitgeber und Arbeitnehmer*.

So endet mein Referat mit der wohl einigermassen banalen, längst bekannten Erkenntnis, wonach zu Hause beginnen muss, was leuchten soll im Vaterland. Die weltweite Aktienstreuung leistet solcher Einsicht freilich keinen Vorschub. Wir aber sollten ihrer eingedenk bleiben. Die Globalisierung erscheint heutzutage als Menschheitschicksal. Nehmen wir dies als zutreffend an – die Menschheitsgeschichte lässt freilich auch ganz andere Interpretationen zu –, so kann die Frage doch wohl nur lauten: Grenzenlose oder die geringgeschätzte Geographie berücksichtigende Globalisierung, wieviel also und wann? Aus der Antwort auf diese Frage ergibt sich zwangsläufig ein politisches Aktionsprogramm, zu dessen Umsetzung wir des Rates der Ökonomen dringen bedürfen. Die Entscheide fallen den Staatsmännern zu, und sie sind schwer. Denn die Chancen jeder tiefgreifenden Veränderungsaufgabe hängen ganz wesentlich davon ab, *wieviel Willen zur Veränderung aufzuwenden* wir uns zumuten müssen und wollen.

Man könnte das Kräfteparallelogramm, in das wir gestellt sind, wohl so definieren: Die wirtschaftliche Globalisierung wird von Monat zu Monat verstärkte Wirklichkeit. Ihre *Chancen* liegen in der Wahrnehmung weltweiter Effizienzsteigerung und damit, wenn die Profitflucht beherrscht wird und keine Monopole entstehen, in der allgemeinen Wohlstandsmehrung. Ihre *Grenzen* liegen im politischen Misstrauen. In seinem von der NZZ am vergangenen Wochenende publizierten Artikel aus der Feder David de Pury's kritisiert dieser, meines Erachtens zu Recht, eine allzu kleinkarierte, d. h. auf nationale und subnationale Demokratie fixierte Ordnung und empfiehlt deren Supranationalisierung im Interesse der *Bündelung der Kräfte*. Allein, was geschieht im Gefolge solcher notwendiger Blickwinkelerweiterung mit der vielbeschworenen Bürgernähe?

Da erscheint es wieder, das „Bucklichte Männlein", d. h. die *politische* Gretchenfrage. Kein noch so ausgeklügeltes ökonomisches Modell kann ihr entgehen.

Winterreise

Zu Franz Schuberts 200. Geburtsjahr

Als ich dich fand, standst du im Licht der Au'n,
botst einen Zweig mir, und ich ward gewahr:
dein Herz war Schutz, es bannte die Gefahr;
denn du warst Blatt und Blüte, Wurzel mir und Baum.
Du gabst mir Kraft, warst meiner Liebe Hort,
und noch im Sturm der Nächte fand ich Ruhe dort.

Doch Lenz und Sommer schwanden, auch die Herbste wichen,
hin die Verheissung, Schwarz stieg in mir auf,
was ich dereinst geahnt – nun nahm es seinen Lauf:
Die Blätter welkten, als die Tage blichen.
Noch fühlt' ich, was im Sternenglanz wir einst gefunden,
doch schweigend blickt's mich an, gefangen und gebunden.

......

Geh' denn nach Haus und nimm die Lichter mit,
schliess sacht die Türen zu – hast mich doch lieb.
Wozu verweilen, wo nichts übrig blieb,
nichts als der Schmerz, der an dir niederglitt.

Nichts mehr zu teilen als die Trauer schwer,
und wenn du lächelst, seh' ich dich nicht mehr.

Im Rheintal, Januar 1997

An Nahtstellen Mitteleuropas

Tot in Aoyama*

Vorzeit. Da, wo der Runenstein,
beschattet vom Trauerbaum,
lässt in die Totenstadt dich ein,
füllet dir Stille den Raum,

den ihr bedrängt mit den Zeugen der Angst
– Massen aus Glas und Stahl –,
drin du, jüngerer Bruder, bangst,
Opfer der grossen Zahl.

Sind euch die Gräber zu eng und zu klein
– oder zu weit und zu gross –,
weil euer lebend Begrabensein
selbstgewähltes Los?

Was die Alleen im Herbst verströmen,
schöpft aus erfahrener Welt,
Lieder wie aus dem alten Böhmen,
von der Geschichte entstellt.

Deute die Weise von Stein und Baum –
Grau und gebeugt unter andern,
kommt dir ein Ruf von des Lebens Saum:
Tot in Aoyama zu wandern.

Der dies vor zehn Jahren in dem vom lärmigen Weltstadtverkehr beinahe erdrückten alten Tokioter Friedhof schrieb, hätte sich nicht träumen lassen, noch einmal von Wächtern ungestört – ausser denjenigen des eignen Gewissens – jener Landstriche ansichtig zu werden, von denen das Gedicht seine Ruhe bezieht. Gemeint ist das Herzstück Mitteleuropas zwischen Dresden, Pilsen und Breslau: Sachsen, Böhmen und Niederschlesien. Gemeinsam ist ihnen Nachbarschaft im weitesten Sinne: Grenzen, Grenzverschiebungen und Austreibungen, das Begehrtsein als Preis guten Bodens und einer gotischen und vor allem barocken Architektur von höchster Qualität, die Zugehörigkeit zu den beiden grossen westlichen Glaubensbekenntnissen, die lateinische Schrift. Ganz unterschiedlich sind die Sprachen, deren Durchmischung ebenso wie derjenigen des römisch-katholischen und des evangelischen Glaubensbekenntnisses durch zwei

---

* Im 19. Jahrhundert angelegter Friedhof mitten in Tokio

Weltkriege und blinden Nationalismus ein zumindest vorläufiges Ende bereitet worden ist – ihnen und damit der Idee Habsburgs. Ist an die Stelle althergebrachter gegenseitiger Durchdringung ein neuer, klarer und somit solider Aggregatszustand getreten? Feierlich beschworene bilaterale und multilaterale Verträge haben die neuen Bedingungen der Nachbarschaft „festgeschrieben"; das Ende „sozialistischer Brüderlichkeit", die sich beinahe über Nacht davongeschlichen hat, deren Perversität indessen auch vier Jahre danach einem noch in der Gestalt von Schneisen, schiefer Grenzpfähle und zertrampelter Zäune entgegentritt, hat die Voraussetzungen zu freier Zusammenarbeit geschaffen.

Die Regierungen Deutschlands, Polens und Tschechiens haben freilich dringendere Sorgen als den Mikrokosmos zwischen Elbe, Neisse und Moldau. Grund genug, an Ort und Stelle der neuen Wirklichkeit nachzugehen.

Zwischen Görlitz und Zittau

Die östlichsten Städte Sachsens. Schon die Landeshauptstadt, das kaum 100km westlich gelegene Dresden, zu neuem Glanz erwachend, scheint weit entfernt. Die Arbeitslosigkeit ist hoch. In Görlitz grenzt Sachsen an Polen; die schmale, verschmutzte Neisse zerteilt die Stadt, deren polnischer Teil Zgorzelec heisst. Zittau dagegen, in einer Art Tasche gelegen, und das nur wenige Kilometer südlich davon sich erhebende „Zittauer Gebirge" sind auf drei Seiten von Tschechien umgeben. Von der höchsten Erhebung, dem 740m hohen Hochwald, schweift der Blick nach Süden und Osten in die hügeligen Weiten Böhmens. Noch ist die Unkultur, die Naturverachtung des untergegangenen DDR-Regimes überall sichtbar. Aber von Westen her schieben sich moderne Strassen und Bahnen und Geld heran. Der Stadtkern des altehrwürdigen Bautzen, Hauptort der noch rund 80.000 Seelen starken Sorben (Wenden, ihre Sprache ist slawischen Ursprungs und erscheint auf allen Ortstafeln), ist in alter Schönheit wiedererstanden, die Restaurierung des alten Görlitz in vollem Gange. Wer von dort über die Neisse hinweg auf den heute polnischen Stadtteil hinüberblickt, wird sich des enormen Gefälles sofort bewusst.

Die potente westdeutsche Wirtschaft stellt zunächst einmal die bauliche Pracht Sachsens wieder her und stösst mit aller Art von Dienstleistungsbetrieben in dessen industriell heruntergekommenen östlichen Grenzmarken hinein. Während östlich der Neisse die Umwelt schwer belastende Kombinate weiterdampfen, werden derer mehrere in Sachsen systematisch stillgelegt. An deren Stelle soll in einigen Jahren Hochtechnologie treten. In Dresden überbaut IBM ein grosses Gelände und steht im Begriffe, mehrere Tausend Arbeitsplätze zu schaffen.

Ein Abstecher nach Niederschlesien

Am Strassenzoll an der Neisse inmitten der Stadt herrschen chaotische Verhältnisse und erfordern mehrstündige Wartezeiten. Schliesslich sind hier die Tausende in Westeuropa gestohlenen Wagen abzufertigen, die in Polen „banalisiert" und danach „verramscht" werden. Nördlich von Görlitz soll von diesem Sommer an wenigstens der Lastwagenverkehr provisorisch über eine neu erstellte Autobahnbrücke zwischen Sachsen und Niederschlesien abgewickelt werden. Sie wird Bestandteil einer bereits von Nazideutschland in Angriff genommenen Autobahnverbindung zwischen Breslau einerseits, Berlin und Dresden andererseits sein, an der jetzt weitergearbeitet wird. Die bis zu Beginn des Zweiten Weltkrieges fertiggestellten, jetzt auf polnischem Gebiet liegenden 100km westlich von Breslau, befinden sich im Originalzustand... Ähnliches, eher Minderes ist von all dem zu sagen, das mit Wirtschaft in diesem entwickeltsten Teil Polens zu tun hat. Herrlich nur die alten, von Gläubigen tagtäglich bis zum Rande gefüllten Kirchen in Striegau und Schweidnitz. Am anderen Ende der bisherigen Geschichte stehen ganze Stadtteile von Liegnitz, das beinahe fünfzig Jahre lang sowjetische Garnisonsstadt war. Die Russen sind von dort erst im August 1993 abgezogen, unter Zurücklassung von mehreren Dutzend heruntergekommenen Offiziersvillen und eines im Stadtzentrum gelegenen Hauptquartiers, an das sie schon 1991 mutwillig Feuer legten, um sich den mühsamen Abtransport dort gelagerter KGB-Akten zu ersparen. Das mächtige Gebäude aus dem 19. Jahrhundert ist heute Sitz der Diözesanverwaltung, die es mit den Geldern der Kirche in kürzester Zeit wiederhergestellt hat – mit Ausnahme des Zentralsaales, der jahrzehntelang als Armeekino diente und in dem die Russen vor ihrem Abzug aus Ärger über das undankbare, von ihnen befreite Polen, alles kurz und klein geschlagen haben. Der Generalvikar mit seinem von blonden Löckchen umflorten Landjungengesicht und einer für einen Vierzigjährigen beachtlichen Leibesfülle („la zone du Monseigneur", bekennt er blinzelnd), die es ihm erlaubt, seinen Opel auf der holprigen Autobahn bei 160km/h mit dem Bauch zu steuern und gleichzeitig mit den Händen zu reden, öffnet uns die Türe zu dem Trümmerhaufen und bemerkt achselzuckend unter Zuhilfenahme des Italienischen: „Ecco l'uomo sovietico."

Zwischen Prag und Pilsen
Von Dresden nach Prag verläuft der architektonische „Königsweg" Europas, wobei Prag die Gnade zufiel, vom Zweiten Weltkrieg physisch weitgehend unbeschädigt zu bleiben. Westböhmen, im 19. und 20. Jahrhundert ein Produzent hochwertiger Industriegüter, leidet heute weit stärker als Ostdeutschland unter der neuen wirtschaftlichen Wirklichkeit. Hüben und drüben werden Güter hergestellt, die dem Westen nicht genügen, von den anderen zentral- und osteuropäischen Volkswirtschaften derzeit aber aus Devisenmangel nicht abgenommen werden können. Die allermeisten der zahllosen, backsteinernen Fabrikschlote sind denn auch kalt. Was blüht, ist der Prager Tourismus, und was sich anbahnt, ist die Rückkehr der meist deutschsprachigen Grossgrundbesitzer mit tschechischem Pass. Zu argwöhnen, es handle sich dabei um arbeitsscheue, blaublütige Profiteure, wäre verfehlt. Der Fürst L., verheiratet mit einer schönen und tüchtigen Schweizerin aus dem Tösstal, steht mitten im Wirtschaftsleben Prags. Seine Frau führt ein Weingut. Beide haben sie in kurzer Zeit tschechisch gelernt, indem sie nach Prag zurückkehrten, dort ein kleines Palais auf das Geschmackvollste renovierten und dann bezogen – Nebenhaus der vor siebzig Jahren an die deutsche Reichsregierung verkauften heutigen deutschen Botschaft. Dort wurde bekanntlich im Oktober 1989 die „Wende" „eingeläutet". Ein kundiger Gast von L. berichtet, die Prager Bereitschaftspolizei habe versucht, damals die vielen Hunderte von Ostdeutschen, die in der Prager Botschaft der BRD Zuflucht suchten, am Übersteigen der hohen Botschaftsmauern zu hindern und dabei auch Familien getrennt. Gleich nachdem Aussenminister Genscher indessen an Ort und Stelle das Prager und Ostberliner Einverständnis mit der Überführung der Flüchtlinge nach Westdeutschland verkündet habe,

hätten dieselben tschechischen Polizisten die Schutzsuchenden tatkräftig über die Einfriedung nach innen geschubst.

„Der brave Soldat Schwejk", kommentiert der Fürst C. – „aber sagen Sie's den Tschechen niemals". C. ist selbst Tscheche, 82-jährig, von umfassender Bildung, vermögend und von spartanisch einfachem Lebenswandel. In Italien bevorzugt er zur Übernachtung Pensionen etwa mit dem Namen „Tre Morti" u.ä. Zwei Tage lang ist er mein Cicerone auf unserer Fahrt durch das westliche Böhmen. Er hat seinen Familienbesitz um Zbiroh, 30km östlich von Pilsen, im Dezember 1948 innerhalb eines Tages in Richtung Österreich verlassen. Ungläubig und unwillig nahm er 1990 das Angebot der Prager Regierung an, 220 ha – ein Prozent des Besitzes – wieder zu übernehmen. Nun will man auch „den Rest" loswerden – 22.000 Hektar mit Schloss, Weiden und Wäldern. Stundenlang streifen wir durch jungbegrünte Laubwälder, begegnen Rudeln von jungen Wildschweinen. „Die haben die Kommunisten freigelassen. Dafür haben sie die Kühe eingesperrt in riesige Betonställe, wo ihre Klauen verkümmerten. Als man sie nach 1990 auf Feld liess, brüllten sie tagelang in die nie gekannte, tierisch ersehnte Freiheit hinaus."

C. lebt, wenn er im wiedergefundenen Böhmen weilt, in einer Art von Waldhütte. Er vertritt eine Politik des „low key". Das Schloss seiner Kindheit war jahrzehntelang Kaserne, ist immer noch Sitz einer Gendarmerieeinheit. An der Stelle des ehemaligen, umfangreichen Gemüsegartens erheben sich Baracken, deren Aushub man in den Blumengarten geschmissen hat. Verrostendes Armeematerial überall, das Schloss vergammelt. „Verstehst Du, warum sie uns hier wieder wollen? Die Kommunisten haben den Schlüssel zur Blüte des Landes verlegt. Mögen ihre Nachfolger das Schloss behalten. Ich will bloss die Bäume, dauerhaftes Kapital."

Verdrängung des gemeinsamen Erbes
Eindrücklicher, beunruhigender als das wirtschaftliche Gefälle, das Deutschland seinen östlichen Nachbarn sowohl unheimlich also auch begehrenswert erscheinen lässt, ist die der gesellschaftlichen „Entmischung" folgende Sprachlosigkeit. Der evangelische Bischof von Görlitz, R.: „In Sachsen sind unter dem Kommunismus 60% der Menschen aus der Kirche ausgetreten. Die übrigen sind vornehmlich evangelisch. Aber in ganz Polen gibt es nur rund 80.000 Protestanten bei 37 Millionen Einwohnern. Und die halten sich an die Polen, denn sie sind es ja auch." Der katholische Weihbischof M., ein scharfer Geist, pflegt sorgfältig die Beziehungen zum polnischen Bistum von Liegnitz, und in der Tat ist auf dieser Ebene der ermutigendste, freilich schwache Ansatz zu echtem Verstehen geboten. Und doch: Während der gemeinsamen Ausfahrt in die Gegend um Liegnitz streichelt *er* die Haare der Kinder, zeichnet das Kreuz auf ihre Stirn so, als begegnete er seiner eigenen Diözese, während der bereits erwähnte polnische Generalvikar in einer harmonisch gestalteten Barockkirche gleich südlich der Stadt in bewegten Worten schildert, hier habe 1241 HeinrichII, der polnische Piastenherzog, die (ungarischen) Mongolen zur Umkehr gezwungen und damit das Abendland gerettet. In beinahe identischen Beschwörungen tun auch die Ungarn ihre Erretterrolle des Abendlandes im Kampf gegen die Osmanen kund. Bastion des Westens zu sein gegen Osten ist in Mitteleuropa Ehrensache. Ein polnischer Prälat verurteilt die moralische

Gesetzlosigkeit des heutigen Polen, die er freilich ausschliesslich der 50-jährigen Sowjetherrschaft unterschiebt. Er bewundert Bundeskanzler Kohl, westdeutsche Autobahnen und den Siegeszug der Telefax. Aus seiner Sicht bedarf Europa der starken Hand, von hoher Sittlichkeit geführt. Da spricht der römisch-katholische Dogmatiker, heiter und unbeschwert. Man versteht ihn: Die Glaubensinbrunst der Polen hat ihresgleichen in Europa nicht. Durch die Wodkaflasche wird sie zuweilen allerdings relativiert bzw. ihrer wirtschaftlichen Gestaltungskraft beraubt.

In den Erzählungen der Älteren schwingt Kriegserinnerung mit, ohne Selbstmitleid, aber doch im Vertrauen auf das bloss Provisorische der heutigen Ordnung, im östlichen Mitteleuropa oft verdrängt. In Böhmen: „Sudetendeutsche? Nie gehört." Ein Thema allenfalls für Neujahrsansprachen des Regierungschefs.

Genau fünfzig Jahre nach „D-Day", der das Ende der Naziherrschaft einläutete und nur fünf Jahre später auf vornehmlich amerikanisches Drängen Westdeutschland in den Verband freier Nationen zurückführte, scheint auf der östlichen Seite der letzten Kriegsschauplätze des Zweiten Weltkrieges so etwas wie eine langdauernde Latenzzeit von ungewissem Ausgang angebrochen. Wo im Westen angelsächsischer Sportgeist dem ehemaligen Feind ungeachtet der erlittenen eigenen Verluste wieder auf die Beine half, herrscht im Osten vor allem misstrauische Abgrenzung.

An den Nahtstellen Mitteleuropas wird Wesentliches verdrängt – bis auf weiteres gewissermassen. Dabei bedeutet „wesentlich" „wesensgemäss". Prag ist zu Stein gewordene Musik. Klassische Musik klingt aus jedem zweiten Fenster. (Die anderen gehören zu den staatlich verordneten, wirtschaftlich unsinnigen Wechselstuben.) In der Altstadt Prags, wo es, im Gegensatz zum Kommunismus von 1978, keinerlei Anschriften gibt ausser die unverständlichen tschechischen, habe ich an Strassenecken junge Musikstudenten getroffen, die in Jeans und Tennisschuhen Streichquartette von Mozart aus perfektem Verständnis und Können spielten, dabei unbeschwert und fröhlich. Leute stehen darum herum wie ein Kranz von Bäumen um eine Lichtung und legen von Zeit zu Zeit ein Geldstück in den offenen Geigenkasten – nicht als Almosen, sondern in Erinnerung an alte, böhmische Berufung. Viel zu schön, viel zu weittragend für einen kleinbürgerlichen Nationalstaat, wo die Medien sich darüber erregen, dass die tschechische Philharmonie sich nach hundert Jahren ihres Bestehens einen ausländischen Chefdirigenten habe aufdrängen lassen. Auf den Einwand, das hätten sich die noch viel berühmteren „Berliner Philharmoniker" ja doch aus „zuschulden" kommen lassen, die Anwort: „Das geht an, ist ja bloss ein Stadtorchester."

Mein Cicerone besass in seiner Jugend keine Passheimat. Heimat ist ihm seine Kultur, die deutsche wie die tschechische. Prag ist ihm mit seiner italienischen, österreichischen und deutschen Barockarchitektur ein ungleich Bedeutenderes als der heutige tschechische Staat. Und in der Tat: wer auf den Kuppen des deutsch-polnisch-böhmischen Dreiländerecks steht und in die fruchtbaren Weiten Zentraleuropas blickt, inmitten der Stille des Riesengebirges, innerlich auf „Rübezahl", den irrlichternden Geist gefasst, der auch zum Märchenschatz aller gehört, stellt sich unwillkürlich die Frage, ob es für die vielleicht reichsten Kulturlandschaften Europas jemals eine angemessenere, eine menschenfreundlichere Ordnung gegeben hat als diejenige des habsburgischen Österreich. Die Wenigsten können sie sich heute noch vorstellen, denn sie war bürokratischem Ordnungsgedenken unfasslich. Aber ihre Wahrzeichen, die Früchte eines sowohl umfassenden als auch höchst toleranten Anspruchs, sind ganz noch nicht ausgetilgt. Lebendiger, greifbarer sind sie als die unausgelöschten, marmornen Zeugen Venedigs in den Felsennestern über dem östlichen Mittelmeer.

Als wir, von Prag westwärts gegen Pilsen fahrend, bei Beroun die Autobahn verliessen und die vernachlässigte, uralte „Kaiserstrasse" benutzten (sie wurde selbst unter der ersten tschechischen Republik allgemein noch so genannt), wurde ich an der verwahrlosten Mauer eines Wirtshauses der verblassten Konturen des österreichischen Doppeladlers gewahr. Deutlich zu erkennen waren noch Schnabel, Flügelenden und Krallen. „Lieder wie aus dem alten Böhmen." Unwillkürlich dachte ich an Joachim Fests einfühlendes Buch „Im Gegenlicht – eine italienische Reise". Bei der Betrachtung der Grabplatten von S. Maria del Popolo in Rom bemerkt er:

„Die Schritte der Kirchenbesucher haben das flache Linienwerk der Reliefs abgetreten und nur die tieferen Gravuren übriggelassen: die Umrisse einer Figur, einzelne Gewandfalten, ein Wappen, einen Lorbeerkranz. Manche Gestalten sind ganz in den Stein zurückgegangen. Aber anderswo sind noch die Augenhöhlen sichtbar, gross und geschwärzt vom Staub der Zeiten, hohe Stirnen, der schmale Strich der Lippen, eine Mitra, ein Buch. Als zeige sich im Verschwinden, nachdem die individuellen Züge ausgelöscht sind, noch einmal der Typus und was ihn gross machte."

Bonn, den 6. Juni 1994

Sonett Nr. 109 von William Shakespeare

Oh sag nicht, daß mein Herz dich je belogen,
Wenn auch die Ferne dämpft der Flamme Glut.
Mein eigen Wesen hätte ich betrogen,
Wo meine Seele doch in deiner ruht.

Denn meiner Liebe Haus bist du allein.
Schweift ich auch ziellos, fand ich Ruhe dort;
Zu rechten Zeit ließ es mich wieder ein
– Und sieh, ein Tropfen Wasser nimmt den Makel fort.

Oh glaube nicht – ob auch mein Wesen irrt
Und alle Schwächen kennt nach Menschenart –,
Daß es, in seinem Innersten verwirrt,
Von all der Güte ließe, die du ihm bewahrt.

Nichts ist mir wert der ganze Erdenball –
Nur du bist Rose mir und sie mein All.

Aus dem englischen Originaltext übertragen –
Berzona, 11./12. April 1995

Abschied von der Zukunft?

„La condition humaine"
Frühere Generationen dachten und fühlten im Kreislauf. Beginn war stets auch Ende; immer schloss sich der Ring. In seinem vor einem halben Jahrhundert erschienenen Werk „Vom Ursprung und Ziel der Geschichte" sprach Karl Jaspers von „Achsenzeiten" – Jahrhunderte auseinanderliegenden geschichtlichen Schwellen oder Knickpunkten, die eine neue Gegenwart einläuteten.

Seither ist die Gegenwart immer weiter geschrumpft. Schon das Gestern ist amorphe Geschichte. Wir stürzen förmlich in die Zukunft.

Dass davon kollektive Wertmassstäbe nicht unberührt bleiben, dass sie einem zunehmend raschen Wandel unterworfen sind, ist unvermeidliche Folge der Blickverkürzung. Und doch ist dem Menschen das Bedürfnis inhärent, sich in Raum und Zeit zu zentrieren. Er ist die Gegenwart, von wo aus er sich rückwärts zu überblicken und vorwärts zu entwickeln sucht. Sein eigenes Leben macht seine Erfahrungen aus, die er mehr oder weniger keck in die Zukunft projiziert.

Meine geistige und seelische Welt wurde wesentlich vom Zweiten Weltkrieg und den anschliessenden Jahren des Aufschwungs im weitesten Sinne geprägt. Ich wurde als erstes von drei Kindern 1934 in Bombay/Indien geboren. Meine Mutter war Deutsche. In der Spätzeit des englischen Kolonialismus lebten wir gut. Es galt jedoch von Anfang an als abgemacht, dass meine Eltern mit uns Kindern zu Beginn meiner Schulpflicht in die Schweiz übersiedeln würden, die sie beide kaum kannten.

Der Krieg brach früher und unerwartet aus. Mitten in einem Europaurlaub packten meine Eltern den Wagen voll mit unserem Reisegepäck und Bargeld. Am Tag vor dem Kriegsausbruch 1939, reisten wir, aus dem Rheinland kommend, in die Heimat ein.

Es folgten materiell und geistig schwierige Jahre. Wir nahmen, weit eher aus Zufall als aus Absicht, in Rüschlikon bei Zürich Wohnsitz. Das war damals ein Dorf, wo die Kinder im Sommer barfuss zur Schule gingen. Die ganze Verwandtschaft meiner Mutter lebte in Deutschland, was ihr schwere Sorgen bereitete. Sie genoss im Dorf indessen auch unter dem einsetzenden Niedergang Hitlers, als sich die Stimmung in der Schweiz immer stärker gegen Deutschland richtete, stets hohe Achtung. So tief kann die Toleranzschwelle in der Schweiz also nicht gewesen sein. Mein Vater leistete etwa zwei volle Jahre zivilen Armeehilfsdienst. Er hasste die Nationalsozialisten. Ich erinnere mich noch genau, wie er im Juni 1941 – ich war sieben Jahre alt – nach Hause kam und vom Angriff Deutschlands auf die Sowjetunion berichtete. Er sagte: „Wartet nur, dies ist das Ende Hitlerdeutschlands."

Die Eltern der Nachbarskinder und manche unserer Lehrer taten immer wieder Dienst, gänzlich arglos, wie mir schien. Soviel zu den massenweisen Vorwürfen der jüngsten Zeit, die wahrhaben wollen, die schweizerische Bevölkerung habe von den Geschäften mit Nazideutschland gewusst und sie gebilligt. In Wahrheit wollte die überwältigende Mehrheit meiner Landsleute Hitler überstehen. Ich denke, sie hat damit einen erheblichen Beitrag zur Erhaltung westlicher Kultur und Zivilisation geleistet. Die zahlreichen Flüchtlinge werden dies, soweit sie noch leben, bezeugen. Sie haben Entscheidendes zum Ruhm des Zürcher Schauspielhauses und der Hochschulen beigetragen. Das Gespür dafür ist im In- und Ausland fast ganz verlorengegangen. Die Heutigen bestimmen nicht nur für sich, sondern ein- für allemal, was recht war und was nicht, als wäre die grosse Erleuchtung fünftausend Jahre nach der Erfindung der Schrift endlich über sie hereingebrochen.

Luigi Pintor bemerkt in dem schmalen, aber ergreifenden Bändchen seiner Lebenserinnerungen „Servabo"[1] am Ende: „Diese Generation der Söhne und Töchter geht unbeschwerter durchs Leben, die Frauen sind sehr schön, alle tragen seltsame Kleider und schlafen seelenruhig in den Klassenräumen, bei deren Betreten wir noch vor Angst schlotterten. Sie sprechen eine primitive Sprache, reden dafür aber ununterbrochen, was wir nie gewagt hätten, und sind davon überzeugt, auch das zu wissen, wovon sie nicht die geringste Ahnung haben."

Zweifellos war die Kriegszeit geistig bedrückend. Ein kleines Land wie das meine, eingeschlossen von totalitären Regimes, seit eh und je von Europa befruchtet, musste ganz aus sich selbst heraus leben. Die Devise lautete „Heimatstil", d.h. viel Heimat und wenig Stil. Wir haben uns selbst heute davon nicht ganz erholt. Der Schweizerische Schriftstellerverband opponierte Mitte der Dreissigerjahre der Einbürgerung eines Thomas Mann und gab zu bedenken, sein Weltruhm gefährde einheimisches Schaffen...

Wir lebten materiell bescheiden, was uns Kinder, wohl dank dem Vorbild der Eltern, nicht bedrückte. Um so universeller war unsere geistige und emotionale Welt. Unser Boot war nie voll. Die Weite des Aufnahmewillens, die tradierte Kommunikation mit den dauerhaften, stets fortwirkenden universalen Werten, sie hat mein Leben als Kind und Jugendlicher erfüllt. Da unsere Eltern uns dies vermittelten, musste es diese Welt gegeben haben. Also konnte sie auch weiter leben.

Zwei Jahre nach Kriegsende kam ich in Zürich auf's Gymnasium. 1948 zogen wir nach Basel, wo ich 1953 die Matura ablegte. Es waren herrliche Jahre des Erwachens. Die Freiheit meldete sich zurück wie ein Sonnenaufgang. Dass beinahe gleichzeitig der Kalte Krieg ausbrach, machte sie uns noch kostbarer, ebenso wie meine ersten Kontakte mit dem schwerverwundeten Deutschland. Ein Vetter hatte mit 18 Jahren in den letzten Kriegsjahren seinen rechten Arm verloren. Er wurde dennoch ein bekannter Architekt! Wir schickten Lebensmittelpakete und legten anderswie Nützliches bei, Nähgarn, einmal eine Glühbirne. Die Pakete waren einen Monat lang unterwegs. Eine Tante quittierte aus Westfalen mit einer Postkarte: „Ein Fest heute. Wir haben wieder Licht daheim."

---

[1] Verlag Klaus Wagenbach, Berlin

Im Oktober 1952 fuhr meine Klasse eine Woche lang nach Rom. Eine Minderheit hätte den Schweizer Nationalpark vorgezogen. Nach der Rückkehr habe ich vor meinen Eltern vor Freude geweint. Die Ketten der europäischen Verkammerung waren gesprengt.

Meine Geschwister müssen, wenn auch in anderer Ausdrucksweise, ähnliche Empfindungen gehegt haben. Mein um ein Jahr jüngerer Bruder wanderte 21-jährig nach Simbabwe, dem damaligen Südrhodesien, aus. Er lebt dort noch immer. Meine in Zürich geborene Schwester, obwohl im Äusserlichen sesshafter, verschrieb sich universellen Zielen sozialer Gleichheit und der Frauenbewegung. Ich „beschloss" schon zu Beginn meines Studiums, Diplomat zu werden. 1961 trat ich in das Schweizer Aussenministerium ein, „mit der Absicht dauernden Verbleibs", wie es sich damals gehörte. Ich habe es nicht bereut trotz der Turbulenzen, in die sich das Departement für Auswärtige Angelegenheiten im besonderen und die schweizerische Aussenpolitik im allgemeinen in den letzten Jahren manövriert haben.

Aus all dem ergab sich meine geistige und seelische Verfassung, die mir geblieben ist: schauen, hören, abwägen, und sich schliesslich im Dienste dauerhafter Prioritäten entscheiden im Rahmen einer Freiheit, die, wie Kurt Tucholsky einmal klug bemerkte, darin besteht, die Gitterstäbe seines Gefängnisses nicht zu berühren.

Eines ideologischen oder parteipolitischen Mäntelchens bedarf es nicht.

Die Schweiz, oder Hürdenscheu als Erbe des Erfolgs
Glücklich seien die Schweizer, weil sie Glück gehabt hätten. Wer so urteilt, urteilt von 1939 an vorwärts – kein langer Zeitraum für europäische Begriffe. Während der ersten 20 Nachkriegsjahre wurde uns zu unserem Glück gratuliert, und manche Ausländer waren dankbar dafür, ein Stücklein davon mitzuerhaschen. Danach holte Westeuropa unseren von der Kriegsunversehrtheit geschaffenen Vorsprung allmählich auf. Die ersten Stimmen wurden laut, die Schweiz sei rückständig (damals noch fehlendes Frauenstimmrecht, NATO-, UNO- und EWG-Nichtmitgliedschaft). Wir trotteten weiterhin unseres Weges. Und nun, für die meisten Schweizer urplötzlich, mehr als 50 Jahre nach Kriegsende, entlädt sich ein unübersehbarer Zorn über unserem Land, Zorn darüber, wir hätten im und nach dem Krieg die Not anderer, Geschundener, ausgenutzt; wir sollten den Gewinn endlich zurückgeben, denn wir hätten ja im Zweiten Weltkrieg nur Glück gehabt, hätten keinen erheblichen eigenen Aufwand geleistet.

Aufs Ganze gebracht, war die über 700 Jahre alte Schweizerische Eidgenossenschaft vom Schicksal nicht begünstigt. Die Gründerkantone waren arm, das Klima ist grösstenteils eher rauh, die Bodenschätze karg, die Landwirtschaft der europäischen, erst recht der Weltkonkurrenz weit unterlegen. Auch politisch waren die Schweizer während Jahrhunderten oft nicht etwa glückliches Vorbild, sondern eine Art von Restmenge, die sonst nirgendwo hinpasste, so 1648 anlässlich des Westfälischen Friedens, und auch, zumindest was Teilgebiete betrifft, 1815 beim Wiener Kongress. Die Demokratie war entschieden kein konstitutives Merkmal der Schweiz. Sie wurde 1798 von dem zuerst von manchen ersehnten, alsdann verhassten Napoleon eingeführt. Zuvor hatten ganze Kantone während Jahrhunderten nicht über ihr eigenes Wohl bestimmen können. Konstitutives Merkmal unseres Landes war von Anfang an nicht mehr und nicht weniger als die Gemeindeautonomie. Von Individualrechten war die Rede nicht; sie sind heute noch eher schwach ausgebildet.

Am Ende, noch ist es keine 200 Jahre her, ergab sich eine multikulturelle, mehrsprachige, bikonfessionelle, extrem föderalistische Schweiz, eine politische Ausformung, der gegenüber unsere Nachbarstaaten Distanz hielten. Die Schweiz musste sich infolge ihrer komplexen Zusammensetzung der Neutralität verschreiben, hat die Neutralität nach schmerzlichen Erfahrungen zu Beginn des 16. Jahrhunderts erlernen müssen. Aus ihren Nöten machte sie eine Tugend. Arm blieb sie dennoch und unfruchtbar.

Erst im letzten Drittel des 19. Jahrhunderts vollzog sich in und mit der Schweiz so etwas wie eine Konvergenz mit den weiträumigeren, westeuropäischen wirtschaftlichen und geistigen Entwicklungen, so dass der Erste Weltkrieg unser Land in die Nähe einer Identitätskrise brachte. Da zugleich die urbanisierte Arbeiterklasse, welche die Hauptlast der wehrdienstbedingten Entbehrungen zu tragen hatte, ihren Anteil an der Gestaltung der öffentlichen Verhältnisse forderte und mit der Einführung des proportionalen Wahlrechts ins Bundesparlament einzog, sah die Schweiz sich in den Zwanzigerjahren mitten im Spielfeld der europäischen Strömungen, wenn auch der Föderalismus, dieses Bollwerk gegen alles flächendeckende Grosse wie Gemeine, die Ausschläge minderte.

Der Nationalsozialismus in Deutschland und seine „Spielarten" in den die Schweiz umgebenden Ländern liess zunächst Teilen des deutschschweizerischen Bürgertums die „braune" Gefahr als das weit geringere Übel erscheinen als die „rote", aber die sich überstürzende und schliesslich sich selbst verzehrende Pervertierung des rechtsextremen Nationalismus und Rassismus innerhalb weniger Jahre bot der europäischen „Restmenge" Schweiz plötzlich eine einzigartige Chance, durch auferlegte Einigelung in Anstand zu überleben. Dies gelang, und wenn dabei auch wohl mehr Vorsehung mit im Spiel war als bloss eigene Vorsicht, so hat davon eben nicht allein die Schweiz, vielmehr das ganze unterjochte Europa profitiert. Dieser Befund behält allen Umschreibungsversuchen der ungeprüften Nachrückenden zum Trotz seine eherne Gültigkeit.

Das Unglück für unser Land bestand darin, dass unser Zurückgeworfensein auf das Ureigene, das im Gegensatz zur Weltläufigkeit stand – zumal zur europäischen – uns als das Wiegenlied einschläfernder Selbstbestätigung im Sinne des Niklaus von der Flüe'schen „Steckt Euren Zaun nicht zu weit" vertraut war, eine übertriebene Selbstbescheidung, die im schroffen Gegensatz steht zu der erfrischenden amerikanischen Einsicht: „If you can't beat them, join them."

In auferlegter Verkürzung: Nicht etwa die Schweizer sind erschlafft – die hören und sehen als Angehörige eines kleinen, mit Europa verzahnten Landes zu viel, um sich „abhängen" zu lassen –, vielmehr ist unser politisches System ermüdet und sind die Kreise, welche die Schweiz zu repräsentieren und ihr Erbe zu wahren vorgeben, allenfalls gerade noch zur Reaktion fähig. Meine Generation war Teilhaber eines nie dagewesenen wirtschaftlichen Aufschwungs. Nicht dass dessen positive Auswirkungen zu leugnen wären: Hunderttausenden von jungen, aus engen Verhältnissen stammenden Mitbürgerinnen und Mitbürgern wurde ermöglicht, sich und die Welt zu entdecken, ebenso vielen Alten blieb es erspart, in Bedürftigkeit vor sich hinzudämmern. Viele Junge wurden und werden von einem „Gwunder", von einer Erfahrungslust gepackt, die keinen Vergleich zu scheuen hat.

Aber wir haben am Ende dieses Jahrhunderts unseren eigenen Auftrag vergessen, die Bereitschaft, in der Vergangenheit verankert zu bleiben und zugleich bereit zu sein, davon soviel aus eigener Überzeugung zu opfern, dass unser Land in die Lage versetzt wird, seine eigene Zukunft in Europa aus eigener Überzeugung an die Hand zu nehmen. Institutionell fallen wir von einer Erstarrung in die andere. Sämtliche Versuche, die Bundesverfassung, die 1998 ihr 150-jähriges Jubiläum feiert, von Grund auf zu erneuern, ohne das nationale und föderale, ja selbst das konföderale Erbe zu erschüttern, waren bisher zum Scheitern verurteilt. Wir sind in der Abwehrstellung verharrt, die uns den Krieg hat gewinnen helfen und die sich anschickt, uns den Frieden verlieren zu lassen. Die deutsche Sprache droht uns fremd zu werden, während zugleich der Dialekt bei all seinem Variationsreichtum uns weder in der französischsprachigen Schweiz noch im deutschsprachigen Ausland, von dem wir als Bestandteil eigener Art inmitten des grossen Stroms existentiell abhängen, eine hinreichende Zuhörerschaft sichert. Die bereits extrem entwickelten direktdemokratischen Tendenzen (die der Bundesverfassung von 1848 allesamt noch fremd waren!) nehmen noch immer zu und werden von einem Parlament gefördert, das sich dabei aus seiner eigenen Endverantwortung wegschleicht. Die Bundesregierung versteht sich – Ausdruck eines in dieser Form längst überholten Parteiensystems – als Vollstrecker eines äusserst diffusen Volkswillens, dem die Sporen zu geben sie sich hütet. Dasselbe gilt von den wenigen angesehenen Zeitungen, die selbst in Fragen von schicksalhafter Bedeutung wie etwa die Einfügung der Schweiz in Europa zwar manches abdrucken, aber sich nicht zu einem Bekenntnis durchringen.

Alles in allem gewinnt man den Eindruck, die Schweiz befinde sich bewusstseinsmässig auf dem Rückweg zum Staatenbund, der 1798 durch Napoleon in wenigen Wochen zu Grabe getragen wurde und lediglich von 1815 - 1830 in eher kläglicher Gestalt noch einmal auflebte. Innerstaatliche Gegensätze erzeugen seit Jahr und Tag eine Patt-Situation, die dem Land aussenpolitisch keinen nennenswerten Spielraum lässt und es letztendlich dazu verurteilt, faktisch nachzuvollziehen, was die längst dahingegangene eigene Souveränität nicht mehr zu verhindern in der Lage ist. Nur am Rande sei der Verschleiss erwähnt, dem dadurch der diplomatische Dienst, ja der Dienst am Staate und an der Gemeinschaft überhaupt ausgesetzt ist.

Abschied von der Zukunft also? Zumindest hat meine Generation den Nachfolgenden mehr Hürden hinterlassen als Springpferde. Wir sind den Jungen trotz jahrzehntelang glänzender materieller Voraussetzungen das Handbuch schuldig geblieben, das Wege aufzeigt, wie wir Schweizerinnen und Schweizer als *Teilhaber* Europas in die Zukunft hinein zu wirken vermögen.

Unser Land verfügt indessen über einen Fundus von Qualitäten, die in der Begegnung mit vielen Einzelnen zutage treten. Sie verkörpern das Humankapital, das es zu aktivieren gilt. Da derlei vom „Establishment" nicht zu erwarten ist, bleibt zu hoffen, die Generationen von heute und morgen möchten das Heft selbst in die Hand nehmen und dabei die Karkasse abstreifen, die sie zu ersticken droht.

Noch immer glauben wir, die Welt sei gut beraten, auf uns zu warten, ja uns als Aussenseiter zu respektieren. Ganz ähnlich war die Stimmung im Lande, als vor genau 200 Jahren Europa in einen gänzlich neuen Aggregatzustand verfiel. Die Regierenden in der Schweiz – Patrizier, Zünfte, nicht „das Volk", das kaum befragte – glaubten damals, das gehe uns nichts an. Unsere Ordnung sei gut, daher dauerhaft, weil von Gott so gewollt. Danach wurden wir eine Weile lang „fremdbestimmt", bis eine neue, ganz anders geartete Gesellschaft, von den Dreissigerjahren des 19. Jahrhunderts an, das Heft in die Hand nahm und unser Land „à jour" brachte – sehr zu unserem Nutzen.

Manches an der Schweiz von heute erinnert merkwürdig an die letzten Jahre des „Ancien Régime". Wenn diese Analyse zutrifft, dann ist die Stunde der Wahrheit nicht fern. Dann stehen wir vor dem Quantensprung, der endlich zu der Einsicht verhilft, effektive Autonomie sei besser als fiktive Souveränität.

Manches deutet darauf hin, dass die Schweizerinnen und Schweizer von morgen diese Stunde nicht verschlafen werden. Aber die Entdeckung unserer schlummernden Qualitäten wird nicht schmerzlos sein; denn meine Generation hat zu wenig dazu beigetragen, um uns den überfälligen Veränderungen freudig-gespannt und mit hochgekrempelten Ärmeln entgegenblicken zu lassen. Die Überwindung der Hürdenscheu, dieser schmalbrüstigen Erbin des Erfolges, wird Opfer fordern.

Deutschland, oder die Gefahren der Überforderung
Ist die Geschichte der Schweiz so etwas wie die Konsolidierung einer räumlich durch die Jahrhunderte wachsenden europäischen „Restmenge", die Geschichte einer komplexen, multioriginären Kultur, die sich ihren eigenen Staat gab, so ist der deutschen Staatlichkeit eine lange Latenzzeit vorangegangen. Tief in den Brunnen der Vergangenheit reicht die deutsche Nation, gekennzeichnet von einer gemeinsamen, wenn auch facettenreichen Sprache. Viel jünger aber ist deutsche Staatlichkeit, eine Art von Auf- und Nachholprozess. Im Augenblick des Sieges über das napoleonische Frankreich 1870 geschmiedet, eignete ihr unter grossen geschichtlichen Massstäben mehr die Spontaneität unter einigermassen rauschhaften Umständen als ein langfristiger Plan. Denn brachte das Revolutionsjahr 1848 der Schweiz so etwas wie Vollendung, so bedeute es in Deutschland nochmaligen Aufschub auf der Suche nach einem neuen Aggregatzustand, den zu erreichen der nochmalige Sieg des Konservatismus dann allerdings stark gefördert hat – contre cœur gewissermassen.

Indessen brachte die Reichsgründung 1870 dann genau jene der deutschen Nation aus ihrer geographischen und emotionalen Scharnierlage sich ergebenden inneren Spannungen, die sich zuvor unter dem Zeichen alter, unzähliger Fürstentümer in mancherlei kleinräumigen Zugehörigkeiten in ungefährem Gleichgewicht gehalten hatten.

Der Anspruch auf Traumerfüllung durch geschlossene Staatlichkeit, den man keinem Volk verübeln darf, führte in kaum 75 Jahren zu zwei Weltkriegen, die Deutschland im weitesten Sinne zerstört zurückliessen. In welch kurzer Zeit dies geschah, wird den Heutigen vielleicht erkennbar, wenn man bedenkt, dass uns vom Ende des Zweiten Weltkrieges ihrerseits schon fast 55 Friedensjahre trennen!

Was ist an Deutschland wesens-, was zeitbedingt? Es dürfte kein anderes europäisches Staatswesen geben, über welches das Urteil der Zeitgenossen so weit auseinanderklafft. Vielleicht rührt dies gerade daher, dass die einen das (vermeintlich) Wesentliche, die anderen aber das Zeitbedingte überprojizieren – ein Indiz dafür, dass Deutschland, im Gegensatz etwa zu Frankreich, keine „abgerundete" Nation ist, dass vielmehr sein Wesen ebenso wie sein Verhalten nicht frei von Bruchstellen sind. Eine Frage des Lebensalters der Betrachter erscheinen die divergierenden Urteile übrigens primär nicht zu sein, so wenig wie die Einstellung namentlich der Deutschschweizer zur europäischen Einigung vornehmlich generationenbedingt ist. Eher gibt es Unterschiede zwischen Stadt und Land, zwischen verbindlicher Urbanität und trotziger, aber nicht immer sturer Beharrlichkeit.

Deutschlands Wirken in Europa ist noch immer von eminent zeitgeschichtlich bedingten Umständen der Weltkriegsverantwortung und der Nachkriegszeit bestimmt. Stimmung und Ton werden dabei übrigens noch immer überwiegend von Westdeutschland bestimmt. Auch sechs oder sieben Jahre nach der Vereinigung ist die ehemalige „sowjetisch besetzte Zone" noch immer kein mitwirkendes Agens. Eine Gesellschaft, die ohne Verschnaufpause 12 Jahre Nationalsozialismus *und* 45 Jahre Kommunismus hinter sich hat, findet sich zwangsläufig im Innersten getroffen.

Westdeutschland hat nach dem Zweiten Weltkrieg zwei konträre Erfahrungen durchlebt: Zum einen *musste* das Restreich die Verantwortung für die Verbrechen des Ganzen übernehmen. Stichworte: Kollektivschuld, Reparationen. Zum anderen aber fand Westdeutschland erstaunlich rasch Zutritt zur Gemeinschaft freier Nationen. Dafür war nicht allein der Kalte Krieg verantwortlich. Vielleicht noch wichtiger war, dass die vielgeschmähte bedingungslose Kapitulation, von den Feinden schon Anfang 1943 gefordert, das deutsche Volk zwar vollends den Schulterschluss mit der Staatsführung hat suchen lassen, dass aber die Hinnahme dieser nicht mehr negoziablen Aussichtslosigkeit zumindest bei den Angelsachsen die Lust auf weitere Demütigungen nach Massgabe des seinerzeitigen Gefeilsches um den Versailler Vertrag von 1918 schon sehr bald nach dem errungenen Sieg entscheidend dämpfte. Dadurch wurde der Weg freigelegt für eine Integration der Bundesrepublik in die westliche Staatengesellschaft. Dieser Aspekt ist wohl bisher zu wenig bedacht worden. Im Endeffekt wurde den Westdeutschen die „Entnazifizierung" von den Westalliierten wesentlich leichter gemacht als die Sühne, welche diese nach 1990 den ostdeutschen Kommunisten auferlegten.

Das Nachkriegsverhalten der Bundesrepublik wurde bisher von dieser einzigartigen Konstellation geprägt, eine Opfer*bereitschaft* im Mitwirken an der Konstruktion Europas, zu der die Ostdeutschen, ausgebeutet wie sie wurden von ihren sowjetischen

Besetzern, die ihrerseits furchtbare Blutopfer in der Verteidigung gegen Hitler hatten erbringen müssen, keine Veranlassung sahen; denn ihre Nachkriegsgeschichte stand ja unter dem Vorzeichen der Opfer*erzwingung*.

Keine einzige westdeutsche Nachkriegsregierung hat den Blick für die zeitgeschichtlichen Zusammenhänge verloren, und die westdeutsche Bevölkerung hat diese Einsicht unablässig legitimiert.

Das zeitbedingte Deutschlandbild ist daher für den europäischen wie für den nichteuropäischen Betrachter ein denkbar positives, während die Schweiz sich erst seit 1996 mit der unerwarteten und auch etwas eigentümlichen Last der *Rechtfertigung* ihrer materiellen Unversehrtheit konfrontiert sieht. Genau erinnere ich mich noch an folgende Erfahrung: Als 1962 für den aus Altersgründen zurücktretenden Schweizer Theologen Karl Barth von der Universität Basel ein Nachfolger gesucht wurde, stand eine Zeitlang Helmut Gollwitzer im Vordergrund. Dieser äusserte sich, möglicherweise sogar in anderem Zusammenhang dahingehend, er empfinde es als Deutscher als „Gnade, 1945 durch den Nullpunkt geschritten zu sein". Damit galt seine Berufung als gescheitert. Man vermochte in der Schweiz damals wie heute nicht einzusehen, warum das Durchschreiten des Nullpunkts als besondere Gnade zu betrachten sei, insbesondere eingedenk dessen, was diesen Schritt veranlasste. Damals empfand ich das kategorische Urteil meiner Landsleute als einigermassen peinlich. Ganz und gar abwegig war es indessen wohl kaum.

Dass der ungeahnte wirtschaftliche Erfolg der Bundesrepublik auch Bequemlichkeit, Anspruchsdenken und ausgeprägte Selbstgefälligkeit bescherte, kann nicht verwundern. Diese Entwicklung hat im Gefolge der gewaltigen Kosten der deutschen Vereinigung und der vorwiegend strukturellen Probleme der europäischen Wirtschaft nicht nur das deutsche Leistungsimage angekratzt, sondern sie fördert bei den heute massgebenden Generationen, die sich von den Katastrophen und den ihnen innewohnenden Kausalitäten sehr viel weniger betroffen fühlen als ihre Eltern und Grosseltern, auch einen gewissen Verdruss über die Deutschland (scheinbar) zugewiesene Rolle des „Zahlmeisters der Welt, insbesondere Europas".

Um so intensiver ist das auf offizieller Ebene geübte Bemühen, dem Volk jenseits der Turbulenzen der Gegenwart fortdauernde Sicherheit zu versprechen. Im Bundestag liefern sich Regierung und Opposition homerische Debatten über die Altersvorsorge im Jahre 2030. Dabei wäre es schon beruhigend, Gewissheit zu erlangen, was der Sozialstaat im Jahre 2005 leisten soll und was er kosten darf. Derartigen Projektionen eignet etwas Gespenstisches, zumindest etwas Unseriöses, denn keines der Mitglieder in Regierung und Parlament wird in über dreissig Jahren noch zur Verantwortung gezogen werden können für seine heutigen Prophetien.

Die leeren Formeln, ausgeheckt zur Überbrückung der Kluft zwischen einer wankenden Gegenwart und einer unkalkulierbaren, ferneren Zukunft dürfen indessen nicht darüber hinwegtäuschen, dass den Deutschen eine tief in ihrem Wesen verankerte Genossenschaftlichkeit nicht abhanden gekommen ist. Der Sinn für das Zusammenstehen zur Sicherung der gemeinsamen Wohlfahrt ist in der Karkasse der hochgepeitschten Neidereien wieder am Erstarken. Erloschen war er nie. Wer der sinnlichen Erfahrung vertraut, wird diese Erfahrung, die in der bitteren Nachkriegszeit so viel Eindrückliches hervorgebracht hat, nicht vergessen. Sie wiederholt sich vieltausendfach auch im heutigen Alltag. Wer etwa aus nächster Nähe die stumme, entschlossene Zusammenarbeit der Bundeswehr, der technischen Hilfswerke und der Bevölkerung anlässlich der lebensbedrohenden Hochwasser des Rheins in Köln 1993 und 1995 sowie, besonders eindrücklich, am Unterlauf der Oder im Sommer vergangenen Jahres erlebt hat, kann nur staunen darüber, was Disziplin unter spontaner, lokaler, aber auch strategischer Führung zuwege bringt, wenn anderswo die perfekten Pläne einer in Elfenbeintürmen wirkenden, obzwar vortrefflich geschulten Beamtenschaft scheitern, weil irgendwo irgendwer den entscheidenden Schlüssel verlegt hat.

In solcher wesensbedingten Qualität liegt das deutsche Potential. Es erklärt gleichermassen die nie gebrochene Stärke der D-Mark wie das Unbehagen des Auslandes vor soviel geballter Kraft. Diese „Uneasiness" ist insofern gerechtfertigt, als das deutsche Leistungspotential in der Rundung des nationalen Wesens keine überzeugende Entsprechung findet. Man wird immer wieder an den grossen Max Weber erinnert, der schon vor bald 100 Jahren eine Kausalität zwischen inhärenter Schicksalsungewissheit und Leistungsansporn erkannt hat, weil der Leistungsbeweis über die innere Unsicherheit hinweghilft.

Tatsächlich fehlt dem unter geschichtlichem Blickwinkel spät geeinten Deutschland jene Serenität, die anderen Gesellschaften, der französischen, britischen, spanischen und auch der italienischen so rasch über das eigene Versagen hinweghilft, weil dort Leistungsversagen lediglich als Zwischenfall im Fluss der eigenen grossartigen und alten Geschichte empfunden wird. Deutschland hat seinem ganzen Wesen nach dieses Selbstverständnis bisher nie erreicht. Seit der im Pulverdampf von Sedan ermöglichten Staatsgründung haben die Deutschen stets nach deren innerer Notwendigkeit *gesucht*, statt sie zu geniessen. Dass derlei Unsicherheit das eine Mal das Tschinderassa von „schimmernder Wehr", das andere Mal nach tiefschürfender Zerknirschung ruft, leuchtet ein, mehrt aber nicht das Selbstvertrauen, noch die Freundschaft anderer.

Dass Deutschland seiner selbst jenseits kurzlebiger Konjunkturen nie ganz sicher ist, liegt wohl in erster Linie darin begründet, dass die unverkennbare Trennlinie zwischen westlicher Luzidität und östlicher Emotionalität eben mitten durch Deutschland verläuft. Dem einen Wesen ist das Deutschland von der Nordsee über das Rheinknie bei Basel und östlich entlang der Donau bis nach Thüringen und Sachsen verschrieben, dem anderen das, was man „die ostelbischen Gebiete" von Mecklenburg-Vorpommern über Berlin bis nach Ostpreussen nennt, – gewissermassen die „Spätgetauften"!

Dies ist kein Werturteil, vielmehr ein Befund, dessen Richtigkeit sich hundertfach nachweisen lässt. *Ein Indiz* war die Unmöglichkeit, 1870 die „grossdeutsche Lösung" zu verwirklichen. Das gesamte katholisch habsburgische Reich verweigerte sich der Integration. Die stark preussisch-protestantisch geprägte „kleindeutsche Lösung" musste zwangsläufig jenseits der Reichsgrenzen jene deutsche Diaspora schaffen, die dann für den Ausbruch des Zweiten Weltkrieges von massgebender Bedeutung wurde.

Alle deutschen Nachkriegs-Bundesregierungen waren sich, ausgesprochen oder unausgesprochen, deutscher Unausgewogenheit bewusst. Ihr unbeirrbares Bemühen um die Integration Deutschlands in Westeuropa findet in dieser Erkenntnis eine ihrer kräftigen Wurzeln. Die Vereinigung mit Ostdeutschland hat anderseits die Bundesrepublik zum wichtigsten Nachbarn der ost-zentraleuropäischen Staaten bis hin zu Russland gemacht. Damit wird die uralte deutsche Scharnierfunktion wieder sichtbar. Sie fordert Einsicht in ungleich höherem Masse als diejenige irgend eines anderen europäischen Staates, die von Nachfahren *vergangener* Grösse bewohnt sind. Mit der zunehmenden Entfernung der Zusammenhänge, die in unserem Jahrhundert zu den beiden für Europa selbstzerstörerischen Weltkriegen führten, droht die heutige deutsche Bevölkerung ihre geschichtlichen Verstrickungen zu vergessen. Gewiss beherbergt diese Doppelnatur ein kulturelles Potential erster Güte, das sich bezeichnenderweise in der deutschen Musikkultur, die ihren Reichtum aus dem gewissermassen Unentzifferbaren bezieht, am schönsten äussert, darin und in einer grossen philosophischen Tradition.

Allein, wir leben in einem praxisbezogenen Alltag. Vielleicht müssen andere europäische Völker sich stärker hierauf besinnen als die Deutschen. Diese wiederum müssten sich bewusst bleiben, dass Schillers Wahrheit, „der Starke ist am mächtigsten allein" auch ein verführerisches Element enthält.

Das offizielle Deutschland ist sich dessen in einem Masse bewusst, das gerade uns Schweizer mit Sympathie erfüllen muss. In der Privatwirtschaft, die politische Rücksichten als gewinnmindernd, da sachfremd, zu betrachten neigt, wird in mehr oder minderem Masse Grossmannssucht zuweilen wieder erkennbar, gerade *weil* sie sich arglos zu geben sucht. Man darf derartige Erfahrungen nicht überbewerten. Indessen läuft auch Deutschland Gefahr, Abschied von seiner (wohlverstandenen) Zukunft zu nehmen.

Zurück zum Vorwärts
Die europäische Nachkriegsgeschichte war von beinahe beispiellosen Erfolgen gekennzeichnet. Nicht ganz: Einen ähnlichen Aufschwung hatte es dreihundert Jahre zuvor nach dem Westfälischen Frieden von 1648 gegeben, der einem ins Bodenlose gestürzten Zentraleuropa, bodenlos bis zur Vernichtung zahlloser weit zurückgreifender Archive, mit der Herstellung des konfessionellen Friedens eine grosse Zukunft eröffnete. Sie schuf den Barock, brach unter den Toren Wiens vierzig Jahre später die Bedrohung Europas durch den osmanischen Islam und bereitete der Aufklärung den Boden. Ganz ähnlich erhob Westeuropa sich drei Jahrhunderte danach aus Schutt und Asche. Die Weitsicht grosser amerikanischer Persönlichkeiten und die Bereitschaft europäischer Staatsmänner, die Kräfte des noch freien Restkontinents zu bündeln, bescherten den älteren der heute Lebenden einen am Ende unseres Jahrhunderts schon kaum mehr fassbaren Aufschwung. Seine Kraft, gepaart mit derjenigen der Freiheit, brachte den sowjetischen Totalitarismus 1989/90 zu Ende. Deutschland wurde vereinigt, ohne dass ein Schuss gefallen wäre.

Abschied von der Zukunft?

Und doch sieht es kurz vor dem Ende des Jahrhunderts so aus, als hätten wir den Frieden verspielt. Wir hinterlassen unseren Nachkommen eine von erschreckender Arbeitslosigkeit gezeichnete Wirtschaft ohne die Hoffnungen einer geistigen Botschaft, so dass ein an spätrömische Zustände gemahnender Hedonismus, die Neigung zum Untertauchen in betäubendes Massenvergnügen die Menschen verführt, ihr Geld Unwesentlichem zu opfern. An die Stelle wirklichen Engagements treten Leerformeln, die verbal in den Griff zu bekommen suchen, was real nicht zu gestalten ist.

Ein eindrückliches Beispiel dafür ist die vielbeschworene „Globalisierung", für welche die Vereinten Nationen eine zweifelhafte Urheberschaft verkörpern. Man spricht vom „Weltdorf", von der Gleichartigkeit der Voraussetzungen, der man ganz einfach durch Abbau sämtlicher Regulierungsmechanismen zu ihrem segensreichen Durchbruch verhelfen müsse, so als könnte man etwa den kulturell lebensnotwendigen Restbestand der schweizerischen Landwirtschaft neben derjenigen Kaliforniens ohne Eingriffe erhalten. Globalisierung heisst letzten Endes weltweite Begünstigung des bestmöglichen Produktionsstandortes, ungeachtet all dessen, was den europäischen Menschen zu dem gemacht hat, was er ist.

Man missverstehe dies nicht als Plädoyer für Abschottung durch Kartelle und Monopole, staatliche wie private, vielmehr als Ausdruck der schlichten Erkenntnis, dass Klima, Topographie und Kultur die Welt als so unbegreiflich riesig erscheinen lassen wie eh und je. Ein japanischer Reisbauer fühlt dies genau so wie ein europäischer Handwerker. Deshalb geht mit der wirtschaftlichen Globalisierung eine politische Introvertierung, eine eigentliche Verschreberung in den Reaktionen der kleinen Gemeinschaften einher, als suchten diese sich durch verzweifeltes Anklammern an den Fiktionen politischer Souveränität vor der „Grossen Flut" zu bewahren. Für die Schweiz hat dies ein Christoph Blocher instinktiv erfasst. Er ist erfolgreich bemüht, kleinräumige Stallwärme zu erzeugen, weil vielen – wer darf es ihnen verübeln? – der Glaube an das behütende Dach etwa von G-7 Gipfelkonferenzen fehlt.

Hier sind Staatsmänner gefordert, die sich der Mühe nicht entziehen, das ewig Kleinräumige mit den nicht mehr zu bannenden Herausforderungen des Grossen zu verzahnen.

Dass wir alle uns an wachsende kontinentale und globale Verantwortung gewöhnen müssen, ist Schicksal der Jungen und der noch Ungeborenen. Die Generation der beruflich Abtretenden scheint damit nicht fertig zu werden. Was sie kann und muss, ist den Nachfolgenden durch Kenntnis der Vergangenheit, durch Erklärung des Wesens im Gewesenen (der gemeinsame Wortstamm kommt kaum von ungefähr) zu jenem *Abstand von der banalen Aktualität* zu verhelfen, der allein das Beurteilungsvermögen verschafft, um unser Gesamtpotential mit dem Erfordernis der Gesamtaufgaben wieder ins Gleichgewicht zu bringen. Ruhe und Tatkraft werden dadurch gleichermassen gefördert.

Bei der Frage nach dem „Wie?" fühle ich mich schon überfordert. Immerhin dies: Wir wollten einander mehr zuhören und uns damit in den Nächsten versetzen – ein

Grunderfordernis übrigens der vielgeschmähten Diplomatie. Zuhören und danach fest entscheiden, fest entscheiden mit dem Willen, danach erneut zuzuhören, damit wir uns ohne Selbstaufgabe korrigieren können. Denn es gilt doch, was Reiner Kunze, ein in der früheren DDR geborener Schriftsteller, Jahrgang 1933, in einem Gedicht beiläufig bemerkte:

> Gott wohnt nicht bei den Glocken,
> und höher reichen wir nicht.[1]

Die Politik der Schweiz, ihre Aussenpolitik zumal, bewegt sich zwischen Routine und Panik, die deutsche läuft gegen wachsende Schwierigkeiten an, der dreifachen Belastung von internationaler Zivilisiertheit, natürlichem Anspruch auf Geltendmachung des deutschen Potentials und einer in wirklichkeitsfremdem Ausmass auf Garantie sozialer Absicherung erpichten Öffentlichkeit Herr zu bleiben. Kein Wunder, dass sie Mühe bekundet, ihren Kompass zu erkennen und eben jener Lesart von „Verschweizerung" zu entgehen, die das Risiko scheut.

Glücklicherweise sind überall Zellen erkennbar, welche ihre Fähigkeit zum Vorwärts in die Zukunft aus der Rückendeckung der Vergangenheit schöpfen. Auch das Kühnste erscheint immer wieder möglich, wofern es sich nur den Faktor Zeit zunutze macht.

Zurück zur Zukunft? Ein Spätsommerabend am Nordrand des Grand Canyon in Arizona. Tief, tief unten eingeschnitten der Colorado River, darüber zwölffach geschichtet in blau-rötlichen Farben 400 Millionen Jahre Erdgeschichte. Auf zweieinhalbtausend Metern über dem Meer sind wir Zeuge des dritten Schöpfungstages. Vor und unter uns kein Haus, keine menschliche Zutat. Als wäre die ganze Welt uns noch einmal dargeboten zu dauerhafter, weil sowohl ausgreifender wie bescheiden-verträglicher Neugestaltung unter den hell leuchtenden Fixsternen. Immer wieder dieses Glücksgefühl, angelegt zwischen Freiheit und Selbstbeschränkung, wozu es vielleicht der Ferne bedarf von kleinlichen Querelen. Zwölf Jahre zuvor dieselbe Erregung jenseits des Pazifik, an einem menschenleeren Strand in Japan:

Wo keine Städte stehn

> Schau den Kometen, der am Himmel brennt!
> Im Sturze glimmt sein flücht'ger Augenblick,
> Verglühen ist sein einziges Geschick,
> Ein Funke nur, der sich Bestimmung nennt.

---

[1] Reiner Kunze: Auf eigene Hoffnung. Gedichte, Fischer 1995

Abschied von der Zukunft?

Dann jenes Dunkel, das die Hoffnung tilgt,
Derweil ein Vogel blind sein Nest erreicht –
Auch er ein Flüchtling, wenn der Morgen bleicht
Und stumm und starr, bevor die Linde gilbt.

Nur dieses also: Glühen und Vergehn,
Versteck und Hinfall und Vergänglichkeit?
Dann heb' den Blick zu jener Ewigkeit,
Die aufgeht nachts, wo keine Städte stehn.

Vertrau dem Fixstern, wenn die Erde bebt,
Bleib nur Bestandteil jener Galaxie,
Die sich entzieht dem irdischen Genie
Und als System Bewegung überlebt.

Denn was uns antreibt, ist vergessen schon –
Nur die Beziehung übersteht die Leere.
Dein Wurf ist kurz, verfall'n der Erdenschwere
Und mehrt die grauen Schatten toter Heere...

Glück ist die Gunst der Konstellation!

Die Fixsterne sind dieselben über dem Colorado Plateau, an den fernen Gestaden Japans, über den sanften Vorgebirgen des Tessins in der Ahnung des Mittelmeers, dem einst unser Europa entstieg.

Berzona/Onsernone, Ostern 1998

Register

Aachen 28, 132f
Absolutismus 70
Adenauer, Konrad 12, 14-16, 34, 37, 44, 87, 112-113
Alamannen 61, 135f
Alder, Cosmas 131
Allianzdenken 78
Alte Eidgenossenschaft 29, 75, 86, 95
Amsterdam 90
Ancien Régime 71, 160
Anpasser 44
Antithese 70f
Argentinien 18, 47
Arizona 166
Armee 80
Auden, Wystan Hughes 125
Aufklärung 11, 29, 60f, 64f, 70, 84, 114, 164
Augsburg 136
Auslandschweizer 71
Ausschuss 39, 42
Aussenpolitik 97
Aussenpolitik, deutsche 43
Auswärtige Angelegenheiten 39
Auswärtiges Amt 40, 57
Auswärtiger Ausschuss 40
Autonomie 47, 70, 90, 94

Bach, Johann Sebastian 114
Bachmann, Ingeborg 53
Bad Godesberg 16
Baden-Württemberg 25f
Bahn 2000 26, 75
Balkan 17
Balladur, Edouard 14
Baring, Arnulf 20
Barth, Karl 162
Basel 156
Bautzen 149
Beethoven, Ludwig van 115
Belgien 86, 126
Benelux 13, 17f, 78
Benn, Gottfried 80, 109

Berlin 21, 31, 67, 68
Berliner Mauer 12, 21
Berzona 119-123
Bichsel, Peter 136
Bill of Rights 70
Bismarck, Otto von 15, 31, 58, 111
Blocher, Christoph 165
Bodmer, Johann Jakob 61
Böhmen 31, 36, 148f, 151
Bombay 155
Bonn 13, 34f, 77
Bonstetten, Karl Viktor von 119f
Bosch 26
Brandenburg 32, 52, 67
Brasilien 18, 47
Breslau 148
Bubis, Ignaz 44
Bundesstaatsgründung 11
Bundeskanzler 34, 37f, 46, 57
Bundesländer 13
Bundespräsident 21
Bundesrat 59
Bundesrepublik 14, 34, 58, 60
Bundesstaat 13, 46, 78, 89, 96
Bundestag 12, 59
Bundesverfassung 11, 71, 75f, 86, 90, 94, 101
Bundesverfassungsgericht 54
Bundeswehr 163
Burckhardt, Jacob 112
Bürgernähe 82, 138
Burgunder 61
Buzzatis, Dino 119

Calleo, David 32
Camus, Albert 56
CDU 36
CDU/CSU 36, 59
Centovalli 119
China 17, 47
Chirac, Jacques 14

d'Alemberts, Jean Le Rond 61

d'Amato, Alphonse 104
DDR 27, 34f
de Gasperi, Alcide 87
de Gaulle, Charles 14, 55, 78
Delors, Jacques 14, 133
Demokratie 70, 76, 82, 89, 94, 98, 114, 157
Demokratie, direkte 99
Deutsch, Karl 19
Deutsche 32, 49, 55
Deutschland
    11f, 14, 17f, 20, 29-32, 35, 37f, 43, 46-48, 51-53, 55, 60, 65, 77, 79, 81, 85, 109, 111, 118, 129, 139, 155, 158, 161, 163f
Deutschschweizer 51
Diaspora 31f
Dichtung 62
Diderot, Denis 61
Die Zeit 81
Direktdemokratische Elemente 90
Doerig, Hans-Ulrich 83
Donautal 25
Dreissigjähriger Krieg 52, 60f
Dresden 24, 148
Drittes Reich 64
Dritte Welt 115
DUDEN 39, 42
Dufour, Guillaume Henri 96
Dürrenmatt, Friedrich 81

EFTA (Europäische Freihandelsassoziation) 26, 72, 76
Eidgenossen 89
Eidgenossenschaft 95
Eidgenössische Technische Hochschule 59, 65, 80
Einbindung 14, 37
Einbürgerung 95
Eisenhower, Dwight D. 21
Elbe 149
Elsass 36
Emotionalismus 11
Emotionalität 163
England 13, 30, 78
Erasmus von Rotterdam 61

Erster Weltkrieg 31, 55, 80, 112, 123
Escher, Alfred 97
EU-Ministerrat 78
EURO 37, 140-142
Europa 79, 87
Europäische Wirtschaftsgemeinschaft (EWG) 13, 90, 95
Europäische Gemeinschaft (EG) 26, 48, 78, 88
Europäische Union (EU) 12, 34, 46, 72f, 91, 140
Europäische Währungsunion 35
Europapolitik 46
Europarat 48, 72, 127
EWR (Europäischer Wirtschaftsraum) 13, 75f
EZB (Europäische Zentralbank) 141

FDP 14, 36
Fest, Joachim 54, 77, 82, 153
Fichte, Johann Gottlieb 60, 62f
Finanzausschuss 40
Finanzmärkte 138
Finnland 12
Flüe, Niklaus von der 158
Föderalismus 13, 48f, 70, 76, 82, 89, 90, 92, 94f, 98, 158
Föderalisten 46
Francophonie 128
Frankfurter Buchmesse 24, 27, 131
Frankfurter Paulskirche 30
Frankreich 13, 17f, 26, 29f, 37, 52, 55, 61, 77-79, 118, 126, 129, 141
Frei, Norbert 44f
Freiburg 25, 49
Freie Demokraten 59
Freiheit 95, 114
Friedrich der Grosse 61
Friedrich II. 61
Friedrichsruh 15
Frisch, Max 81
Frölicher, Hans 104
Fundamentalismus 84, 99
Furger, Andres 135

Gegenreformation 71

Register

Gemeindeautonomie 70f, 90
Gemeinschaft 13f, 18
Genf 77
Genossenschaftlichkeit 95, 162
Genscher, Hans-Dietrich 127, 150
Gesamtarbeitsverträge 48
Geschichte 45
Gessler, Hermann 70
Gewerkschaften 35, 142
Gewinnoptimierung 139
Gleichberechtigung 70
Gleichheitsbegriff 48
Globalisierung 47, 137f, 143, 165
Goethe, Johann Wolfgang von 29, 38
Gollwitzer, Helmut 162
Gore, Al 21f
Görlitz 149
Gotthardvertrag 97
Gottsched, Johann Christoph 62
Grand Canyon 166
Griechenland 13, 47
Grossbritannien 13, 17f, 29, 52, 77
Grossbürgertum 103
Grundgesetze 48
Grüne 14, 36

Habsburg 29-31, 58, 149
Haller, Albrecht von 61
Hallstein, Walter 57
Hamburg 15, 56
Hansestädte 52
Hassel, Kai-Uwe von 132
Hegel, Georg Wilhelm Friedrich 60, 62
Heiliges Römisches Reich 60
Heimatstil 81
Heine, Heinrich 30
Heinrich II. 151
Herzog, Roman 12, 20-21, 133
Heuss, Theodor 64f
Himmler, Heinrich 15
Hitler, Adolf 44, 48, 54, 57-58, 69, 74, 81, 104, 155
Hochsprache 74
Holland 29
Huber, Max 86
Huch, Ricarda 22

Hugo, Victor 38
Humanität 112, 114
Humankapital 160

Iberer 13
Idealismus 113
Identität 86, 131
Identitätsprobleme 79
Indien 18, 47
Indonesien 18, 47
Initiative 100
Initiativen 92
Innenpolitik 97
Integration 13, 32, 65, 72, 74, 76, 78
Internationales Rotes Kreuz 47
Internationaler Währungsfonds (IWF) 72
Island 11
Italien 13, 26, 37, 52, 55, 141
ius sanguinis 18
ius soli 18

Jakobiner 99
Jakobinertum 70
Jakobinismus 48
Japan 18, 27, 47, 124, 143
Japaner 27
Jaspers, Karl 69, 155
Jena 38, 80
Juan Carlos 133
Juden 103
Jugoslawien 31, 46, 126
Jünger, Ernst 22

Kalter Krieg 58, 156, 161
Kant, Immanuel 29, 61f
Kanton 71, 76, 89
Kapitulation 58
Karl der Grosse 28, 132
Karlspreis 132
Kästner, Erich 106
Keller, Gottfried 63
Kleinstaat 11
Koalition 12
Koalition, grosse 14

Kohl, Helmut 12-13, 21-22, 34, 37f, 57, 77, 152
Kollektivschuld 104, 161
Köln 15, 163
Kolonialmächte 17
Kommunismus 71
Kommunisten 12, 103, 151
Konföderation 96
Königsberg 29
Königswinter 16
Konservatismus 89
Konstanz 25
Kreuzzüge 60
Kroatien 31f
Krupp 139
KSZE (Konferenz für Sicherheit und Zusammenarbeit in Europa) 74
Kulturgut 48
Kultursprache 78
Kunze, Reiner 166
Kutter, Markus 85f

Lafontaine, Oskar 26
Landesregierung 105
Landwirtschaftspolitik 76
Lavater, Johann Kaspar 61
Le Monde 81
Leibniz, Gottfried Wilhelm 61
Lenin, Wladimir I. 30
Lessing, Gotthold Ephraim 61f
Liberalisierung 138
Liberalismus 52, 64, 84
Liegnitz 150, 151
Lübeck 117f
Luther, Martin 55, 61, 64, 70
Luzidität 163

Maastricht 26, 78
Maastricht II 141
Macht 126
Maissen, Thomas 44
Major, John 21
Malraux, André 38
Mann, Erika 113, 114
Mann, Golo 33, 58, 116f, 119f, 123f
Mann, Heinrich 113f

Mann, Klaus 113f
Mann, Thomas 56, 60, 111, 112-117, 156
Mannheim 25
Mataruc 120-122
Maugham, Somerset 53
McCarthy, Joseph R. 113
Mecklenburg 52
Mecklenburg-Vorpommern 32, 67
Mehrwertsteuer 41
Memelgebiet 32
Menschenwürde 114
Metternich, Fürst 30
Ministerpräsidenten 92
Mittelalter 60
Mitteleuropa 78
Mitterrand, François 14, 22
Mobilität 140
Moldau 149
Mongolen 151
Montesquieu, Charles de Secondat 61, 86
Morgenthau, Henry 130
Mozart, Wolfgang Amadeus 134
Mussolini, Benito 103

Naphta 114
Napoleon I. 30, 55, 85, 90, 157, 159
Napoleons III. 31
Nationalbank 103, 105
Nationalismus 47, 52, 55, 113f
Nationalrat 91
Nationalsozialismus 14, 60, 113, 158
Nationalstaat 19
Nationalstaatlichkeit 111
NATO 13, 34, 45f, 55, 113
Nazigold 102
Naziregime 44
Nazizeit 14
NEAT 26, 75
Neidgesellschaft 54
Neisse 149
Neue Zürcher Zeitung 44, 119
Neutralität 158
Nibelungen 60f
Niederschlesien 32, 148

Register

Norditalien 36
Norwegen 11f
Nuklearenergie 55

Ochs, Peter 85
Oder 163
OECD (Organisation für wirtschaftliche Zusammenarbeit und Entwicklung) 127
OEEC (Organization of European Economic Cooperation) 72
Olympier 12
Onken 85
Onsernone 119
Österreich 12f, 17, 31, 78, 103, 131, 153
Osterweiterung 13
Osteuropa 14, 18, 31f
Ostpreussen 32, 52
Ostverträge 31, 34

Panthéon 38
Parlament 39, 92
Pascal, Blaise 15
PDS 12
Petersberg 34
Petitionsausschuss 39
Pilsen 148, 150
Pintor, Luigi 49, 156
Polen 17, 31, 34
Politische Union 78
Pommern 52
Portugal 11
Prag 127, 150, 152
Preussen 17, 30
Protestantismus 55
Provinzialisierung 81, 139
Pury, David de 137, 145

Quinet, Edgar 33

Ranke, Leopold von 69, 111
Ransmayr, Christoph 130f
Rationalismus 11
Rechtsgleichheit 95

Rechtssicherheit 70
Referendum 92, 99f
Reformation 60, 64, 70
Regazzoni, Marta 120
Reichsbank 103
Reichsgründung 77
Reichszugehörigkeit 70
Reparationen 161
Revanchismus 34
Revolution 70, 90
Rheinland 15
Rhöndorf 15f
Rilke, Rainer Maria 56, 124
Roach, Stephen 138
Rolland, Romain 115
Rom 157
Romantik 60, 62
Römische Verträge 90
Rommel, Manfred 25
Röpke, Wilhelm 81
Rottweil 25
Rougemont, Denis de 134
Rumänien 31
Rüschlikon 155
Russland 17, 34f, 48

Sachsen 25, 148, 151
Salis, J. R. von 134
Schäuble, Wolfgang 13
Scheel, Walter 132
Schengen 134
Schiller, Friedrich 30, 70, 86, 122
Schlesien 52
Schlink, Bernhard 53
Schmid, Carlo 51, 85
Schmid, Karl 59-63, 65, 114f
Schmidt, Helmut 14
Schneider, Robert 130f
Schuman, Robert 87
Schwaben 24
Schwäbische Alb 25
Schwarz, Hans-Peter 17
Schweden 12, 29, 36, 52
Schweidnitz 150

Schweiz 11-14, 17, 25-27, 29, 35, 44, 46, 48f, 52, 59f, 65, 69f, 72f, 76, 78-81, 85, 87, 89f, 109, 113, 134, 136, 139, 144, 157
Schweizer 164
Schweizer Monatshefte 81f, 84
Schweizerische Eidgenossenschaft 70
Seneca 101
Serbien 32
Settembrini, Luigi 114
Sicherheitsrat 17, 77
Sigmaringen 25
Simbabwe 157
Sizilien 11
Skandinavien 17
Smyer, R. W. 19
Solidaritätsstiftung 105
Sonderfall 73, 144
Sopraceneri 119
Sorben 149
Souverän 89
Souveränität 47, 70, 90, 127
Sowjetunion 48, 94, 103
Sozialdemokraten 35, 103
Spaak, Paul Henri 87
Spanien 17, 52, 55, 133
Speer, Albert 21
Spezifizität 86
Spitteler, Carl 80
Spöri, Dieter 25
Sprache 126
Sprecher, Thomas 116
Staatenbund 159
Staatenstruktur 74
Staatsvertragsreferendum 97
Stalin, Josef W. 113
Ständerat 91
Steiger, Emil 81
Stolpe, Manfred 24
Striegau 150
Strukturanpassung 140
Strukturpolitik 141
Sturm und Drang 62
Stuttgart 25, 136
Subsidiarität 13, 73, 82
Subsidiaritätsprinzip 46, 100

Südtirol 126
Supranationalität 13
Synthese 72

Talleyrand, Charles Maurice de 39
Täuber, C. 119
Tessin 119
Tessiner 129
Teufel, Erwin 25f
Thatcher, Margaret 18
Thyssen 139
Tietmeyer, Hans 139
Tolstoi, Lew N. 115
Tomasi di Lampedusa, Giuseppe 121, 130, 132
Totalitarismus 14, 127, 164
Totalrevision 76
Truman, Harry S. 15
Tschechien 14, 31, 78
Tübingen 25
Tucholsky, Kurt 83, 157
Türkei 47
Tuttlingen 25

Übersetzungskonferenzen 42
Uhlmann, Fred 53
Umlagefinanzierung 41
UN-Sicherheitsrat 34, 46
Ungarn 31
UNO (Organisation der Vereinten Nationen) 47, 77
UNO-Beitritt 72
USA 27
Usteri, Paul 85

Valéry, Paul 15
Vereinigte Staaten 17, 77
Vereinigung 12
Vereinte Nationen 17, 34, 77
Verfassungen 94
Verfassungsänderung 106
Vergemeinschaftung 46
Versailles 81
Verschreberung 47, 139
Verteidigungsausschuss 39

Register

Vertiefung 13
Vinci, Leonardo da 15
Völkerrecht 47
Volksherrschaft 95
Volksrechte 96, 99
Vollenweider, Alice 49
Voltaire, François-Marie A. 61f

Wagner, Richard 114
Wahlrecht 89
Währungsfonds 72
Währungsunion 48, 96
Walder, Ernst 117
Wallenstein 121
Weber, Max 163
Weimarer Republik 57
Weiss, Franz-Rudolph von 15f
Weizsäcker, Ernst von 57
Weizsäcker, Richard von 12, 57f, 133
Weltbank 72
Welti 97
Weltkrieg 13, 48, 57, 103
Weltmächte 18
Wende 44, 54, 68, 127
Westeuropäer 32
Westeuropa 14f, 52
Westfälischer Friede 29, 64, 93, 157, 164
Widerstand 54
Widmer, Sigmund 114
Wiederbewaffnung 55
Wiedervereinigung 34
Wieland, Christoph Martin 61, 62
Wien 31
Wiener Kongress 93, 157
Wilder, Thornton 20, 69, 76, 109
Wilhelm II. 112
Wilhelm Tell 70, 86
Wilhelmstrassenprozess 57
Wille, Ulrich 80, 86
Wirtschafts- und Währungsunion 78
Wohlfahrtsstaat 82
WTO (Welthandelsorganisation) 77
Wysling, Hans 117
Zehnder, Adolf 15
Zentralbank 141

Zentraleuropa 11
Zentraleuropäer 32
Zentralismus 99
Zentralmacht 17
Zittau 149
Zola, Emile 38
Zschokke, Heinrich 85
Zürich 80f, 86, 118, 136, 155, 156
Zweiter Weltkrieg 15, 22, 62, 65, 68, 73, 78, 88, 104, 138, 155, 161
Zwingli, Ulrich 64, 70